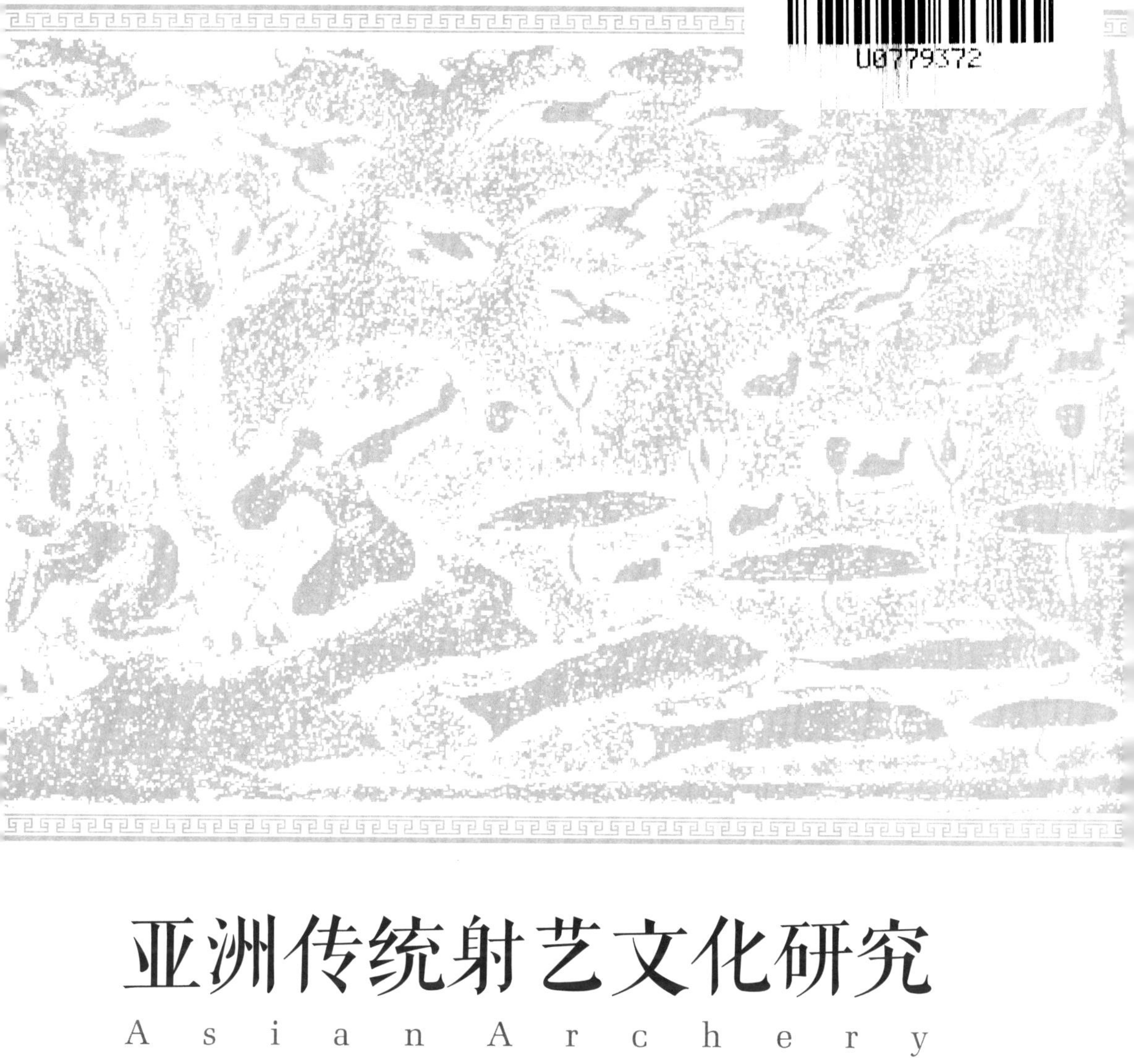

亚洲传统射艺文化研究
Asian Archery

负琰 著

图书在版编目（CIP）数据

亚洲传统射艺文化研究 / 贠琰著．— 成都：四川大学出版社，2022.8

ISBN 978-7-5690-5523-8

Ⅰ．①亚… Ⅱ．①贠… Ⅲ．①射箭-文化研究-亚洲 Ⅳ．① G887

中国版本图书馆 CIP 数据核字（2022）第 111497 号

书　　名：	亚洲传统射艺文化研究
	Yazhou Chuantong Sheyi Wenhua Yanjiu
著　　者：	贠　琰

选题策划：	毛张琳
责任编辑：	毛张琳
责任校对：	张伊伊
装帧设计：	墨创文化
责任印制：	王　炜

出版发行：	四川大学出版社有限责任公司
地　　址：	成都市一环路南一段 24 号（610065）
电　　话：	（028）85408311（发行部）、85400276（总编室）
电子邮箱：	scupress@vip.163.com
网　　址：	https://press.scu.edu.cn
印前制作：	四川胜翔数码印务设计有限公司
印刷装订：	成都市新都华兴印务有限公司

成品尺寸：	170 mm×240 mm
印　　张：	16.5
字　　数：	270 千字

版　　次：	2022 年 8 月 第 1 版
印　　次：	2022 年 8 月 第 1 次印刷
定　　价：	88.00 元

本社图书如有印装质量问题，请联系发行部调换

四川大学出版社
微信公众号

序：回归"大人文"的射艺研究

陈雨石

时光匆匆，和贠琰兄相识已十年有余。彼时我还是大学生，因参加日本弓道教育家内藤敬先生在校开设的弓道课程，始窥亚洲传统射艺之门径。后由师友介绍，也接触到当时在国内尚属冷门的射箭运动。近代以来，由于冷兵器的退场和特殊的现代化经验，中国传统射艺失传近大半个世纪，在2008年前后，别说精通传统射箭技术及弓箭制作技艺者寥寥，相关学术研究几乎是一片空白。射艺爱好者们只得抱团取暖，在名为"中华弓会"的网络论坛上交换文献、切磋技艺、展示成果，而贠琰兄即以"八臂猿猴"为网名长期活跃于论坛上，且其真如拥有三头六臂般，分享他游历全国各地取得的资料和见闻，并身体力行参与全国性射艺团体的草创和区域性射艺比赛的组织。和贠琰兄的积极进取不同，我在论坛上算"伸手党"，虽然也做了些许译介性质的工作，但很少参与比赛和其他线下交流活动，亦未曾想过将"射艺"作为一个严肃的学术研究课题。

记得大约在2014年，我和贠琰兄第一次线下见面，那时我还未决定是否要读博，而他已经拿出一份体大思精的"中华射艺研究"大纲对同侪宣讲，预示着将来很长一段时间他会以"射艺"作为学术志业。毫不夸张地说，以"中华弓会"论坛为阵地的中国传统射艺爱好者，只有贠琰兄率先完成了从"论坛版主"到"大学学者"的身份转型：他不仅是学术界首位以"中华射艺文化"为题取得博士学位的学者，很可能也是文科博士里射箭技术最优秀的健将。2015年，我考入四川大学历史学院攻读中国近现代史专业博士学位，因我本科及研究生均非历史专业，读博头两年一时也找不到合适的研究题目，写的文章更是发表无门。贠琰兄知我从前翻译过一些射艺研究的英文文献，便鼓励我尝试在过去搜集整理的零散的射艺资料中挖掘有价值的学术问题，我逐渐发现射艺研究对历史学者而言是挑战和机遇并存的研究课题，遂也参与射艺史的写作，竟意外开辟了一条新的学术道路。至今，我们合作的射艺史文章已在《北京体育大学学报》《武汉体育学院学报》《成都体育学院学报》《中国体育科技》等多个核心刊物发表，个别文章获中国历史研究院转载，在射艺研究领域我们自信已有全国领先水准。

贠琰兄之所以能持之以恒投入一项"冷门绝学"的研究，缘于他富有前瞻性的学术嗅觉，他相信"中华射艺"具备"显学"的气质，是值得深入开掘的富矿。但开采这块璞玉谈何容易！首先，有关中华射艺较为系统的学术研究，在十余年前可资参考的书籍只有英国汉学家谢肃方（Stephen Selby）的英文专著 *Chinese Archery*（香港大学出版社，2000年），而中文著述或仅涉及先秦射礼、弓箭器物、骑射文化等题目，或仅按线性史观简单勾勒中国射箭史，尚未有具备方法论意义的综合性著作。其次，相较于日本学界早已汇编有十卷本《日本弓道史料》（太阳书房，2011年），中华射艺的史料搜集和整理极为缺乏：弓箭类文物的实体和图像散落于各考古报告和世界各地的博物馆中，尚待学界进行对比、互勘和类型学梳理；传世射书类文献虽经前辈学人唐豪和当代学者马明达诸家整理，初步完成了目录汇编，但校勘定本的射书全集尚未编次，更谈不上展开与日韩所藏射艺文献的比较研究。最后，中华射艺研究非甘坐冷板凳者不能为之，须长年忍耐独学无友的寂寞，还须面对"冷门"成果一时难以被主流核心刊物接纳的现实。论坛帖子式的讨论纵然可在短时间内炒热射艺话题，并可提供不少指示后续研究的原始材料和破题思路，但由于缺乏指导性的方法论，一些爱好者在没有理清中华射艺的性质及内容时即盲目实践、大肆张扬，以致衍化为"汉法 vs 胡法""明射 vs 清射"等对立模式，使本就不稳固的射艺团体濒临分裂。谢肃方首创之"亚洲传统射艺研究网络"（atarn.org）这类射艺学术研究共同体迄今都未在中国出现，与论坛网友轻理论、好意气用事的风气不无关系。

基于上述事实，《亚洲传统射艺文化研究》的出版实具有一种路标式的意义：贠琰兄几乎凭一己之力将射艺研究拉到主流文史学界跟前等待检验，宣示了射艺的"人文"属性，同时凭借多元共融的"文明史""全球史"叙事对射艺进行某种程度上的"去体育化"书写。在概念层面，贠琰兄首次站在历史学的高度精准阐释了"中华射艺"一词的内涵与外延。而在此之前，学术界对"中国历史上的射矢活动和射矢文化"长期没有一个定称，或曰"中国传统射箭"，或曰"民族传统射箭"，或曰"传统箭术"等。这些称谓都是站在现代体育学的角度对传统文化的一种偏见式描述，民国时期的射箭研究先驱张唯中就明确反对"射艺"一词，理由是这种古奥词语不符合现代科学话语。然而，历史学恰恰旗帜鲜明地反对以今释古，若现代术语无益于保全传统文化本身的阐释多元性，所谓的"精确"就是纸上谈兵。贠琰兄提出"中华射艺"，不仅是向儒家"六艺"传统的话语回归，更建构起"超国家"的文明史视域，此说显然更契合中华文明自身的发展逻辑。我可以预判，将来有资格进入历史学、人类学、体育学的术语库的，是"中华射艺"，而非其他替代性名词。

也就是说，本书所采用的理论范式和写作框架与同类由体育学界编写的著作判然有别。检视国内的射箭通史性著作，作为"中国体育单项运动史丛书"之一的《中国射箭运动史》堪为早期典范。从该书标题上即可看出，作者将"射箭"纯然定性为一项"体育运动"，故其内容着重于传统和现代射箭中的"运动性"和"竞技性"。由于该丛书系 20 世纪 90 年代国家体委负责指导编写，为国家体育事业服务的目的性很强，书写射箭史旨在证明该项"现代运动"在中国有悠久的历史和广泛的群众基础。这种叙事在特定的语境下固然有其价值，但现代竞技射箭毕竟与传统射艺是性质迥异的两种社会文化现象，后者尽管存在一定的竞技形式，其文化语境与文化功能却无法用构建于现代社会的"体育"概念去囊括（无论"体育"一词指涉英美式的 sport 还是德意志式的 physical education），强行嵌套只能进一步窄化射艺研究的问题域。

事实上，即便以体育学的维度审视，《中国射箭运动史》对传统射艺技法层面的描摹也显得甚为单薄，未能言明历代不同射法的技术源流和训练方法。这一空白在 2015 年中国现代竞技射箭耆宿徐开才先生出版《射艺》一书后才得以填补，不过尽管徐老不遗余力推广传统射艺，其书对传统弓射法的叙述仍存在不足，最明显的问题是未能以不同弓箭类型为准建立射法类型。书中的手绘动作分解图示之以长梢弓，但"撒放"一节插入的古籍图例却系明代小梢弓，而篇末介绍传统弓上弦方法更以清弓为例，这种颇为混杂的内容设计恐令初学者感到疑惑。之所以出现此类问题，乃是体育界需要一套系统化、标准化的传统射箭技术，以便于展开科学竞训，在这一清晰的目标导向下，多元化的射艺书写——无论指向器物、技术还是文化——反而不合于"系统性"的一元化诉求。从体育实践层面看，这种取向亦不无道理。目前传统射艺的受众基数很小，如果还要在里面细分"长梢弓射法""小梢弓射法""清射射法""礼射系""武射系"等体系，短时间内难以建立对应的竞训模式，故对其做模糊化处理也是权宜之计。

换言之，体育学者与历史学者在面对同样的命题时，二者的问题意识可能有根本性的差异。体育学者未必理解员琰兄在浩如烟海的文物、图像与文献中爬梳弓、箭、扳指、箭囊等器物器型的传播与流变对指导今天的射箭运动发展有什么直接的效益，也未必理解他为何要深入描述射艺与政治结构、宗教仪式、族群认同、生活方式之间的关系。有体育学者认为，目前将"体育史"归属"体育学"的学科定位必然会导致体育史的边缘化，其中一个原因即中国"体育学"本身过强的实践导向。但作为历史学从业者，我们更应反思何以中国历史学家热衷于研究经济史、法律史、文学史、艺术史乃至科学技术史，却忽视体育史？这大概才是体育史走入瓶颈的核心因素。和其他较热门的"专门史"比较，经济史长期由经济学界和历史学界共同研究，法律史、社会史等莫不如此，均具有鲜明的跨学科合作研究属性，而体育史目前却仅由体育学科独立支撑，几乎没有得到来自历史学科的声援。反观体育史水平较高的欧美和日本学界，从历史学、人类学、文学等主流人文学科走出而致力于体育史研究的名家不乏其人，如中国体育学者非常熟悉的《从仪式到纪录：现代体育的本质》的作者阿伦·古特曼（Allen Guttmann）精研美国文学和文艺批评，《牛津体育史手册》（*The Oxford Handbook of Sports History*）主编罗伯特·埃德尔曼（Robert Edelman）是国际知名苏联史和冷战史学者，英国体育史名家詹姆斯·安东尼·曼根（J. A. Mangan）乃英国皇家历史学会和人类学学会会员，东亚近代体育史专家高嵨航是京都大学文学博士，近年来，我国港台地区的一些历史学家亦开始在体育史领域发力，其中以研究"中国与一战"成名的香港大学徐国琦教授、研究中西文化交流史的台湾"中研院"研究员张宁、研究中国妇女史的台湾"中研院"研究员游鉴明等为代表。这些学者的研究有一大共同点,即不将视野局限于体育赛场、单项运动,而聚焦于诸如现代性、政治文化、帝国治理、知识生产、意识形态、身体与性别等更为宏观的人文学科母题。对历史学家或人类学家而言,"体育"(或人类的各种竞技性、娱乐性、军事性、仪式性等身体活动)不过是管窥人类文明史的一个锁孔,所谓的"体育史"并不是"为体育而修史",而是借用"体育"这一现象,描绘出人类五彩斑斓的文明。毫无疑问,贠琰兄正属于以上学者的序列。

本书中以弓箭类器物为纲阐释中华射艺的演进史,则必然要涉及器物及技术的跨文化传播,涉及整个亚欧大陆的文明史。要书写这一宏阔的历史进程,对学者的知识储备要求甚高。贠琰兄在十余年的射艺锤炼之外,还花费大量时间阅读蒙古史、内亚史著作,对中亚的地理、人名、史事如数家珍,闻者均叹服于他惊人的记忆力。这些看似与"射艺"乃至"体育"无甚关联的文本,经年累月化成了他理解亚洲射艺的思考起点,若没有经历这一积累过程,所产出的大概率只是重复前人研究的普通体育史著作。读者若完整阅览了本书的参考文献,即可清晰感知:为了使"射艺"这一"小道"焕发应有的人文光彩,作者付出了多少智识上的心血。以伯林(Isaiah Berlin)对知识分子的分类视之,长年研习射艺这唯一题目的贠琰兄诚然是"刺猬型"学者,但射艺研究的跨学科属性又注定了他具备"狐狸型"学者的敏锐目光。例如近年来,贠琰兄又迷上马克思主义文艺批评理论,每天读得津津有味,因为他脑中时刻带着问题,他人眼中枯燥的术语和逻辑正是他的求知刚需,至于如何结合进射艺研究中,读者自可期待。

本书具体内容的介绍我就不必越俎代庖,仅想在最后指出三点"不成问题的问题":

第一,作者有构建亚洲弓箭类文物类型学谱系的雄心,但可惜在本书中却点到为止,未能专文叙述。以传统复合反曲弓为例,至今仍缺乏一个学界公认的器型谱系与命名方式,所谓"汉弓""明弓""清弓"或"小梢弓""长梢弓""螃蟹弓"等,均为粗糙的替代性名称,未必合于学术的严谨性与规范性。且复合反曲弓的使用是一个横贯欧亚大陆的跨文化现象，具有多文明共享的属性，其类型学考释势必要涵盖尽可能丰富的考古学材料，本书呈现的传统弓器型主要以中原地区和新疆地区的出土文物和画像文献为主，对中亚、西亚的一手考古文献的掌握显然是不充分的。

第二，书名中的"亚洲射艺"仍以中华射艺为核心，旁及丝绸之路沿线及欧亚大陆上的亚述、波斯、蒙古等诸文明的射艺形态，但对当今最具代表性的东北亚传统射艺——韩国"国弓"及日本弓道疏于着墨，而这两者恰好亦在中华射艺的文化辐射圈中，在弓箭器物、射书文献、射礼制度上受中华射艺影响甚大。由于本书仅探索了中华射艺在丝绸之路上的传播，未能以更宏观的视域清晰勾勒"中华射艺文化圈"在整个东亚世界的历史演进，也就使得作者着力构筑的"中华射艺"概念在空间向度上不够周延。

第三，作者虽多次在书中强调"全球史"方法论，并有意发展出"射艺全球史"，但作者因长期的知识焦点和学术兴趣集中于蒙古史、内亚史，且整体叙事以"中华"为中心，使人感觉与"全球史"倡导的"去国别化""去中心化"理念有所背离。换言之，本书的框架尚未脱离"草原游牧文明"与"中原农耕文明"这种传统的二元历史叙事，故而难以完整描绘"亚洲射艺"多元化的交流与传播图景。亚洲射艺一定是以"草原"与"中华"的互动为主轴吗？我可以简单提出另一种思路供作者和读者参考，即弓箭作为"法器"的传播史——这一脉络的重要性并不亚于儒家射礼的传播。古印度有丰富的射艺文化，且与宗教有密切关联：弓箭是印度教诸神和佛教诸菩萨、护法金刚的重要法器，印度教象神伽内什（Ganesha）即有手持弓箭的形象，佛经中更常见佛陀用弓箭为譬喻说法，如《箭喻经》。佛教传入中国后，弓箭法器则多见于千手观音和大威德金刚等塑像上；佛教传入日本后，弓箭亦成为东密真言宗法器，而真言宗又成为日本弓道的思想基础之一。此外，法器化弓箭也见于佛教普及的东南亚诸国。在上述区域内，佛教化或受佛教思想影响的祈福禳灾式或秘法修行式的射艺活动屡见不鲜，且与当地民俗多有混同。故"佛教影响下的亚洲射艺"亦可串联起南亚、东亚和东南亚的文明史，其实践形式、文化内涵与传播路径均有别于本书所论礼射、骑射，实可单独成章。

不过，要补足上述内容恐非一人能够完成，既需要足以支持后续研究的语言能力，也需要跨学科的团队合作。希望将来本书若有机会再版，可看到相应的增补，否则"亚洲射艺"一词实有名不副实之憾。不过，作为开山之作，我相信本书已足以经受学界考验，正如我相信贠琰兄已经迈向一流学者的行列。

是为序。

壬寅盛夏
书于家中

目　录

导　论 …………………………………………………………………（1）

上篇　中华射艺文化

第一章　"中华射艺"的动态演进与文化认知…………………（23）
　第一节　"中华射艺"统合性称谓的提出………………………（23）
　第二节　"中华"与"射艺"的互结与联动……………………（24）
　第三节　"中华射艺"挈领概念的最终建构……………………（32）

第二章　中华射艺演进史的考古学阐释…………………………（33）
　第一节　中华射艺的萌动：原始社会时期………………………（33）
　第二节　中华射艺的肇始：夏商周时期…………………………（35）
　第三节　中华射艺的勃兴：两汉至唐宋时期……………………（45）
　第四节　中华射艺的多元化演进：元明时期……………………（68）
　第五节　中华射艺的定格：清代…………………………………（80）

第三章　礼射相承论………………………………………………（88）
　第一节　"中华思想"：礼射相承 ………………………………（88）
　第二节　"畿内"与"畿外"：商代礼射的萌芽………………（89）
　第三节　"王畿"与"五服"：周代礼射的勃兴………………（91）
　第四节　"一统"与"治世"：汉代"秋射"的王化意蕴………（99）
　第五节　"对峙"与"博弈"：南北朝时期礼射的二元宣示 …（102）
　第六节　"并立"与"重组"：辽、金时期"射柳"的文化判别
　　　　　………………………………………………………………（105）
　第七节　"统合"与"再造"：清代"国语骑射""木兰秋狝"的
　　　　　经略效用 …………………………………………………（109）

第四章　民国时期射箭运动的发展及启示 …………………… (114)
　　第一节　传统射艺的竞技化转型 …………………………… (114)
　　第二节　射学研究的范式转移 ……………………………… (120)
　　第三节　射箭运动的发展困境 ……………………………… (126)
　　第四节　近代射艺发展的当代启示 ………………………… (130)

第五章　中华射艺的当代复兴：动向、困境与对策 …………… (134)
　　第一节　中华射艺的复兴动向 ……………………………… (135)
　　第二节　中华射艺的迟滞因素 ……………………………… (142)
　　第三节　复兴中华传统射艺的建议 ………………………… (146)
　　小　结 ………………………………………………………… (153)

下篇　域外射艺文化

第六章　丝绸之路上的射箭文化传播暨"射艺之路"的形成 …… (157)
　　第一节　弯月弓韬背后的射武备传播 ……………………… (157)
　　第二节　"胡服骑射"背后的射武技传播 …………………… (163)
　　第三节　"一弓四矢"葬俗背后的射礼俗传播 ……………… (169)

第七章　全球史视角下丝绸之路考古所见两种角弓考释 ……… (172)
　　第一节　"筋角木反曲复合弓"的再释 ……………………… (172)
　　第二节　弓弰翻卷的连弧蛇形角弓 ………………………… (173)
　　第三节　弓渊宽阔、弓弣微凹的插接型长弰角弓 ………… (181)

第八章　欧亚大陆考古专题研究 ………………………………… (185)
　　第一节　胡禄出现时间考 …………………………………… (185)
　　第二节　"骑射"定义的重申与再释 ………………………… (192)
　　第三节　骑射形成时间地域考 ……………………………… (194)

参考文献 ………………………………………………………… (211)

附　录 …………………………………………………………… (227)

后　记 …………………………………………………………… (249)

导　论

人类全域的文化遗产当中，使用弓箭堪称人类学的常数。① 每个区域、每个人类集团都有自己的射矢活动，并经由身性、智性的互结，衍生出全球史视野下多元的射矢文化。其中，亚洲大陆留下了最为灿烂的物质与非物质文化遗产。

在黄河流域，殷周时期射矢活动逐渐衍生出武射、文射两个向度。前者经由"武装化因素"的不断增强，逐渐演变为步射、车射、骑射等形态；后者经由王权宗法制度的不断诠释，逐渐演变为文明化的射礼。在北亚草原地带，随着人类对"动物性"认识的不断加深，以及"畜牧—转场—骑术—射箭"这一生业形态的不断专化（specialization），骑射弓马（horseback archery）成为内亚游牧民核心的社会要素。大化改新后的日本，人们得以见到源出中国的唐弓、流镝马。李氏朝鲜时期，人们得以目睹明帝国的射武备。② 在尼罗河流域，人类最早的"筋、角、木反曲复合弓"至少在古埃及中王国到新王国的过渡期（约公元前16世纪）即已出现。充满智慧的古埃及人选取具有一定弹性的羚羊角片嵌入弓体内侧，制成了上弦后形状酷似三角形的角弓并将其用于车战。③ 在幼发拉底河、底格里斯河流域，亚述帝国继承了埃及弓箭的制式，并在此基础上改善了弓弰的反翘弧度，完成了对固有武备系统的升级。稍后，亚述萨尔贡二世（前721—前705）时期是骑射的辉煌时期，波斯帝国阿契美尼德王朝居鲁

---

① 沃尔夫冈·贝林格. 运动通史——从古希腊到21世纪［M］. 丁娜，译. 北京：北京大学出版社，2015：5.
② 郝勤. 体育史［M］. 北京：人民体育出版社，2006：51.
③ Mcleod W. E. An unpublished Egyptian Composite Bow in the Brooklyn Museum［J］. American Journal of Archaeology，1958（4），pp.397－401.

士大帝（前 590—前 530）在位时，其麾下精锐军团"不朽者卫队"将战阵之射演绎到极致。

文化的源流有归属，文化的传播却不受时空场域的束缚。在战国时期，赵武灵王引入林胡、楼烦部骑射技艺，开启了古代中国由"战车时代"向"骑兵时代"的过渡。5 世纪，居住在中亚泽拉夫尚河流域的粟特人仰慕东方的繁荣，即所谓"金樽美酒醉他乡"，他们将西亚大量的优秀武备带至东方，一度促进了中国北朝时期多民族的融合。及至盛唐，源出萨珊波斯的盛弓矢器"胡禄""弯月弓韬"，产自花剌子模的角弓成为大唐的制式武备。① 如今，越来越多的学者通过爬梳欧亚广域史料发现，"在蒙古帝国的统治下，东西方的交通比之前的四个世纪更为安全可靠且人数众多"②，并对 14 世纪的世界有了基于"蒙古式和平（Pax Mongolica）"的广泛认同，并以此媲美"罗马式和平（Pax Romana）"。③ 在蒙古帝国时代，花剌子模地区有将近 3 万的阿兰人组成了大都的御林军，乌尔根奇的工匠中有约 10 万人被安置在中原。④ 如此盛大的"技术移民"，使西亚与东亚交流着各种科学技术。源出花剌子模地区、安那托利亚半岛的弓箭被中国、高丽使用。总而言之，在古代亚洲，射箭文化超越了不同的人类集团，更超越了一切地理时空。"异域"与"中华"、"游牧"与"农耕"、"山地"与"平原"，射箭文化将古老的亚洲串联成了一个"你中有我，我中有你"的文化共同体。

黄河流域是人类最早使用弓箭的区域之一。峙峪石镞的发现证明在 3 万年前的旧石器时代晚期，我国先民已使用弓箭进行狩猎，"峙峪人的狩猎技术较早期使用石球为投掷武器的阶段更为进步，因而能够大批地捕获到草原有蹄类，成为专业的'猎马人'"⑤。殷墟花园庄甲骨文显示，殷商中晚期黄河流域已兴起了贵族的射礼。两周时期，射艺更是贵族教育的重

---

① 薛爱华. 撒马尔罕的金桃：唐代舶来品研究 [M]. 吴玉贵，译. 北京：社会科学文献出版社，2016：643.
② 布尔努瓦. 丝绸之路 [M]. 耿昇，译. 北京：中国藏学出版社，2016：198.
③ 萧启庆. 世界征服者实录：蒙古秘史 [M]. 北京：文化艺术出版社，2010：绪论.
④ 鲁保罗. 西域的历史与文明 [M]. 耿昇，译. 乌鲁木齐：新疆人民出版社，2012：381-382.
⑤ 贾兰坡等. 山西峙峪旧石器时代遗址发掘报告 [J]. 考古学报，1972（1）：39-58.

要媒介。随着生产力的发展，中华文明的射箭文化日趋多元。此间，战国之"胡服骑射"、两汉之"秋射"、魏晋之"投壶弹弓"、唐之"武举"、辽金之"射柳"、宋之"弓箭社"、清之"国语骑射"等，共同构成了灿烂的中华射艺。① 中华射艺有其独特的人文魅力。首先，它在价值观念、行为操守、学术理论方面体现着中华古代文明。其次，它有着独特的操作方法，具体来说是使用扳指操作"筋角木反曲复合弓"，在张力中寻求内外合一的和谐之美。最后，它具有技与艺、文与武等多重面向，并呈现出一种文化复合体的样态。

直到今天，射箭依旧是亚洲人民最喜爱的体育运动项目之一。现代射箭运动（modern archery）虽起源于欧洲，但金牌却总是被韩国人包揽。户外射箭（wild archery）虽风靡北美，但最热爱户外射箭的却是喜马拉雅山脚下的佛国不丹。2008年北京奥运会上张娟娟夺冠，宣示了奥运射箭赛场中国人的王者归来。日本、印度、伊朗等国的异军突起，使未来奥运射箭赛场的角逐变得充满悬念。射箭实实在在地充当着亚洲文化过去、现在和未来的桥梁。

一、相关概念

（一）亚洲传统射艺

边界、主权国家、民族本是近现代事物，是威斯特伐利亚体系之后的产物。若将其置于人类整体文化经验中，其稳定性本就值得检视。② 与今天作为一个世界行政区划，且与异域有着分明边界的"地理的亚洲"不同，本书所论述的"亚洲"乃是一个历时的、演进的文化概念与地理概念的合体。在历史地理学领域，又有"亚细亚""亚洲高地"等称谓。其既是一个地理概念，又是一个文化概念；既连接着一个历史空间，亦维系着

---

① 在学术界，笔者首次提出我国历史上的射矢活动与射矢文化可统称为"中华射艺"，并撰文进行了系统化论证。参看员琰，郝勤. 有的放矢：建构有关"中华射艺"的动态认知与挈领概念［J］. 成都体育学院学报，2018，44（2）：6-11.

② Sung Won Kim. Eastphalia Revisited：The Potential Contribution of Eastphalia to Post-Westphalian Possibilities［J］. Pacific Focus，2018，33（3）.

一个现实场域。这一概念场所指，乃是形成如今作为行政区划的"亚洲"之动态发展过程中所有相关历史、人文因素的集合。

所谓"亚洲传统射艺"，即形成并发扬于古代亚洲的所有射矢活动与射矢文化的集合体。需要指出的是，"亚洲传统射艺"在形式上不仅指代显像的行为与技术，更囊括了围绕显像结构所形成的礼仪、技术、教育、制度、传播、武备因素。质言之，亚洲传统射艺乃是一种超有机现象（super-organic phenomena）。这种现象背后有着多重价值面向。

（二）文化

所谓文化，爱德华·泰勒认为："乃是知识、信仰、艺术、道德、法律、风俗，以及其他的能力和习惯。"[①] 通俗来讲，文化即人类社会行为的集合。英国著名文化人类学家、文化功能学派巨擘马林诺夫斯基曾将文化拆分为"物质""社会组织""精神生活"三个面向，即文化人类学中重要的"文化三因子"理论。[②] 在人类诸多的文化现象当中，射艺有其特殊性——以身体活动为主要呈现。因此，本书尽可能周全地考虑器物（物质）、技术（身体特征）、制度（精神生活）三个面向，在最大限度还原各历史时期亚洲传统射艺本来面目的基础上，彰显出亚洲传统射艺的灿烂文化。

二、研究方法

（一）文献研究法

笔者广泛检索各种数据库资源，包括中国期刊全文数据库、中国优秀硕博论文数据库、人大复印资料、晚清民国期刊全文数据库、北京大学数字图书馆古文献资源库、东洋文库、丝绸之路多媒体系列资源库、大英博物馆馆藏文物数据库、俄罗斯艾尔米塔什博物馆馆藏文物数据库等，并利用各种渠道收集古代射艺书籍的电子版与善本，进行校对与研究。笔者注

---

① 朱力. 社会学原理［M］. 北京：社会科学文献出版社，2003：2—4.
② 马林诺夫斯基. 文化论［M］. 费孝通，等译. 北京：中国民间文艺出版社，1987：4.

重各种考古报告的收集与整理,以及查阅国内外著名边疆史、草原史、西域史、东亚史学者的相关著作,以期在系统论思维下推进亚洲传统射艺的研究。

(二)文物分析法

广泛查阅各种考古报告,古代遗址中的壁画、石刻、国内外馆藏文物、重要私人收藏,以期获得完成本书所需要的各种文物信息。文物分析法并不看重对文物本身的描述,而是将文物放置于广域的文化背景中,揭示文物背后广阔的社会结构与精神面貌,即由"传统考古学"向"认知考古学"的转向。

(三)图像排比与归类

图像资料所反映的内容相当复杂,盲目地以图证史历来是史学研究的大忌。[①] 本书尝试将有关亚洲传统射艺的文物、壁画、器物、人文等图像信息,结合文献资料、田野调查所得到的结果,进行排比与归类,以期清晰地展现亚洲传统射艺的各种文化形态,得到新的认识,开启新的发现。

(四)比较研究法

文化具有传播性,它并不局限于某一国家、边界、族群,亦不从属于国别史的论述单元。夏鼐曾言:"必须在横向与纵向两个方面扩大研究范围。需关注到人类文明之间的相互影响和相互传播关系。"[②] 此外,李学勤亦曾提出了一个从中国出发,梯次扩大的比较考古学研究阶序:中原区域内→中原文化与边远文化→中国文化与邻近文化→环太平洋文化→各古代文明。[③] 本书论述超越民族国家、行政区域,故必然生成文化对比研究,如:10—13世纪辽、金的"射柳"与北亚游牧民族传统的"蹀林之

---

① 缪哲. 以图证史的陷阱[J]. 读书,2005(2):140-145.
② 夏鼐,王仲殊. 考古学[M]. 北京:中国大百科全书出版社,2014:17.
③ 李学勤. 比较考古学随笔[M]. 桂林:广西师范大学出版社,1997:引言. 此外,上海博物院陈曾路先生曾撰文提出比较文明的目的、伦理与方法。参看上海博物馆. 文明对比手册[M]. 上海:上海古籍出版社,2017:187-190.

俗"有何异同？流行于唐代的胡禄与流行于萨珊波斯的箭囊有无关联？北宋《大驾卤簿图书》中的长弰弓为何与西域民丰尼雅遗址、营盘遗址出土弓形，甚至公元1—3世纪两河流域贝格霍兹出土弓形趋于一致？

（五）操作链

作为20世纪70年代兴起的"新考古学"的通约手段，西方学者常采用"操作链"的方法，在重建古代技术的途径、复原静态遗存、生产与废弃的动态过程、理解行为模式等方面卓有成效。① 必须指出的是，"操作链"绝不等同于简单的思想实验或场景复原，该方法的运用首先要求学者熟悉文物的特性，此外，还需尽可能多地掌握与之关联的文化结构。在中国考古学发轫的初期，夏鼐就曾提出过类似的考古研究方法。夏鼐曾主张对于古代器物除辅以科学的仪器分析外，还需依靠对器物本身深入的观察。在这个过程中模拟实验尤为重要，若能通过实证的方法制成同样的器物，则很有可能复原古代情景。② 不同于一般的模拟实验，操作链乃是合乎运动训练基本规律的实验模塑，以科学性、规律性、可重复性为要旨。就本书的研究而言，即在充分认知亚洲传统射艺体系内文物特性的基础上，模塑其背后操控器物的身体形态。

三、学术史梳理

亚洲传统射艺的相关研究成果散存于体育、历史、考古、艺术、民俗等领域。近年来，各学科之间有了更为广泛的互动，但学者在参阅相关文献时难免存在着客观的壁垒。一个全面的学术史梳理刻不容缓，且文献的选择必须强调"权威性"以保证学术基调，强调"经典性"以明晰学术格局，强调"前沿性"以判断学术态势，强调"导向性"以实现学术引领，并着力于"跨学科""超时空""越国别"的学术启迪。③

作为一种文化现象，射艺有其独特的构成性媒介。马林诺夫斯基将文

---

① 《考古学概论》编写组. 考古学概论［M］. 北京：高等教育出版社，2018：222.
② 夏鼐，王仲殊. 考古学［M］. 北京：中国大百科全书出版社，2014：94.
③ 王广虎等. 文献综述的归类划分与特征辨析——体育学硕士研究生能力培养和学术规范的反思［J］. 成都体育学院学报，2015，41（6）：1—8.

化拆分为"物质""社会组织""精神生活"三个向度,此即功能学派重要的"文化三因子"①。本书虽遵循"文化三因子"说,但考虑到研究对象的特殊性,即射艺具有以身体活动为主要呈现的运动性特征,故选取器物(物质)、技术(身体特征)、制度(精神生活)三个维度进行论述。器物领域包括作为主体的弓箭,作为收纳装备的盛矢器,作为开弓道具的控弦器。技术领域包括作为基本技术的步射,各文明皆有过的车射,以及作为游牧民族主流战力的骑射。制度领域包括诸如黄河流域周代的射礼、战国时期的胡服骑射,骑马民族仪式化的射柳,满族人维系集体记忆的国语骑射等具有仪式性、宗教性、制度性的文化事实。

(一) 器物领域的重要成果综述

1. 弓、箭

弓、箭研究巨擘首推英国学者谢肃方 (Stephen Selby)。谢肃方早年就读于爱丁堡大学汉学专业,专攻中国先秦文学。20世纪90年代,谢肃方转而研究射艺。此间,他集结了众多国际同仁,创立了亚洲传统射艺研究网,并利用游历广泛收集欧亚大陆射艺文物。谢肃方发表考古报告多篇,其对洋海遗址出土三连弧角弓的考释,对民丰尼雅遗址、古于阗国遗址出土长弰角弓的考释,对清代成都长兴弓箭铺的考释,对嘉峪关、临沂等地出土角弓的考释甚为经典。其论文集中收录于著作 Chinese Archery ② 与《百步穿杨——亚洲传统射艺》③ 中。涵泳汉学、躬诣欧亚,谢肃方无愧为射艺研究大师。

最早专注于弓箭研究的中国学者首推谭旦冏 (1906—1996)。谭旦冏曾供职台北故宫博物院,晚年荣任台湾东吴大学文学院历史学系专任教授。1942年,担任国立中央博物院筹备处专门委员的谭旦冏系统调查了四川地区的传统手工业,其对成都南弓作坊长兴弓箭铺的田野调查甚为经典。谭旦冏访谈了长兴弓箭铺掌柜武树森,对南弓的整个制作流程如选

---

① 马林诺夫斯基. 文化论 [M]. 费孝通,等译. 北京:中国民间文艺出版社,1987:4.
② Selby. S. Chinese Archery [M]. Hong Kong: Hong Kong University Press, 2000.
③ 谢肃方. 百步穿杨——亚洲传统射艺 [M]. 香港:香港海防博物馆,2003.

竹、阴干、理角、铺筋、制胎等进行了详细的记录，写成《成都弓箭制作调查报告》。①遗憾的是，许多学者在弓箭相关研究中未能参阅谭旦冏之成果，更不知谭旦冏其人。

2000年初，正在攻读博士学位的仪德刚拜访了老北京弓箭铺聚元号掌柜杨文通，萌发了专注于"角弓力学构造"的选题。4年后，其博士学位论文《中国传统弓箭制作工艺调查研究及相关力学知识分析》②完成。该文通过对聚元号清代弓箭制作技艺的考察，深刻揭示了传统弓箭制作的核心技术原理。仪德刚对传统弓箭行业独有的"锛子""压马""走绳"等工具进行了取样存档，对"掏档""炸扣""坨儿花""堆山子"等工艺进行了笔录图绘，对清代弓箭的制作章程、管理制度进行了考证探赜。

日本学者内田宏美以呼伦贝尔室韦墓葬出土角弓为研究对象，在对器物进行研究的同时，深刻解析了背后隐喻的文化。内田宏美再释了弓箭对于游牧狩猎的重要意义，并通过对比"室韦角弓"与后来的"蒙古角弓"，重申了"蒙兀室韦"与"蒙古"的渊源。③但其将弓弰上附以"骨弭"的木弓看作角弓，失之偏颇。所谓角弓，特指"筋角木反曲复合弓"，它是一种筋、角、木叠压黏合的复合物理结构，并非贴有装饰性附件"骨弭"的木弓。

张弛对尼雅遗址95MNIM8陪葬弓矢现象进行了考证，指出2—3世纪西域墓葬中多次出现的"一弓四矢"葬俗，明显是受周礼中葬俗的影响。该葬俗以西周射礼"搢三而挟一个"为基数，以天子赏赐诸侯的"彤弓"为取象，建构所谓"彤矢四，轩輖中，亦短卫。彤矢四，骨短卫，彤弓一"的规范。④针对尼雅角弓的器型学谱系，林梅村指出与"图拉真纪念柱"上帕提亚战士持弓趋同，两河流域贝格霍兹古墓曾出土了同类型器

---

① 谭旦冏. 成都弓箭制作调查报告［J］. "中央"研究院历史语言研究所集刊，1951（23）：204－216.
② 仪德刚. 中国传统弓箭制作工艺调查研究及相关力学知识分析［D］. 合肥：中国科学技术大学，2004.
③ 内田宏美. 唐代室韦墓葬和森林草原地带——以"角弓"的分析为中心［J］. 唐史论丛，2010（1）：182－189.
④ 张弛. 尼雅95MNIM8随葬弓矢研究——兼论东汉丧葬礼仪对古代尼雅的影响［J］. 西域研究，2014（3）：7－12.

物。① 笔者未检索到贝格霍兹古墓的发掘报告，仅在大英博物馆藏品中发现了一件标注与贝格霍兹出土角弓相似的骨质弓弭。该文物出土于伊拉克，断代在 1—3 世纪，西方学界称其为"伊尔兹弓"（Yrzi bow），是典型的帕提亚文化的器物。②

在箭镞研究领域，中国学者成就斐然。1933 年李济在《殷墟铜器五种及相关问题》中从比较文明的角度将东西方铜镞进行对比，系统讨论了殷商铜镞的起源问题。③ 1950 年石璋如在《小屯殷代的成套兵器》中对殷墟出土的箭镞进行了较为详细的分析。④ 1951 年周纬在《中国兵器史稿》中对古代箭镞进行了部分收录与描述。⑤ 1961 年与 1972 年，中国学者郭宝均⑥与日本学者林巳奈夫⑦分别对先秦时期的青铜箭镞进行了严谨的分类研究。当代学者谭白明⑧、袁艳玲⑨等分别讨论了古代箭镞的形制及其所可能对应的功能。

2. 控弦器

控弦器俗称"扳指"，乃套在拇指上辅助开弓、保护手指的道具。该领域的研究中，黄曲⑩、李春桃⑪、井中伟⑫、徐汝聪⑬等均致力于建立出土文物的器型学谱系，他们为后续的研究提供了一个品类详尽的信息库。客观地说，以上成果仍属基础性的描述性研究，缺乏对控弦器背后的身体

---

① 林梅村. 丝绸之路考古十五讲 [M]. 北京：北京大学出版社，2006：124.

② Andrew Hall, Jack Farrell. Bows and Arrows from Miran, China [J]. Journal of The Society of Archer-Antiquaries，vol. 51，2008，pp. 89-98.

③ 张光直，李光谟. 李济考古学论文集 [M]. 北京：文物出版社，1990：524-529.

④ 石璋如. 小屯殷代的成套兵器 [J]. "中央"研究院历史语言研究所集刊，1950（22）：44-59.

⑤ 周纬. 中国兵器史稿 [M]. 北京：生活·读书·新知三联书店，1957.

⑥ 郭宝均. 殷周的青铜武器 [J]. 考古，1961（2）：111-118.

⑦ 林巳奈夫. 中国殷周时代的兵器 [M]. 京都：京都大学人文科学研究所，1972：321-374.

⑧ 谭白明. 曾侯乙墓弋射用器初探——关于曾侯乙墓出土金属弹簧与"案座纺锤形器"的考释" [J]. 文物，1993（6）：83-88.

⑨ 袁艳玲. 楚地出土平头镞初探 [J]. 江汉考古，2008（3）：48-54.

⑩ 黄曲. 浅论"韘"及"韘形佩" [J]. 考古与文物，2011（2）：55-62.

⑪ 李春桃. 说"夬""韘"——从"夬"字考释谈到文物中扳指的命名 [J]. 吉林大学社会科学学报，2017（1）：175-182.

⑫ 井中伟，魏凯. 商周时期的"扳指" [J]. 边疆考古研究，2015（2）：195-210.

⑬ 徐汝聪. 楚韘 [J]. 江汉考古，2014（5）：46-62.

逻辑即使用方法的诘问。

对控弦器考释较为客观的当属澳大利亚学者拜德·德怀尔（Bede Dwyer）。拜德长期致力于远东射艺研究。1997年，拜德撰文对先秦时期的控弦器"韘"进行了详细的考据，明辨了"韘"的设计理念、使用方式及文化隐喻。① 拜德之优势，在于理论联系实践的严谨，但该文发表于1997年，统揽样本毕竟有限。此外，拜德仅仅考证了中原地区的"韘"，并没有进行跨文化比较学研究。与之相比，土耳其学者亚当·斯沃诺达（Adam Swobad）打破了营垒。亚当是国际知名射艺专家，所复刻的"奥斯曼角弓"被公认为艺术珍品。其著作 *The Art of Shooting a Short Reflexed Bow With a Thumb Ring*（中文名《撒放的艺术》，笔者注）对欧亚大陆不同控弦器的使用手法均进行了详细的梳理，从比较文明的角度诠释了控弦器的文化魅力。国外学者这种比较文明的研究方法值得我们重视和借鉴。

3. 盛矢器

盛矢器即收纳箭矢的容器。南北朝之前，中原地区的盛矢器多为背负式的箙而非悬挂式的囊。针对箭箙，淡猛采用模具法，对战国时期的彩绘箭箙进行了矫正与修复。淡猛"原材配原物"的思想对射文物的活化意义重大。② 沈文倬③、连劭名④运用训诂学方法，对"箙"之字形、字义、功能进行了考释。作为战争中的实用武备，箭箙有着严格的使用要求。

多元文化的融合使南北朝时期悬挂式皮质箭囊"胡禄"由域外传入中原，促进了射武备的革故鼎新。有关其源流，驹井和爱认为系唐初经由西域传入中原⑤；王援朝认为源自4世纪的龟兹⑥；梯亚阔诺夫认为源自中

---

① Bede Dwyer. Early Archers' Rings [J]. Journal of the Society of Archer-Antiquaries, vol. 40, 1997.
② 淡猛. 战国彩绘箭箙矫形与修复 [J]. 江汉考古，2014 (1).
③ 沈文倬. 说"箙" [J]. 浙江大学学报（人文社会科学版），2006，36 (3)：176-177.
④ 连劭名. 殷墟卜辞中的"箙" [J]. 文物春秋，2002 (1)：26.
⑤ 驹井和爱. 中国考古学论丛 [M]. 东京：庆友社，1974.
⑥ 王援朝. 胡禄源流考 [J]. 中国历史文物，2009 (6)：63-69.

亚粟特①；康马泰认为源自6世纪中期的突厥②；大部分学者索性概言之，如杜朝晖云"起源于外来文明，由西域马背民族带入中原，在崇尚胡风的唐代被普遍装备"③。诸家各持一说，究其原因，在于史料、文物信息占有的多寡及研究方法的差异。笔者曾以文献、文物、图像排比相结合的研究方法，将"胡禄"的考释复归于全球史视野，最终认为："当源自4世纪中期的萨珊波斯。受波斯文化'西风东渐'的浪潮与中原地区'北朝系统胡化'双重文化张力影响，胡禄在唐帝国实现了勃兴。"④

综上所述，历史学、考古学同仁对该领域的研究贡献最大。这一方面是由于其学科属性本就处在探究历史事实的前沿，另一方面与其"考据""实证"为主导的治学范式密不可分。国外学者对该领域关注较早，故论述较为宏观全面，由于获取与亚洲传统射艺紧密相关的考古信息的滞后性，加之客观的语言障碍，国外学者在微观阐释方面仍滞后于以中国学者为代表的亚洲学者。综合已有成果，实证的研究范式值得借鉴。质言之，在进行深入的器物考释之后，还应进一步思考器物如何"反塑"操控于其间的身体形态。故而，今后器物领域的研究应着重关注体育学的相关理路与研究方法，以期呈现一个全面的文化事实。

（二）技术领域的重要成果综述

1. 车射与骑射

相较于器物论域，技术领域的研究明显落后，车射与骑射更鲜有人关注。中国古代文献素来不聚焦于独立的身体，即便是明代兵书如《纪效新书》《登坛必究》等，也仅浅谈了军旅武艺的指导思想而绝非训练机制。究其原因，乃是东方文明常将主、客体一元化，对"本体"的认识是基于情境式、境遇化的体验，并因此产生了情境反推式的思维方式，一种天人

---

① 梯亚阔诺夫. 边吉坎特的壁画和中亚的绘画[J]. 美术研究，1958（2）：84-120.
② 康马泰. 唐风吹拂撒马尔罕：粟特艺术与中国、波斯、印度、拜占庭[M]. 毛铭，译. 桂林：漓江出版社，2016：3.
③ 杜朝晖. 从"胡禄"说起——兼论古代藏矢之器的源流演变[J]. 中国典籍与文化，2007（4）：90-95.
④ 负琰. 唐代射箭装备"胡禄"源流再考[J]. 体育文化导刊，2018，191（5）：130-135.

合一，人与世界一体同在的体验。① 东方的先民对身体并不区别看待，也并不追求一元论以外的认知逻辑，故而在精英阶层记录的文献中寻觅身体训练的章句困难重重。西方亦有同样的传统，赞颂思想却避谈体育。即便古希腊奥运会如火如荼之际，当时的哲人苏格拉底、柏拉图、亚里士多德、修昔底德、塔西佗等涉及体育之语却似雪泥鸿爪，体育实难进入他们的思考领域。究其缘由，一如笛卡尔之"我思故我在"，即相信人的本质乃精神而非肉体。此外，基督教哲学永恒的主题是精神与灵魂。肉体存在非但不是人的本质，甚至被视作欲望与罪恶的渊薮。② 这种共同的传统笼罩甚深。今天的中外学者在涉及射艺研究时，亦常忽视对技术的讨论。就中国而言，自晚商开始车射即成为战争中最主要的作战形态。自赵武灵王始，骑射代替了车射，成为战争中的精英战力。冷兵器时代的车马骑射乃战争的核心要素，对达成这种核心要素所需的运动训练必不会公之于众。由于沙场技艺多传承于特定的"阶级""府兵""军户"之中，要获得对方的核心军事机密只有通过战争、谍报等非常规手段。各种作战技能的训练，极有可能是在严密的环境中进行的。

固有研究多聚焦于车御、骑射的文化颂扬，并非本书关注的技术解析，且一些文化阐释充斥着主观臆断。故而在本书中，笔者将就车射、骑射较为客观的产生之源、传播之径、训练之法、文化之蕴进行梳理，以期做到全景式的史实重构。

2. 步射

技术研究多聚焦于"步射"，所论也多为东亚中华文化圈中的步射。这一领域的研究巨擘首推国民政府时期的体育家、新文化健将张唯中先生。张唯中于1934年写成《弓箭学大纲》，该书将中华射艺擎举至"学"的高度。诚如斯言，射艺"兼具德、智、体、美多重教育功效，之于高雅情趣与健康生活具有重要意义，即所谓'射乐'"③。这种认知竟与当今运动主流语境颇为相和，超越了体育教育过分关注身体的规训。该书共分三

---

① 康中乾. 论中国古代哲学情境反思的思维方式 [J]. 中国哲学史，2018 (3)：112-117.
② 魏伟. 近现代西方思想家的体育观 [M]. 北京：中国社会科学出版社，2016：2.
③ 张唯中. 弓箭学大纲 [M]. 台北：逸文出版社，2016.

章，详尽描述了中华射艺的历史渊源、训练方法、文化价值。前述谭旦冏曾对成都长兴弓箭铺掌柜武树森进行了射箭技术的图像采集与口述笔录。有别于"折胯式"的清射身法，武树森的身法更显中正。与武氏同为成都"射德会"成员的曾崧生，于1937年写成《国粹体育——拉弓射箭浅说》，该书从器材选择、训练方法、易犯错误展开论述，堪称民国时期中华射艺之经典教材。此外，1932年大东书局之《射技图说》，1934年吴图南之《弓矢概论》，1938年金警钟之《射箭法说明》均涉及射艺技术。然而，上述著作存在抄袭现象，其抄袭的范本多来自清代典籍如《射说》《贯虱心传》等。民国时期处于新旧文化的剧烈博弈之中，中华射艺短暂复兴。当其余波推及体育，即唤醒了以射艺、国术为代表的"我者"，对抗以西洋体育为代表的"他者"。

当代以来，技术的研究较为匮乏，但也有零星学者对其进行了思考，其中首推徐开才、李淑兰伉俪。二位先生是中国射箭界泰斗。中华人民共和国成立之初，他们携手叱咤箭坛并多次打破世界纪录。退役后，他们执教国家射箭队多年，培养出了孟凡爱、宋淑贤等一批优秀运动员。2015年，由徐开才精心编写的教材《射艺》付梓，使中华射艺的复兴有了技术层面的操作指南。该书从项目特征、基本技术、训练要点、器械调控几方面展开论述，填补了中华射艺教材领域的空白。《射艺》出版虽晚，却是技术领域最为系统的专著。[①] 2017年，马廉祯《武学——中国传统射箭专辑》付梓，收录了部分有关射艺技术的论文，但多以现代运动训练方法为指南。[②] 值得一提的是周初明的研究成果。周初明供职于浙江博物院，专业的素养使其得以运用图像考古法对古代射箭图像中射手的手部动作进行考释。周初明所取之样本不限于中国，其贯通的视阈首当提倡。纵使周氏对古籍中"知簇""胡法""汉法"的见解仍有待商榷，然感佩作者之坦诚："身处杭州，未能结识精于箭术的国术高手。他日若能相遇，定当虚

---

① 徐开才. 射艺［M］. 桂林：广西师范大学出版社，2015.
② 马廉祯. 武学——中国传统射箭专辑［M］. 广州：广东人民出版社，2017.

心求教。"① 针对汉代的步射,有崔乐泉②、刘朴③基于画像石的考释。崔乐泉早年受过科学的考古学训练,其研究在理路上相对严谨。刘朴之研究则陷入了盲目的以图证史。若刘朴对汉画像石雄浑、夸张、不同于透视方式的艺术风格有所了解,对汉代出土弓矢文物有所认识,便不会把艺术化的构图当作现实的情境,更不会定论汉代的步射"分为立射、蹲射、单腿跪射、折腰射、弓步射、转身背射、坐射、步行射、跑步射等9种"④。

海外学者中,谢肃方在其两部专著中对我国武科典籍中有关射箭技术的章节进行了点校。本着实证的态度,谢肃方反证了步射之要法,其曾多次就实证的重要性与笔者交流,并指出:"射艺研究必须以实证作为理论研究的基础。"如前文所述,亚当·斯沃诺夫擅长对欧亚大陆不同区域的控弦器使用手法做比较学研究。亚当·斯沃诺夫之成就,全赖于其对多年收藏的控弦器进行实证的反推。首重实证乃国外学者最可贵的品质,这种品质可以追溯到1906年拉夫尔(Ralph Payne-Gallwey)对亚洲射艺的研究中。1906年,英国军事工程学学者拉尔夫爵士⑤写成了轰动国际武备界的 The Projectile Throwing Engines of the Ancients(中译《古代的投射武备》,笔者注)。在该书中,拉尔夫对近东的弓弩制作技艺大加赞赏,并结合深入的田野调查记录了有关奥斯曼射艺的民族志研究。荷兰武备收藏家彼得·德克尔(Peter Dekker)显然是这种传统的忠实拥趸。彼得对我国清代射术可谓痴迷。2013年,彼得拜访了年迈的武术家佟佩云。佟佩云乃正白旗后裔,其父佟忠义曾任清宫禁卫军武术教官,是晚清民国时期著名的武术家。佟氏家族在摔跤、射艺方面可谓名门正统。佟佩云幼承庭训,并于1956至1958年三度蝉联国内射箭比赛冠军,堪称清代射术的活化石。彼得采访了佟佩云,就手、眼、身、法、步、瞄准、靠位、撒放诸方面进行了系统的笔录,写成 Using The Mamchu Thumb Ring(中译

---

① 周初明. 古代射箭手部动作考略 [J]. 东方博物,2007,22(1):6—17.
② 崔乐泉. 从汉画看汉代的射箭活动 [J]. 考古与文物,1999(2):77—83.
③ 刘朴. 对汉代画像石中射箭技艺的考察 [J]. 体育科学,2008,28(4):72—83.
④ 刘朴. 对汉代弓射技艺的研究:从汉画像石资料看汉代弓箭练习的各种动作 [J]. 山东体育学院学报,2008,24(10):24—28.
⑤ Sir Ralph Payne-Gallwey. The Projectile Throwing Engines of the Ancients [M]. London: Longmans,1906.

《满洲筒形扳指的使用》，笔者注）。① 相较于彼得痴迷清代射术，美籍华人马腾（Justin Ma）与田杰（Jie Tian）在明代射术领域取得了可喜的成就。马腾与田杰常年致力于中华射艺的海外推广。2015 年，二人之著作 The Way of Archery：a 1637 Chinese Military Training Manual（中译《射道：1637 年的中国武射系统》，笔者注）付梓。② 该书以晚明雅士高颖之《武经射学正宗》为蓝本，结合作者的研究，以图文并茂的形式详解了明代射艺的诸多技术环节。

综上所述，步射的研究一枝独秀，车射与骑射的研究明显落后。由于特殊的历史背景，民国时期成为技术研究的黄金时期。现代以来，技术领域的研究日益冷寂，但仍有体育学者坚守，其中民族传统体育学者的贡献尤深。基于对东方文化的热爱，加之实证的范式与虚心的态度，国外学者对该领域的研究更值得称赞。未来该领域的研究应在如下两方面实现突破：首先，应重点关注射艺技术体系最重要的组成部分，即车射与骑射，以期技术体系更为明晰；其次，应广泛收集考古发掘中与亚洲射艺文化有关的各类射文物，以"器物"研究"技术"，即进入"身体考古"的研究进阶。

（三）制度领域的重要成果综述

1. 射礼

杨宽较早运用文献学、训诂学等研究方法，对两周射礼的起源、嬗变、功能进行了讨论。杨宽认为射礼起源于田猎，兼具军事训练、选拔人才的双重目的。③ 陈梦家认为中国最早的学校以传授射箭技术为主，此即最初的射礼，其场地可分为"庠序"与"辟雍"，分指陆上与水中的习射场所。④ 杨树达⑤以甲骨文字释读为指南，认为射礼起源于殷商的射牲礼。

---

① Peter Dekker. Using The Manchu Thumb Ring [J]. S. P. T. A.'s Newsletter Tabs, Autumn 2011.
② Jie Tian, Justin Ma. The Way of Archery: A 1637 Chinese Military Training Manual [M]. Atglen: Schiffer Publishing Ltd, 2015.
③ 杨宽. "射礼"新探 [M] //古史新探. 北京：中华书局，1965：310-337.
④ 陈梦佳. 射与郊 [J]. 清华学报，1941，13 (1).
⑤ 杨树达. 积微居甲文说·卜辞琐记 [M]. 北京：中国科学院，1951：63.

20世纪80年代以后，甲骨文、金文出土材料的日益增多促进了礼学研究的繁荣。陈戍国笃定射礼肇始于殷商，但囿于资料的匮乏，他并未对殷商的射礼详加论述。① 幸运的是，1991年殷墟"花园庄东地甲骨"的出世印证了陈戍国的判断。姜楠认为射礼由荒蛮的狩猎活动演变而来，随着文明的进步逐渐演变为一种礼乐教化，但其说过于宽泛。② 对于记录射礼的彝器"柞伯簋"，王龙正进行了细致的考释，明晰了周康王时期大射礼的规制。③ 胡新生将西周射礼细分为军事性、宗教性、娱乐性三类，并在时间上将三种形态的射礼排列对应。④ 彭林认为射礼并非军事教育，它是以射为媒诱导贵族子弟体悟礼乐的教化过程。这一说法显然很笼统，缺乏具体时段的针对性解析。⑤ 对射礼最为全面的研究当属袁俊杰，他将射礼分为殷商、西周、春秋、战国四个阶段，就各阶段射礼的成因、特点、内容进行了系统的考证。⑥

体育界对射礼的研究首推张波、马廉祯、宗争、戴国斌、张君贤。张波曾大量阅读古希腊文化相关文献，开放的视野使其能够从比较文明的视角，将东西方两大竞技形态"射礼"与"古代奥林匹克"进行深入的对比研究。张波对两种不同文化背景中的身体活动形式进行了考察，在深入挖掘了体育的核心要素"竞争"的基础上，塑造了不同地域的体育文化特质。⑦ 在体育界，马廉祯最早将西方学者对于两周射礼的论述介绍到国内。2004年，马廉祯撰写书评，系统介绍了谢肃方《中国射学——射书十四卷》。该书收录了大量有关先秦射礼的论述，故马廉祯的书评为该论域提供了他者的视野。⑧ 宗争通过游戏文化机制的符号学研究，指出了"射何以成道"的关键。他认为，"射礼"不仅是一种古代竞技项目，还是

---

① 陈戍国. 先秦礼制研究 [M]. 长沙：湖南教育出版社，1991：251-255.
② 姜楠. 射礼源流考 [J]. 天津师范大学学报，1993，6 (6)：94-96.
③ 王龙正，袁俊杰，廖佳行. 柞伯簋与大射礼及西周教育制度 [J]. 文物，1998 (9)：59-61.
④ 胡新生. 西周时期三类不同性质的射礼及其演变 [J]. 文史哲，2003 (1)：112-117.
⑤ 彭林. 中国古代礼仪文明 [M]. 北京：中华书局，2004：150-165.
⑥ 袁俊杰. 两周射礼研究 [D]. 开封：河南大学，2010.
⑦ 张波. 古代中国和希腊体育竞赛历史文化研究 [D]. 上海：上海体育学院，2013.
⑧ 马明达，马廉祯. 寻找失落了的中华"射学"——读谢肃方《Chinese Archery》有感 [J]. 体育文化导刊，2004，(6)：73-73.

一种具有选拔、考核人才作用的政治活动。它是射箭活动的高级文化形态，投壶等游戏活动是射礼的简化形式。① 戴国斌通过对"射侯"的考释，在系统梳理了先秦时期生产之射、大猎之射、消费之射的基础上，指出射礼乃是一种以大射、宾射、燕射、乡射为指南的"周天子养诸侯之法"。② 张君贤、戴国斌则从文化结构三层次解读射礼的意义，认为射礼以其独特的内涵承载了国家治理的政治使命与社会责任。③

2. 胡服骑射

"胡服骑射"并不仅仅指代战国晚期发生于中原的一次军事变革，而是整个欧亚大陆一次集中式的文化碰撞。勒内·格鲁塞认为骑射发源于斯基泰地望，最早传入亚述，约战国中期传入中原。相较于惯常的认知，格鲁塞认为"胡服骑射"应由秦、赵一同开启。④ 斯论与宫崎市定暗合。宫崎市定在《中国史》一书中认为，秦之强盛极有可能是从河西游牧民族"义渠戎"引进了西域更为先进的机动性战力。北亚的游牧民族虽然以畜牧业为生，但其学会骑马却并不比中原早多少。扭转赵国军力的"胡服骑射"，似乎是受到了亚历山大东征的影响。宫崎市定在另一著作《亚洲史概说》中重申了游牧民族作为骑兵战术由西亚传入远东的媒介作用。北亚的游牧民族正因为较华夏族群更早学会了弓马骑射，才形成了连带意识，使一个被称作"匈奴"的军事共同体登上历史舞台。⑤ 杉山正明、江上波夫等⑥继承了宫崎市定的观点，均认为虽然北亚游牧民族也养马，但由于缺乏马具与乘骑技术，4世纪之前他们都是徒步转场的。此后情况发生了骤变，西亚的乘骑技术以及以此为前提的游牧文化传入远东，促使北亚游牧民族诸部的军事化，并在战国时期将这一被称作"胡服骑射"的文化

---

① 宗争. 射何以成道——游戏文化机制的符号学研究［J］. 成都体育学院学报，2017，43（2）：37-41.
② 戴国斌. 从狩猎之射到文化之射［J］. 体育科学，2009，29（11）：79-84.
③ 张君贤，戴国斌. 君与君不与：射礼竞赛国家治理的文化逻辑［J］. 北京体育大学学报，2018，41（7）：139-145.
④ 勒内·格鲁塞. 草原帝国［M］. 蓝琪，译. 北京：商务印书馆，2015：49.
⑤ 宫崎市定. 亚洲史概说［M］. 谢辰，译. 北京：民主与建设出版社，2017：93.
⑥ 杉山正明. 游牧民的世界史［M］. 黄美蓉，译. 北京：中国工商联合出版社，2016：72.

系统传至中原。

针对乘骑文化的传播，我国学者郭静云也进行了考证。郭静云以"驯马""战车""骑兵"三个单元，对乘骑文化的构成性媒介进行了分析，勾勒出一个从哈萨克草原肇始，西到亚述、埃及，东至黄河流域的文化传播事实。① 芮传明认为："胡服即易于乘骑的服饰。它与数千年前活跃于整个欧亚大陆的斯基泰人的服饰应大同小异。斯基泰人最早大规模乘骑马匹。"② 但胡服究竟是何种形制，芮传明并没有给出详细的考据。王国维从衣、带、冠、袴、靴、饰多个方面，系统考释了赵武灵王得以达成胡服骑射的关键，即便于乘骑的服饰。③ 将"胡服骑射"传入中原的"林胡""楼烦"究竟为何？马长寿认为公元前4世纪与中原赵国博弈于河套的"林胡"亦称"丁零""澹林""襜褴""狄历"，其更可能是中亚阿尔泰诸部的自称。无论是丁零还是林胡，文化渊源上皆与斯基泰文化接近。④

3. 射柳

熊志冲认为"射柳"一词最早出于北周文献，其渊源是匈奴、鲜卑一脉相承的"蹀林"习俗。熊志冲将射柳细分为祭祀中的"射柳仪"与武备、民俗形态下的"竞技射柳"。针对竞技射柳，他认为其与打马球结合，成为金代必行的端午节庆活动。⑤ 郭康松对射柳的起源与发展进行了梳理，指出"祈雨射柳"与"竞技射柳"分属两种功能形态，不能混为一谈。辽代的祈雨仪式叫"瑟瑟仪"，其中的一个环节就是射柳，作用是"娱神"。作为辽代带有武艺竞赛性质的娱乐活动，"竞技射柳"在贵族宴饮聚会时时常举行，其实践方式与"瑟瑟仪"不同。后来，金、宋、元继承了其中的"竞技射柳"，作为祈雨祭祀的"瑟瑟仪"随之消亡。无论何种形态的射柳，受众必是达官显贵，这项活动在普通老百姓中并未传开。⑥ 王政将两出元杂剧中涉及射柳的章节与史籍对照，厘定了活动开展

---

① 郭静云. 古代亚洲的驯马、乘马与游战族群 [J]. 中国社会科学，2012（6）：184-204.
② 芮传明. 胡人与文明交流纵横谈 [M]. 北京：商务印书馆，2016：18.
③ 王国维. 观堂集林（外二种）[M]. 石家庄：河北教育出版社，2003：528-533.
④ 马长寿. 北狄与匈奴 [M]. 上海：上海三联书店，1962：1-20.
⑤ 熊志冲. 中国古代射柳活动综考 [J]. 成都体育学院学报，1987（3）：33-36，40.
⑥ 郭康松. 射柳源流考 [J]. 湖北大学学报（哲学社会科学版），1994（2）：36-38.

的时间和场所。此外，王政利用文学材料，补充了史籍中描述不充分的活动参与者之衣着、运动形态，以及整个活动的罚酒规则与宴饮过程。①

人类学的方法对历史研究颇有启发。张元锋、李真真在既有研究基础上，提出射柳可能与生殖崇拜有关。柳树象征女阴，游牧民的射柳实则隐喻了男女交媾。用这种形式来祈雨，其实是祈求阴阳和合，风调雨顺，能使万物繁衍不息。② 杨志林、孔德银亦采用仪式理论，将射柳的功能区分为祭天功能、生存功能、强化族群技艺与凝聚思想内核的功能。作者强调，射柳是民族传统体育文化的重要载体，人们可以借助这一传统仪式探寻北方少数民族发展的内在规律与精神源泉。③

4. 国语骑射

王钟翰认为"国语骑射"母题模式可远溯至金章宗时期，旨在防御他者文化之裹挟。在骑射方面，清廷以骑射技能考核八旗武功，并以"汉军外官不能骑射"为由批评绿营战斗力。王钟翰认为这一制度的消亡乃"汉化"（sinicization），改变了满族人原有的集体记忆，"骑射"也最终演变为一种"体育项目"，但他未能分析骑射消亡的具体过程。④ 梁志忠介绍了清廷为保存骑射传统所采取的措施。雍正帝、乾隆帝、嘉庆帝皆不主张关外置学，强调"国语骑射"在八旗教育中的核心地位。清廷定期考核关外八旗子弟的骑射技艺，达斡尔、索伦、鄂伦春诸部少壮亦复如是，骑射水平优秀者会被推荐进京参加考核。梁志忠最后指出，骑射在晚清的消亡符合历史变迁的大势，基于"汉地的文化引力"与"列强的军事弹压"，骑射已不能适应国防需要，在洋务运动兴起、新军编练之后自然退出历史舞台。⑤ 季永海研究了京城与关外八旗驻防地的"国语骑射"教育。为强化"国语骑射"的影响，八旗官学广纳蒙八旗、汉八旗乃至锡伯、鄂温

---

① 王政. 元杂剧《丽春堂》《蕤丸记》与契丹女真人射柳风俗考 [J]. 民族文学研究, 2013（1）: 109—115.
② 张元锋, 李真真. 射柳运动变迁研究 [J]. 体育文化导刊, 2016（2）: 181—183, 188.
③ 杨志林, 孔德银. 人类学仪式理论视角下的射柳功能分析 [J]. 体育文化导刊, 2018（2）: 133—136, 158.
④ 王钟翰. "国语骑射"与满族的发展 [J]. 故宫博物院院刊, 1982（2）: 19—25.
⑤ 梁志忠. 清代东北满族"国语骑射"的保存与衰微 [J]. 满族研究, 1987（3）: 74—79.

克、达斡尔等部的精英子弟学习满语和武功。① 但季永海对"国语"着墨较多，对"骑射"着墨较少，如谈到锡伯族教育，也仅说其受到满语教育的影响，而未谈其骑射文化。锡伯族至今还保留着浓厚的尚射传统，其渊源与"国语骑射"密切相关。今新疆锡伯族的祖先正是乾隆二十九年（1764）从东北抽调卫戍准噶尔的骑射健儿。

孙静以"国语骑射"为"族群主权"说，以凝聚满族人的民族认同。"国语骑射"在乾隆朝俨然一种"文化判别"，区分了满族人与"他者"。另外，孙静注意到尽管"国语骑射"的衰微无可逆转，但对满族日常文化仍有重要影响，如满族显贵家家有射圃，"赌箭"之风盛行，甚至满族女子亦骑马射箭。② 张金金从地方旗人社会的视角审视"国语骑射"，梳理了福州八旗驻防史，并谈到福州水师的日常军事训练及满文教育概况，但未阐明旗人水师的舰船火器操演与"骑射"之间的关系。③ 与之相比，沈林的研究更为全面。"国语骑射"中的"骑射"一词不能仅从字面上理解为"骑马射箭"，而应拓宽其概念场，将火炮、水战等作战方式囊括在内。沈林以广州八旗水师建制的流变，阐明了"国语骑射"的观念在凝聚水师旗人，尤其是占水师主体的汉军旗人中所起的作用，颇具新意。④

综上所述，制度领域成果最多，也最为繁荣。但是，该领域的研究仍有待创新。首先，应进一步关注背景研究，即将制度领域的研究置于大历史中进行通盘审视。其次，应运用身体文化的阐释，探索一个以运动、竞技、演武为媒介的身体仪式，考镜此间的身体文化意蕴。最后，应进一步关注"中华"与"域外"的文化传播，以及不同制度之间可能存在的文化关联。

---

① 季永海. 论清代"国语骑射"教育［J］. 满语研究，2011，52（1）：74-81.
② 孙静. 试论乾隆帝对"国语骑射"之维护［J］. 大连民族学院学报，2006，33（4）：49-53.
③ 张金金. 浅论福州八旗驻防"国语骑射"的保持［J］. 黑龙江史志，2014（3）：312-314.
④ 沈林. 从"国语骑射"到水师建设——兼谈广州八旗水师盛衰［J］. 满族研究，2012，106（1）：75-81.

上篇 SHANGPIAN
中华射艺文化

第一章 "中华射艺"的动态演进与文化认知

2014年8月7日,中国射箭协会传统弓分会的成立,有力地促进了传统射箭的复兴,引发了学界的广泛关注。近几年,有关传统射箭的学术研究成果明显增多,学者们从文化、教育、哲学等维度分别进行了深入探讨。但梳理文献的过程中,笔者也关注到一些重要的问题。首先,传统射箭价值的多元性、演进的复杂性,使人们很难从根本上厘清其"最终本性"——该领域的研究似乎早已习惯了从主体的外延,即价值与功能等面向向外推进,却忽视了对"本体论"的纵深拷问。简言之,学者们只是讨论"传统射箭可以干什么"的价值问题,却回避了"传统射箭到底是什么"的本质问题。其次,对于当下复兴的,被冠以或"传统射箭",或"中国传统射箭",或"射艺",或"民族弓",或"民族射箭"的事物,究竟该被统合进怎样的一种称谓?是怎样形成与演变的?概念又是什么?

笔者以为,回归逻辑起点,开展本源性研究非常有必要。找到相对严谨的统合性称谓(叫什么),梳理事物的发展动态(因何是),构建一个提纲挈领的概念阐释(所以是),是一项刻不容缓的议题。

第一节 "中华射艺"统合性称谓的提出

在时间维度外,空间维度的研究亦十分重要。对于能够承载我国传统射箭所属历史空间的辞藻,如"中国""中华""华夏"等,笔者认为"中华"的意蕴更为严谨。在"传统射箭""中国传统射箭""射艺""民族弓""民族射箭"中,笔者认为"射艺"的称谓更为贴切。一是因为周代将

"射"归入"六艺",二是由射文化的立体形象及其形成过程决定的。由此构成本文的研究对象,即"中华射艺"。

第二节 "中华"与"射艺"的互结与联动

一、中华

与近代以来形成的"主权"(sovereignty)、"边界"(boundary)与"民族国家"(Nation-state)的概念不同,"中华"是经由漫长的发展,逐渐形成的自我与域内他者双重认同的社会文明概念,非特指某个区域、政治群组或民族。

公元前11世纪,黄河流域诞生了以洛阳及其周边都邑为中心的周朝文明。在与周边诸地域的交流中,周朝在制度、文化尤其文字系统的先进性上得以确立,开始出现"华夏""中国""中州""中华"等自我标示的文明概念。其实,在更早的殷商时期,殷人就以东西南北方位来建构世界,自己居中作为四方的统治者。西周继承了这个传统,以周王朝为中心,周围封建诸侯,形成周的天下。① "他们想象,自己所在的地方是世界的中心,也是文明的中心。大地仿佛一个棋盘一样,或者像一个回字形,四边由中心向外不断延伸。"②

由此,周朝构建了一种以对自身文化的慕化程度为衡量标准的天下观,即《尚书·禹贡》的五服图说(图1-1)。其中"甸服""侯服""绥服"皆是最慕化天子的区域,称为"中华"。而第四层"要服",即蛮夷地区的君主须对天子履行一年一度的"岁贡"。最外沿的"荒服",在天子更迭的时候须朝贡中原,即"终王"。以周文明为肇始的华夷秩序,主要是通过夷狄对中华的向往以及中华对夷狄的德化来确认和完成,这是"中华"思想形成的重要过程。

---

① 韩昇. 东亚世界形成史论[M]. 北京:中国方正出版社,2015:15.
② 葛兆光. 宅兹中国——重建有关"中国"的历史论述[M]. 北京:中华书局,2017:44.

第一章 "中华射艺"的动态演进与文化认知

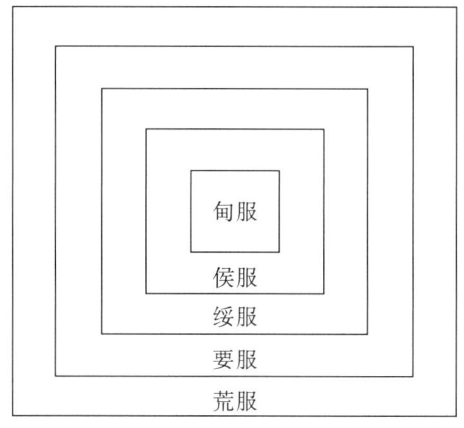

图 1-1 《尚书·禹贡》所述五服图说

中华与夷狄并非征服者与被征服者的关系，而是一种德化感召与慕化朝贡的对应关系。中华与夷狄的差异性不是永恒不变的，改变其差异性的方式也并非以武力为主。随着四夷对中华文化的慕化不断加深，原来化外之地的人民皆可转为中华子民，其空间亦可转为"中华"。反之，若中华子民无道失礼，则与蛮夷无异。在"中华"不断扩大化的过程中，孔子为其补充了重要的文化原理，为其后东亚文明秩序的运行起到了关键的作用。《论语·八佾》云："夷狄之有君，不如诸夏之亡也。"① 孔子强调华夷之别不在种族或血统，而在文化礼仪。此外，中华世界固有的空间秩序也随着历史的发展产生了变化。居于"侯服""绥服"的诸侯势力经由春秋战国时期的大重组，特别是战国时期争霸局面的形成，新的中华秩序得以肇始。

皇帝制度的确立，使周代仅代表"德化"的天子转变为兼具"德化""专制"二元复合身份的皇帝。其对内以皇权形式加强对所属郡县的行政统治，对外则采取"羁縻""册封""和亲"等形式实现了匈奴、西域诸国、百越、西南夷、朝鲜半岛及倭国对"中华"的归附。秦汉至明清中华空间的变化，往往根植于华夷族群之间的体系性军力对抗与分合消长。②

---

① 论语[M]. 上海：上海古籍出版社，2007：20.
② 陈志刚. 秦汉至明清时期北部中国华夷观念演变的几个特点[J]. 学习与探索，2016，252（7）：160-173.

南北朝时期，游牧民族模仿中华体制，是以"汉人与胡人之分别，在北朝时代文化较血统尤为重要"①，是否属于中华"不是根据种族和血统，而是根据文化"②。在以洛阳为中心的北朝中华和以建康为中心的南朝中华的对立中，中华的空间与秩序不断重组，给这个时代的东亚诸国如高句丽、新罗、百济和倭在朝贡归附上增加了选择的可能，也在一定程度上促进了其自我意识的觉醒。隋唐时期形成了新的中华空间。"具体来说就是以九州＝中国为基本领域且有时也可以包含异民族支配在内的政治社会。"③唐朝的皇帝既是中华世界的"皇帝"，又兼具北亚草原民族的"天可汗"。如若考虑到7世纪中叶安西都护府的建立，唐的中华世界可以说是一个兼具北亚甚至中亚的巨大共同体。④ 这也是陈寅恪所提到的："李唐一族之所有崛兴，盖取塞外野蛮精悍之血，注入中原文化颓废之躯，旧染既除，新机重启，扩大恢弘，遂能别创空前之世局。"⑤

唐代空前扩大的中华世界成为其后东亚各国的"基本政治认同"。契丹部模仿中华体制建立辽朝，标志着东亚诸民族自觉意识的开启。⑥ 宋、辽、金三方的博弈，目的是对唐文化遗产的一种合法性继承，也是对中华秩序的再次重组。如果认为此时中华的空间缩小至仅"宋"一隅，那就是对中华以文化论不以血统论的一种背弃。急速中华化的女真金朝，自认为是唐和北宋传统的维护者。⑦ 但居于江南的南宋与平安时代的日本对此都表达了强烈的异议。所以，蒙古帝国建立前的东亚存在着对"中华"秩序的争夺。蒙古帝国最初是游牧民族以军事征服而非中华德化样式形成的欧亚政治共同体，但其在东亚区域则主要继承了中华样态的政治文化遗产。

---

① 陈寅恪. 隋唐制度渊源略论稿 唐代政治史述论稿[M]. 北京：商务印书馆，2011：200.
② 韩昇. 东亚世界形成史论[M]. 北京：中国方正出版社，2015：6.
③ 渡边信一郎. 中国古代的王权与天下秩序[M]. 东京：校仓书房，2003：44.
④ 杉山正明. 蒙古颠覆世界史[M]. 周俊宇，译. 北京：生活·读书·新知三联书店，2016：200.
⑤ 陈寅恪. 隋唐制度渊源略论稿 唐代政治史述论稿[M]. 北京：商务印书馆，2011：87.
⑥ 宫崎市定. 中国史[M]. 焦堃，瞿柘如，译. 杭州：浙江人民出版社，2015：175.
⑦ 傅海波，崔瑞德. 剑桥中国辽西夏金元史[M]. 北京：中国社会科学出版社，1998：329.

"元"即是在这一文化延长线上建立起来的巨大帝国,不仅统一了整个东亚,还作为欧亚四大汗国的宗主,使中华在空间上兼有了一个世界性的面向。"世界的世界化"与"中国的扩大化",即从"小中国"往"大中国"的变化,是从元代开始的。① 大都成为明清两代的都城,正是元代的政治延续。洪武、永乐、宣德时期都实行外向型扩张政策,在永乐帝看来,塑造中华世界的天子形象和确立有序的国际秩序是他的终极愿望。② 从顺治帝强调的"满汉一家",到雍正帝提倡的"华夷一家",再到乾隆帝提出的"中外一家",一个清晰、明确的"大中华"空间结构得以出现。③ 特别是乾隆朝对准噶尔地区的征服,标志着自班超以来中国的亚洲政策的最终实现。④

古代欧亚大陆并不存在"主权国家"与"边界",正因如此,文化方能畅行其间。在没有边界的时代,"中华"与"异域"、"中心"与"边缘"不断地融合,并依托不断扩大的中华,产生持续的文化繁荣。射艺的产生与发展,正是基于这个不断演变的空间进行的。射艺的研究须体现文化的多元化,而不是囿于"国家""民族""国别史"的射艺研究。

二、中华射艺

峙峪石镞的发现将我国使用弓箭的历史上溯到 28000 年前,但我国使用弓箭的历史远比峙峪文化期久远。箭的最初形态,一定是用一根木头削成的,即《易·系辞下》所谓"弦木为弧,剡木为矢"。

商朝中晚期,商人制作祭祀用具的技术空前发展,迁都于殷使商王朝远离了先前的水患。二者加速了"猎消农长"的趋势,使商人逐渐从"国之大事,在祀与戎"的鬼神崇拜中走出,开启了对自身价值的重新审视。多数学者认为,商代的田猎虽有一些赏赐分封的意味,但并不具备规范化

---

① 杉山正明. 游牧民的世界史 [M]. 黄美蓉,译. 北京:中国工商联合出版社,2016:191.
② 檀上宽. 永乐帝——华夷秩序的完成 [M]. 王晓峰,译. 北京:社会科学文献出版社,2015:216.
③ 檀上宽. 永乐帝——华夷秩序的完成 [M]. 王晓峰,译. 北京:社会科学文献出版社,2015:285.
④ 勒内·格鲁塞. 草原帝国 [M]. 蓝琪,译. 北京:商务印书馆,2015:731.

的"礼"。事实并非如此,当"巫"的神性逐渐让位于人的"自性"时,逐渐脱离宗教而用来体现贵族子弟矢射技能高下的射礼便产生了。① 据殷墟花园庄东地甲骨文最新的研究成果:商代射礼形态完备,对竞技模式、活动地点等赋予了严格的要求,甚至规定了参与不同的射礼样态所使用的"迟彝弓""恒弓""疾弓"。② 晚商射礼的形成堪称我国射箭史上的第一次重大飞跃,它使弓箭突破了"射杀"的桎梏,完成了从"射箭"到"射艺"的升华。周朝以分封诸侯、确立礼制的形式明确了以洛阳为中心的天下观,使起源于晚商的射礼进一步等级化与仪式化,形成了一套以"大射、宾射、燕射、乡射"为指南的周天子养诸侯之法③,用以规范"五服"内姬氏诸侯、外姓诸侯、蛮夷君主、戎狄君主,强化他们对中华的归附。战国时期,居于"侯服"与"绥服"的诸侯在强化权力的同时,开始了不唯血缘论的新型中华秩序构建。赵武灵王开启的"胡服骑射",使我国从"战车时代"向"骑兵时代"转变。中华世界从前无迹可寻的"骑术"也由此成为一种新的风尚,为日后赛马、马球等竞技的开展提供了可能,也为后来的武举取士提供了一个重要的军事体育考评科目。"胡服骑射"开启了我国射箭史上的第二次飞跃,为日后射艺的发展提供了一个海纳百川的价值取向。

秦汉时期射艺的发展呈现出两个明显的态势:首先,为与匈奴作战而进一步在军事训练体系中强化骑射,即"民俗修习战备,高上勇力鞍马骑射"(《汉书·赵充国辛庆忌传赞》);其次,借由域外政权对中华世界的归附,使高度文明化的射艺沿着"丝绸之路"远播西域。在大致与汉同期的且末扎滚鲁克一号墓及民丰尼雅遗址 95MNIM8、95MNIM1、95MNIM4 等西域贵族墓地,考古人员均发现了"一弓四矢"式的陪葬现象④,对应了《后汉书·礼仪志》中"彤矢四,轩輖中,亦短卫。彤矢四,骨短卫,彤弓一"的丧葬礼制。配四矢的"彤弓"是周天子赏赐给诸侯的礼器。

---

① 朱镇豪. 从新出甲骨金文考述晚商射礼 [J]. 中国历史文物,2006 (1):10-18.
② 韩江苏. 殷墟花东 H3 卜辞中迟弓、恒弓、疾弓考 [J]. 中原文物,2011 (3):36-40.
③ 戴国斌. 从狩猎之射到文化之射 [J]. 体育科学,2009,29 (11):79-84.
④ 张弛. 尼雅 95MNIM8 随葬弓矢研究——兼论东汉丧葬礼仪对古代尼雅的影响 [J]. 西域研究,2014 (3):7-12.

《荀子·大略》云："天子雕弓，诸侯彤弓，大夫黑弓，礼也。"大量西域贵族墓葬中合乎中华礼制的弓矢陪葬情况，有力地印证了中华射艺文化的远播。南北朝时期，以洛阳为中心的北朝政权一方面保持着精骑善射的古老传统，有"幽并重骑射，少年好驱逐"（《拟古诗·鲍照》）的豪迈。另一方面，随着汉化的加深，周代以来的射礼与讲武制度为游牧民族所接受。如慕容前燕"赐其大臣子弟为官学生者号高门生，立东庠于旧宫，以行乡射之礼，每月临观，考试优劣"（《晋书·慕容皝载记》）。孝文帝以来，北魏开始仿效中原礼制进行大射礼。随后的北周皇室更喜大射礼，如宇文邕"集诸军都督以上五十人与道会苑大射，帝亲临射堂，大备军容"（《北史·北周武帝本纪》）。以建康为中心的南朝政权，因承袭了魏晋的玄学与东吴以来对江南的开发，一种带有雅致之风的"六朝文化"开始盛兴，当六朝文化与射艺相结合，带有享乐主义与游戏气息的"投壶"与"弹弓"便成为贵族门第间最受欢迎的娱乐项目。射艺中开始大量融入娱乐化、游戏化的元素，确切地说应该是南朝开启的。

隋唐结束了 4—6 世纪以来的南北分裂，并通过和亲、羁縻、册封等形式加强与周边邻国的联系，促进了隋唐时期射艺的空前繁荣。首先，对东、西突厥和粟特地区的征服，使中断已久的"丝绸之路"再次贯通。来自西域的箭囊"胡禄"[①]，产自花剌子模与室韦的角弓[②]，甚至源于波斯的弓袋"豹韬"[③]，成为隋唐时期狩猎游艺、军事训练的重要武备，为射艺的发展注入了活力。其次，武周时期首创武举，将骑射与步射明确作为官办武学考试中的重要一环，促进了武射系统的精细化、规范化与学术化。唐朝开启了我国射箭史上的第三次飞跃，即一个物质文明、精神文明双重丰富的射艺形态的形成。而以争夺对唐文化遗产合法继承为背景，强烈的民族自觉成为宋辽金时期射艺发展的主旋律，并由此开启了射艺"非一元中心"的自我宣示时代。在宋辽的博弈中，双方逐步产生了"边界"的概

---

① 驹井和爱. 中国考古学论丛 [M]. 东京：庆友社，1974：73.
② 薛爱华. 撒马尔罕的金桃：唐代舶来品研究 [M]. 吴玉贵，译. 北京：社会科学文献出版社，2016：643.
③ 王援朝，钟少异. 弯月形弓韬的源流——西域兵器影响中原的一个事例 [J]. 文物天地，1997（6）：44-47.

念。澶渊之盟后，居于宋辽边界的雄州、容城等地，出现了须同时承担宋辽双方征税义务的"两属户"。因属战略要冲，故双方都注重"两属户"地区人心的争取，反而造成了一种宽松的政治环境，使此地居民能够突破两面政令的壁垒，自发性地组织各种结社，其中最为著名的当属"弓箭社"。庆历时期，"弓箭社"开始被宋廷招募为民兵。[①] 民族自觉的开启，使北方的辽、金不再照搬汉人的射礼，而是参照中华礼制对游牧民旧有的蹀林之俗进行改造，产生了高度仪式化的射柳。据《辽史·礼制》，射柳之前首先要祭祀先帝，"皇帝致奠于先帝御容"。射柳的过程遵照严格的等级秩序，即"皇帝再射，亲王、宰执以次各一射"。关于锦标机制，有"中柳者质志柳者冠服，不中者以冠服质之。不胜者进饮于胜者，然后各归其冠服"。待整个仪式结束后，皇帝对参与人员依爵位进行封赏，"皇族、国舅、群臣与礼者，赐物有差"。金的射柳，将汉人的传统节日端午节、重阳节与之绑定，使其发展成为一种盛大的节庆体育活动，即"甲戌拜天射柳。故事五月五日、七月十五日、九月九日拜天射柳岁以为常"（《金史·太祖本纪》）。金世宗时期重申了此传统："以重五幸广乐园射柳，皇太子亲王百官皆射，胜者赐物有差，上复御常武殿赐宴击球，自是岁以为常。"（《金史·世宗本纪》）将游牧民的射柳与汉人的节庆相结合，金世宗此举意在宣示一个统合了南北文化诸要素的中华世界共主。

蒙古帝国西征期间，曾有意识地将撒马尔罕、呼罗珊、加兹尼等地的能工巧匠带回东亚服务于军工业。[②] 东波斯的长梢角弓、安纳托利亚的小梢角弓，自13世纪中期开始大规模出现于中土。至元十年（1273），忽必烈又从波斯伊尔汗国引进了巨型弹射器"曼扎尼克"，即汉人所谓"回回炮"的攻城器械。[③] 元明时期的欧亚射武备交流影响深远，《武备志》中所载明军"方其弰，长其隈，高其弣，薄其敝"的通用弓，与同时期出现在奥斯曼帝国、克里米亚汗国、李氏朝鲜的弓箭形制几无二致，被国内外

[①] 王晓龙，刘世梁. 北宋时期河北路弓箭社研究［J］. 河北大学学报（哲学社会科学版），2017，42（2）：10—17.

[②] 勒内·格鲁塞. 草原帝国［M］. 蓝琪，译. 北京：商务印书馆，2015：338—342.

[③] 杉山正明. 蒙古帝国的兴亡（下）［M］. 孙越，译. 北京：社会科学文献出版社，2015：75.

射文化研习者统称为"小哨系统"。开启于元明时期的欧亚射武备比较学研究具有非常的意义。以射为媒,我们得以统观一个延续的中华,一个交互的欧亚世界。随着国力的衰退,明朝中后期转而应对倭寇、草原游牧民族的侵扰。然而,这样的状况却促进了明代中后期射艺的学术自觉。戚继光《纪效新书·射法篇》、茅元仪《武备志·射论》、王鸣鹤《登坛必究·射论》详细阐明了武射系统中的诸要素。晚明雅士高颖所著《武经射学正宗》,不但对射艺的各种知识体系进行了深度的学术性梳理,还创造性地建构了一种被称作"尺蠖式"的技术流派,促进了射艺技术的多样化。"春蒐、夏苗、秋狝、冬狩,皆以农隙以讲事也。"(《左传·隐公五年》)作为"国语骑射"的最终载体,由满蒙贵族长期共同参与的"木兰秋狝"以周代"秋狝"制度为蓝本,以满蒙共通的语言为纽带,以草原民族共有的技能骑射为媒介,有效巩固了"满蒙同盟"的情感基础。正如康熙、雍正、乾隆三代帝王将兴科举、修明史、祭明陵、编巨著等同修文教作为"中华皇帝"身份的表达,"国语骑射"制度旨在宣示君主对草原世界"大汗"身份的重视。[①] 有清一代史无前例地统一了射武备,将"长哨加弦垫"样式的角弓作为不得随意更改的制式装备。"不如式制造,或被人首告,或兵部查出,所造之物入官,匠役从重议处。"[②] 将南与北、文与武、治与化融为一体,清代的射艺空前大一统,多民族的中华世界以"射"为媒作了强力宣示。

晚清以来,东亚世界延续了两年多年的"中华"式天下观被强行整编进了"民族国家"的国际准则,一个长期彰示"允执厥中"的古老帝国被动式地进入"无处非中"的近代世界。面对诸如"民族""边界""国家"等一系列新观念的文化冲击,固有的价值观遭到了"欧洲中心主义"颠覆式的冲撞,直至在政治、军事、科技、思想等方面产生巨大的影响。也正是这一时期,射艺逐渐淡出了历史舞台。鲜有的对于传统射箭的学术研究,或囿于以"民族国家"为背景的论述方式,或过分借鉴西洋体育研究

[①] 张昂霄. 雍乾时期闽粤地区的"正音运动"与"大一统"[J]. 东北师大学报(哲学社会科学版),2016,279(1):93-98.

[②] 仪德刚. 清代满族弓箭的制作及管理[J]. 广西民族学院学报(自然科学版),2004,10(3):16-23.

方法，使这一古老的文化遗产在现代失语。

第三节 "中华射艺"挈领概念的最终建构

弓箭起源于先民适应自然的能动性过程，本是一种猎杀工具。随着文明的不断进步，人类社会的现实需要也日趋多元化，弓箭也显示出不同的价值。不断演变的中华空间使古人的价值观念始终处于一个不断变化、发展、升华的过程，形成了灿烂的"中华射艺"。

概念的建构深度勾连着哲学本体论范畴，是对事物的本真存在提纲挈领式的总结。不同历史时期的射艺虽有不同的特征，表现出强烈的时代性和目的性[①]，但经过梳理我们亦能够找到某些规律性的内在联系。首先，狩猎与军戎之射构成了中华射艺的武射系统，礼射与娱乐之射则构成了中华射艺之文射系统。无论是文射还是武射，准确击中目标都是其本质属性，这是射何以为射的基本规律。其次，中华射艺的形成与发展具有鲜明的交融性特征，这种交融性不但来自东亚文化圈内部，也来自对其他文化圈优秀成果的吸收。最后，不断的融合与发展极大地丰富了中华射艺的文化内涵，最终使中华射艺产生了"文与武""技与艺""教与学""工与明"等多重价值属性。这一切都基于中华文明"你中有我，我中有你"的包容性。因此，本书将"中华射艺"的概念界定为：形成于中华文化圈，以弓、箭以及相关器物为媒介，以准确击中目标为本质属性，以文射和武射为表现形式，以跨地域交融为主要特点，兼具多种价值属性并始终处在变化发展中的射矢活动与射矢文化。

---

① 李承伟，向宇宏. 对普通高校开设传统射箭课程的哲学思考［J］. 北京体育大学学报，2016，39（12）：82-87.

第二章　中华射艺演进史的考古学阐释

第一节　中华射艺的萌动：原始社会时期

恩格斯认为："弓箭对于蒙昧时代，正如铁剑对于野蛮时代和火器对于文明时代一样乃是决定性的武器。"① 作为人类历史上重要的科技发明，弓箭产生于距今30000~40000年的第四纪更新世晚期。虽有传言说在非洲大陆发现了60000年前类似石簇的器物，但至今仍缺乏有力的证据。综合现有的考古发掘资料，欧亚大陆最早使用弓箭的区域当属旧石器时代晚期今山西北部的峙峪文化遗址。1963年，考古工作者在该文化遗址发掘出约15万件石制品，其中包括多件精致的石制箭镞。这是东亚地区发现的最早箭镞，碳十四同位素年代测定绝对年代距今约28000年。这些石箭镞的发现，证明当时人们已使用弓箭。

此外，考古工作者通过对峙峪遗址出土的动物化石进行研究，发现在面积不大的发掘范围内有众多的马类残骨化石。这一证据表明，峙峪人是以弓箭和棍棒捕获野马等大型草原动物的。这就是中国考古学上著名的峙峪"猎马人文化"。② 猎马人的出现，说明弓箭的发明为先民狩猎提供了极大的便利，使追逐猎物的迁徙生活成为可能。

人类最早时段使用的弓，是一种被统称为"单体弓"的器物。所谓单

---

① 恩格斯. 家庭、私有制和国家的起源 [M] //马克思恩格斯选集（第四卷）. 北京：人民出版社，1995：19-20.
② 王幼平. 试论环境与华北晚期旧石器文化 [J]. 北京大学学报（哲学社会科学版），1990，27（1）：115-122.

体弓，是指由单一材料制作而成的弓体。按照人类学家对世界范围内使用弓箭族群的田野调查，可知人类最早的单体弓无外乎使用桑、榆、杉、竹几种材质。因取材为有机质，单体材质制作的弓箭不利于长期贮藏。然而，特殊的埋藏环境却使新石器时代的一些单体弓完好地保存下来。世界范围内已知最早的考古实物系丹麦霍尔麦加德（Holmegaard）沼泽出土的榆木单体弓，以及我国杭州萧山跨湖桥遗址出土的桑木漆弓 T0512⑨A：17。两把弓的年代均可追溯至距今 8000 年以上的新石器时代（图2—1、图 2—2）。

图 2—1　霍尔麦加德沼泽出土的单体桑木弓

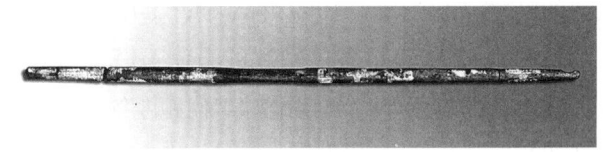

图 2—2　跨湖桥遗址出土的桑木漆弓 T0512⑨A：17

霍尔麦加德单体弓的参数暂无法得知。与之相比，跨湖桥桑木漆弓 T0512⑨A：17 留下了详细的考古学参数。该器物长 121 厘米，截面呈扁圆状，宽约 3.3 厘米，厚约 2 厘米。此外，经由科学的理化分析，该漆弓亦被认为是世界上最早的天然漆器。① 弓箭的发明绝非偶然，可参照火的发明。从人类目睹自然界的火种，到发现被烘烤的肉类更易食用，进而将火种收集于山洞之中不断添薪相续，再因偶然发生的雨水、塌方等刺激，人类产生了创造火种的念头。最后，或经由以万年为单位的探索，人类终

---

① 周剑石. 从跨湖桥出发，中国漆器八千年（上）[J]. 中国生漆，2015，34（3）：4—12.

于发明了"钻木取火"的技能。反观弓箭的发明，弓体、弓弦、箭镞、箭杆之间的组合已是复杂的物理构造。以制作"峙峪石镞"为例，首先应掌握熟练剥离石核的技术，其次应对"镞胚"进行细致的烘烤与修整，最后，石镞与箭杆的结合须熟练掌握箭杆一端的开槽，再使用植物藤络或动物筋腱将二者缠绕固定。其背后体现了当时的社会生产力发展水平。

第二节　中华射艺的肇始：夏商周时期

随着阶级的形成与国家的出现，战争规模也逐渐扩大，服务于战争的武备也随之向系统化、精细化的方向发展。"国之大事，在祀与戎。"祭祀与武备乃国家头等大事，每一个受封贵族都必须让家族男性成员有组织地从事射术、御术、长短兵器等军事训练。早期贵族教育有专门教授射艺的学校，夏代称为"校"，商代称为"序"，周代称为"庠"。"校"的原意是养马驯马及从事武备训练的场所。"序"是练习弓箭的专用场地。"庠"则是养老、敬老之地。但是，周代的"庠"并不等同于现在的"敬老院"，而是贵族青年向氏族尊长学习祭祀礼仪与射箭技艺的地方。由此可见，射艺毫无疑问乃贵族教育的重中之重。

据《淮南子·本经训》，早期的射与巫术紧密相连。巫师在求雨、治水、祛魅等活动中举行射仪。氏族社会晚期最为著名的首领名叫"羿"，他射下了给人间带来干旱和苦难的九个太阳，此即"后羿射日"的神话故事。今四川博物院馆藏有一块东汉时期"后羿射日"画像石函。石函构图的中央为一连理树，树之左栖一凤，树之右栖一凰，另有多只小鸟散居于树间。按传说，小鸟即代表太阳，连理树下的后羿呈满弓搭箭状，对准飞鸟蓄势而发（图2-3）。

图2-3　四川博物院馆藏东汉后羿射日石函

在龙山文化中，石镞明显呈现出大型化的发展趋势，并逐渐向有倒钩、双翼的类型演变。这一演变增加了弹射的负重，表明弓体拉力的提高。而更符合逻辑的解释是，阶级社会的形成，使群体之间的矛盾更加激烈，氏族社会部落之间的斗争形态正在向有组织的国家战争形态过渡（图2-4）。此外，从二里头遗址中发现的箭镞来看，当时中原已大规模出现了镞体扁平、双翼有铤的铜镞，并作为一种器型学的标准形制延续至殷商。①

图2-4 龙山文化箭镞

甲骨文献中有众多有关射矢活动的卜辞。据殷墟花园庄东地甲骨文献记录，商射礼形态完备，对竞技模式、活动地点等都有严格的要求，甚至规定了不同射礼所使用的弓种。②综上所述，至迟在殷商中晚期，中华民族的射矢活动便突破了"射杀"的桎梏，完成了从"射箭"到"射艺"的升华。

首先，是车射的出现。殷商中晚期，中原地区已经出现了较为成熟的双轮马车，并初步形成了使用双轮马车进行作战的武备形态。目前，殷墟遗址共发掘车马坑37处。其中，白家坟北地、小屯等遗址车马坑皆出现了与双轮马车配合使用的弓箭套装（图2-5）。③以同时出土的铜戈、马

---

① 中国社会科学院考古研究所二里头工作队. 河南偃师二里头遗址发掘简报［J］. 考古, 1965（5）：215-224.
② 韩江苏. 殷墟花东 H3 卜辞中迟弓、恒弓、疾弓考［J］. 中原文物, 2011（3）：36-40.
③ 杜朝晖. 从"胡禄"说起——兼论古代藏矢之器的源流演变［J］. 中国典籍与文化, 2007, 63（4）：90-95.

头刀视之，殷商时期双轮马车的作战性能已臻于完备。鉴于不规则的车舆空间，特别是小于 50 厘米的车舆高度，殷商时期的马车适用于双人、跪坐。因此，殷商时期的车射也只能体现为"跪射"的形态（图 2-6）。

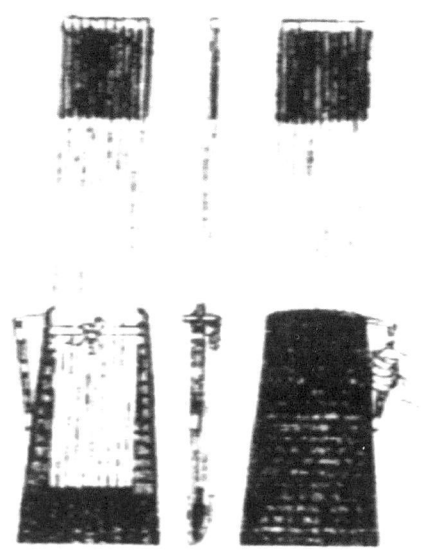

图 2-5　小屯遗址出土箭箙复原图

图 2-6　商代战车复原图

为适应车射，克服颠簸状态下阻碍射箭的一切因素，殷商时期革新了控弦的手法，并创造性地发明了用以稳定"人弓关系"的控弦器。文化人类学的研究表明，先民使用的是拇指与食指捏箭尾，将箭搭在弓体左侧的原始控弦方式。这种技术存在着巨大的缺陷。首先，除非射手具有超强的指力，否则难以驾驭强弓。此外，因缺乏"锁合机制"，这种方式无法在运动中特别是颠簸的状态下使用。不断扩大的战争规模，特别是车射的需要，使商人急需解决这一技术难题。终于，他们发明了新的技术体系，即拇指佩戴控弦器，将箭搭在弓体右侧的射箭技术。这一技术被今天的射箭爱好者称为"蒙古式"射法。要求食指屈于拇指前侧施以固定，其余三指握拳。因食指本就贴紧箭杆，而箭杆又以持弓手拇指为支点搭在弓体右侧，如此一来，箭杆便被稳定锁合（图2-7）。殷墟妇好墓出土了我国最早的控弦器。该文物示以筒形结构，青玉材质，其下端平齐，上端贴紧拇指指背的一侧较低。器物阴刻有饕餮纹，兽目下方有两个孔，供系绳结之用（图2-8）。①

图2-7 "蒙古式"射法示意图

图2-8 殷墟妇好墓出土的控弦器

---

① 杨泓. 扳指与火药袋：艺术品的前世今生[J]. 紫禁城，2008（2）：198-202.

周代将起源于殷商的射礼进一步等级化与仪式化,形成了一套周天子"养诸侯"之法,用以规范"五服"内姬氏诸侯、外姓诸侯、蛮夷君主、戎狄君主。周代射礼仪式按政治功能的不同分为大射礼、宾射礼、燕射礼、乡射礼四类。大射礼是周天子在重大祭祀场合举行的仪式。宾射礼是周天子在欢迎诸侯来朝时举行的仪式。燕射礼是周天子与诸侯在宴会与娱乐时举行的仪式。乡射礼则是卿大夫、士等各地的贵族在民间举行的仪式。射礼有非常严格的秩序,不同等级的人群参加射礼时,其所用器物、所配礼乐均有严格的区别。以作为箭靶的"侯"为例,大射礼中明确规定天子配虎侯,诸侯配熊侯,卿大夫配豹侯。

中国国家博物馆藏有一件被称作"作册般鼋"的晚商青铜彝器。该器为龟形,身负四矢,器身有铭文4行33字(图2-9)。经专家考释,大意为:商王在今小屯附近的"洹"捕获了一只鼋,于是命人将此鼋送至宗庙的射宫,按其形制作礼射之鹄。在礼射当日,商王首发即中鼋首,后续的三矢皆中鼋身。礼毕,商王命人将身中四矢之鼋送给作册般。命令配以乐器,以示今后射礼之开始。①

图2-9 "作册般鼋"

---

① 韩江苏. 从殷墟花东H3卜辞排谱看商代弹侯礼[J]. 殷都学刊,2009,30(1):15-29.

西周时期有关射礼的青铜彝器最为丰富,且不同等级的射礼均有相关文物传世。记录大射礼的彝器以柞伯簋最为著名。该器物1993年出土于今河南平顶山地区的应国墓地M242。器身以喇叭形支座托举高簋,双重足设计。簋内铭文清晰地记录了柞伯在大射礼中十发十中,于是天子将十钣红铜赏赐给柞伯的事迹。专家考证,该器物应为周康王(前1020—前996)时期铸造①(图2—10)。

图2—10 柞伯簋

记录宾射礼的彝器以麦方尊最为著名。不同于有实物保存至今的柞伯簋,麦方尊原物已遗失,仅存摹绘图像。该器物呈方身、出戟、方形足、喇叭口,周身饰以繁复的雕工,腹内有铭文8行167字,记录了邢侯参加天子在水泽之中举行射礼的过程。由于此次射礼是周天子款待来朝诸侯外交礼仪中的一部分,故当属宾射礼。经专家考证,该尊为西周初年成王、康王时期所作②(图2—11)。

---

① 王龙正,姜涛,袁俊杰. 新发现的柞伯簋及其铭文考释[J]. 文物,1998(9):53—58.
② 梁诗正等. 钦定西清古鉴[M]. 上海:上海云华居庐,1926:13.

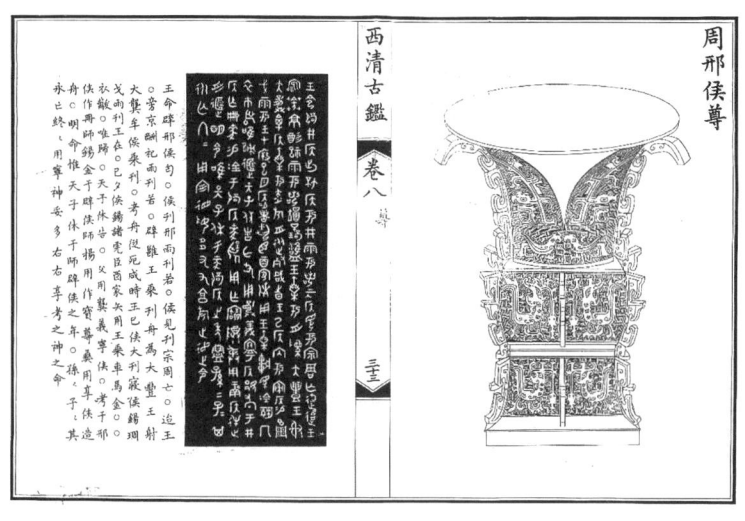

图 2-11　麦方尊摹绘图像及其铭文

记录燕射礼的彝器以"令鼎"最为著名。与麦方尊情况类似，该鼎原物已遗失，摹绘图像亦没有记录，仅存铭文拓录。令鼎铭文共 8 行 70 字，刻工精美。经专家考释，令鼎铭文的刻工体现了周昭王时期金文书写的典型特征，疑为昭王时期所作。铭文所录之事，乃周天子举行藉田礼、舣礼、燕射礼和在返回的路上又进行竞跑比赛的相关事宜，史料价值极高①（图 2-12）。目前，学术界已就令鼎对体育史研究的重要价值进行了一系列卓有成就的研究。

图 2-12　令鼎铭文

---

① 袁俊杰. 论令鼎与大藉礼 [J]. 中原文物，2015（6）：52-59.

考古发掘证明，夏商周时期仍以单体弓的制式为主，在其基础上衍生出了"叠片"的单体复合机制。有机质的取材使单体弓在长期埋藏环境中极易被分解，并且早期的墓葬制度较为混乱，尚未形成明确的弓矢随葬制度。这使周以前的考古发掘中弓箭遗物几不可得。这种状况在西周至春秋时期有所改变。这一时期最为著名的单体叠片弓文物出自长沙浏城桥一号墓。该墓葬的绝对年代大致对应春秋中期。在发掘过程中，清理出保存完好的叠片竹弓三把。浏城桥竹弓通体皆髹以大漆，呈三段叠压的状态。三把竹弓皆长 130 厘米左右，宽 2.7 厘米左右，厚 2 厘米左右。此外，该遗址亦出土了完整的竹箭 8 支，长度约 75.5 厘米[①]（图 2-13）。

战国时期，诸侯兼并战争日益激烈，制作更为精良的弓箭登上了历史舞台。最为精美的文物当属江陵藤店一号墓出土的木弓。该器物长约 170 厘米，在同类器物中堪称最大。醒目而精美的勾云纹彩绘暗示了墓主人崇高的地位。该器物横断面为圆形，直径约 2 厘米，出土时呈弛弓反曲状。一同出土的还有箭箙一件，内藏数支完整的箭[②]（图 2-14）。

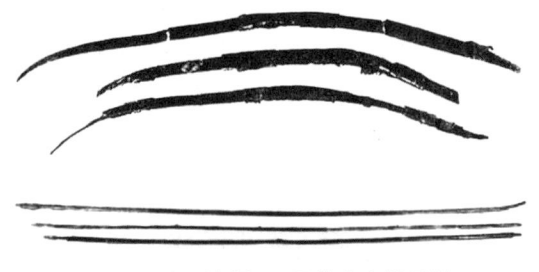

图 2-13　浏城桥一号墓出土的弓箭

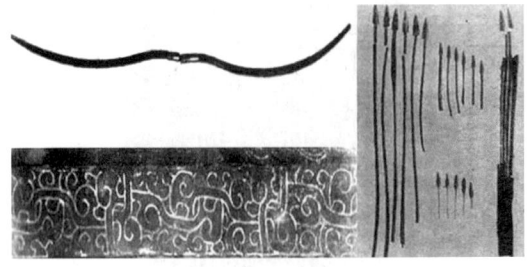

图 2-14　江陵藤店一号墓出土的弓箭

---

① 湖南省博物馆. 长沙浏城桥一号墓 [J]. 考古学报, 1972 (1)：59-72.
② 荆州地区博物馆. 湖北江陵藤店一号墓发掘简报 [J]. 文物, 1973 (9)：7-17.

成书于战国时期的《考工记》详细记载了弓箭的制作工艺，并提到干、角、胶、筋、丝、漆等制弓"六材"。《考工记》表明了战国时期科技水平的不断提升，在这一背景下，控弦器的制作工艺也达到了巅峰。周代的控弦器统称为"韘"。许慎《说文解字》云："韘，决也。所以拘弦，以象骨，韦系，着右巨指。从韦枼声。"[①] 许慎的注释厘清了韘的功能，即一种骨质的套在拇指上辅助开弓的道具。最早对韘的记录出自《诗经·卫风·芄兰》："芄兰之叶，童子佩韘。虽则佩韘，能不我甲。容兮遂兮，垂带悸兮。"[②] 其意为："芄兰与叶相交，童子佩了韘。虽然你已成年，就不跟我为伍吗？"因此，贵族子弟成年时佩韘的仪式又隐喻了"礼"的象征意义。

西周时期最为著名的韘文物出自陕西扶风县的北吕周人墓。该墓葬的绝对年代大致处于先周与西周的过渡期。1976年至1981年，陕西考古工作者在此地先后进行了8次考古发掘，清理先周到西周的墓葬302座，共出土文物数千件。其中，一件精美的玉韘 IVM25 格外引人注目。该器物为矮、斜的筒形椭圆截面，其中外拓的坡面十分明显，坡面中央可见一棱脊，后部有细小的穿孔[③]（图2-15）。东周时期，韘的制作更加精美，取材也不限于玉质。这一时期最为著名的文物出自陕西韩城梁带村的芮国国君墓，其绝对年代大致对应春秋早期。该墓葬 M27 出土了保存完好的金韘 M27：1235。其形制为矮、斜的筒形椭圆截面，长5厘米，高2.3厘米。其中央的倾斜坡面上可见一明显棱脊，脊上部可见一突起的穿孔，侧面可见方形扳突，背面可见鹰兽状浮雕，以眼为穿孔（图2-16）。

图2-15　北吕周人墓 IVM25 玉韘　　图2-16　芮国国君墓 M27：1235 金韘

---

① 许慎. 说文解字［M］. 北京：中华书局，2010：113.
② 诗经［M］. 上海：上海古籍出版社，2009：66-67.
③ 罗西章. 北吕周人墓地［M］. 西安：西北大学出版社，1995：27，123-140.

作为与弓箭同样重要的远射武备,弩在中国军事史上亦有着举足轻重的地位,成书于春秋时期的《孙子兵法》就多次提到了弩的重要性。这一时段,列国均重视劲弩的列装。以魏国武卒为例,《荀子·议兵》云:"魏氏之武卒,以度取之,衣三属之甲,操十二石之弩,负服矢五十个,置戈其上,冠轴带剑,赢三日之粮,日中而趋百里。"① 秦始皇陵兵马俑中出土的青铜箭镞约有 5 万枚,均呈现出统一的三棱制式。这说明秦代已经实现了对武备的高质量、标准化生产。1975 年临潼秦俑 1 号坑出土了 28 件弩射兵器。② 1980 年在临潼秦始皇陵封土西侧又发掘出两乘大型彩绘铜车马。在一辆车舆左侧前轮的两件承弓器上放置了一个铜弩,弓干、弩臂皆以铜丝捆缚,弩臂通长 39.2 厘米。弩臂有箭槽,后端安装弩机,用托做后盖。该器物通体满饰如意卷云彩纹,其中错金银弩机长 7.5 厘米,通高 14.2 厘米,由悬刀、牙、郭、键等组成。其中牙、悬刀和托露在弩臂之外的部分均饰错金银花纹。这是现今保存下来的最完整、最华美的秦弩③(图 2—17)。就秦弩的实际操作技术而言,可参照兵马俑中侧身而立作蓄势待发状的弩兵。他们头颈正直而向左,左腿向左前方微曲,右腿稍显蹬力,躯干呈挺立状(图 2—18)。

图 2—17 临潼秦俑 1 号坑出土的铜弩　　图 2—18 秦俑立射俑复原图

---

① 荀子[M]. 上海:上海古籍出版社,2010:166.
② 始皇陵秦俑坑考古发掘队. 临潼县秦俑坑试掘第一号简报[J]. 文物,1975(11):8.
③ 陕西省秦俑考古队. 秦始皇陵一号铜车马清理简报[J]. 文物,1991(1):17.

约战国晚期,为适应与西北戎狄匈奴等草原民族作战的需要,诸夏对传统的中华射艺之器物、技术、制度进行了根本性的变革。一种新的作战形态"骑射"登上历史舞台,并成为汉代以降最重要的战争形态,绵延两千余年。

第三节 中华射艺的勃兴:两汉至唐宋时期

秦汉大一统国家的形成使政治形态发生了巨大的变化。首先,皇帝制度的确立,使周代仅代表"德化"的天子转变为秦汉以后兼具"德化""专制"二元复合身份的皇帝。其对内以皇权形式加强对所属郡县的行政统治,对外则以"羁縻""册封""和亲"等形式获取匈奴、西域诸国、百越、西南夷、朝鲜半岛及倭国对中华帝国的归附。当周代以诸夏内部为核心的诸侯关系转向为秦汉以后以统一的中华帝国为主导的国际秩序时,华夷族群之间的体系性军力对抗与分合消长便成为重要的政治因素,这也加速了中华射艺的制度化。

这一时期射艺的发展呈现出两个明显的态势。首先,因草原民族的崛起,为适应战争的需要,中原王朝进一步在军事训练体系中强化了骑射。其次,借由域外政权对中华帝国的归附,以及丝绸之路所带来的东西方文化的交往,整个欧亚大陆的射艺呈现出明显的融合发展趋势。这正是本章将两汉至唐宋作为一个论述单元的原因。以中华射艺为例,武备、技术、仪式制度的革新并不与王朝的更迭保持一致,它有着自身的演进规律。

汉匈战争中,汉军沿用了以战车和弓弩步兵为主的作战方略。汉文帝时期,著名政治家晁错综合对比汉、匈双方的军事长短并上《言兵事疏》,曰:

> 今匈奴地形技艺,与中国异。上下山阪,出入溪涧,中国之马弗与也。险道倾仄,且驰且射,中国之骑弗与也。风雨罢劳,饥渴不困,中国之人弗与也。此匈奴之长技也。若夫平原易地,轻车突骑,则匈奴之众易挠乱也。劲弩长戟,射疏及远,则匈奴之弓弗能格也。坚甲利刃,长短相杂,游弩往来,什伍俱前,则匈奴之兵弗能当也。

材官驺发，矢道同的，则匈奴之革笥木荐弗能支也。下马地斗，剑戟相接，去就相薄，则匈奴之足弗能给也。此中国之长技也。①

晁错认为，若以骑射技艺论之，汉军不如匈奴。但在平地上，汉军可运用战车和劲弩"结阵"对抗匈奴。劲弩的精良在现存文物中有所体现。中山靖王刘胜墓曾出土鎏金制式的实用弩机16件。这些器物均刻有"一"到"四十三"不等的编码。更重要的是，这些弩机全部刻有精确的望山。望山上的刻度分为五度，分别用错金标示一度，错银标示半度。这些珍贵的文物现保存于河北省博物馆（图2—19）。

图2—19　河北省博物馆馆藏中山靖王墓出土的弩机

传世的汉画像（砖）中，常见有力士向下踏弩上弦的造型，如南阳唐河县湖阳辛店汉郁平大尹墓出土画像石，1998年南阳市麒麟岗墓发掘出土的画像石②（图2—20、图2—21）。《汉书·申屠嘉传》有："以材官蹶张，从高帝击项籍。"颜师古曾指出："材官之多力，能脚踏强弩张之，故曰蹶张。"③《辞海》的释义似乎沿用了颜师古的观点：古代用手张弩叫"擘张"，用脚踏弩叫"蹶张"。

---

① 曹道衡. 汉魏六朝文精选[M]. 北京：商务印书馆，2018：16.
② 宋华. 南阳汉画像石（砖）中的射箭活动[J]. 中原文物，2013（4）：93—97.
③ 班固. 汉书[M]. 北京：中华书局，1962：2100.

第二章　中华射艺演进史的考古学阐释

图 2-20　汉郁平大尹墓蹶张画像石

图 2-21　麒麟岗墓蹶张画像石

传世的汉画像石（砖）中有大量使用弓箭的场景。就图像所反映的题材而言，大致可分为狩猎与军事两类；就技术而言，则可分为步射与骑射两种。步射较为著名的文物为1955年四川德阳出土的东汉"射士画像砖"。该文物生动地刻画了两个执弓搭箭的射士。左侧一人戴冠，着长袍，腰间束带，身后露出斜插在带钩里的三支箭，右手持弓，左手待发。右边一人侧身回首，头戴圆顶冠，着长袍，右手持弓，左手搭箭[1]（图2-22）。该图像反映的明显是礼射的场景。在所有的射箭活动中，只有礼射是四矢的配置。《仪礼·乡射礼》："三耦皆执弓，搢三而挟一个。"[2] 简单地说，礼射时两人为一耦，每次射四支箭，一矢搭于弓，三矢插于腰带。[3] 此外，汉代的画像石（砖）上还可得见"弋射"的形态。这是一种以绳索系矢而射的射猎，所获一般为大雁。作为步射的一种延伸，弋射的体态有跪射、立射两种。四川成都市郊出土的"弋射·收获"画像砖中射者皆为跪射。右一人右手握弓，左手控弦，跪地倾身射向远方天空的大雁。左一人则左手握弓，右手控弦，正在对头部正上方的大雁做蓄势待发状[4]（图2-23）。

---

[1] 刘志远. 四川汉代画像砖艺术[M]. 北京：中国古典艺术出版社，1958：78.
[2] 仪礼[M]. 上海：上海古籍出版社，2016：91.
[3] 负琰，陈雨石，郝勤. 射箭全球史试探：丝绸之路考古所见两种角弓考释[J]. 武汉体育学院学报，2020，54（4）：67-73.
[4] 高文. 四川汉代画像砖[M]. 上海：上海人民美术出版社，1987：22.

图2—22　东汉射士画像砖拓本

图2—23　东汉"弋射·收获"画像砖拓本（局部）

在与匈奴的长期博弈中，汉朝进一步在军事训练体系中强化骑射，逐渐形成了"民俗修习战备，高上勇力鞍马骑射"（《汉书·赵充国辛庆忌传赞》）的精神面貌。这一时期涌现了很多精骑善射的名将，最为著名的当属飞将军李广。史书记载，元光六年（129），李广率领一万骑兵出击匈奴，虽因寡不敌众负伤被俘，但李广能在冷静的状态下"夺马"脱身，从容地射杀多名匈奴骑兵。李广镇守边关期间，匈奴畏惧其英武常不敢犯境，故李广有"飞将军"之美誉。据说李广时常与部下交流射艺，胜负以酒为赏罚。骑射的繁荣亦体现于这一时期的画像石（砖）上。河南郑州出土的一方"骑马射鹿画像砖"，图像中的鹿在前方飞速奔跑，四肢与身体几乎拉成了直线。射手稳坐在急驰的马背上，其上身前倾，并引弓呈满月状，整个画面简洁流畅，凸显了骑射者精妙的技艺（图2—24）。此外，河南登封少室阙上有一幅"射鹿图"，画面中的鹿被两名骑射手围在中间，鹿颈已中矢。居于鹿前方的骑射手呈"回身射"的体态，居于鹿后方的骑射手呈"向前射"的体态,十分生动(图 2-25)。

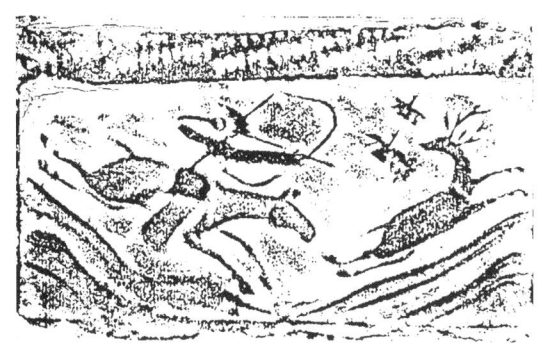

图 2-24　东汉射鹿画像砖拓本

图 2-25　东汉射鹿画像石拓本

在射箭史上,还有一项由中亚传入中原王朝的重要文化遗产,即人类军事史上最伟大的发明之一:角弓。

角弓是"筋、角、木反曲复合弓"的简称。与单一材质制作的弓箭不同,角弓使用复合物理构造。一般而言,它以竹、木质为内胎,外侧铺上层数不等的牛筋,内侧贴上牛、羊类动物的角质,再整体包裹上可用于防潮的桦树皮、羊皮等,辅以生丝加固而成。角弓肇始于中亚,有着深厚的文化地理学缘起。制作角弓的原材料如牛角、羊角、牛筋、桦树皮、羊皮等在此地均易获得。汉朝时的西北边疆属农牧混合型经济,十分有利于角弓的制作。此外,西北地区干旱的自然环境亦十分有利于角弓的贮存。特别是西汉时期出现了盛行于西北地区,兼有演武、礼射、竞技三重性质的"秋射"。总而言之,汉代拉开了"角弓时代"的序幕。

我国现存最早的角弓正出自汉代的边疆遗址。和田民丰县城北 100 千米处,散布着一片被风化的遗址,因其位于尼雅河下游的尾闾地带,故称"尼雅遗址"。1959 年秋,新疆维吾尔自治区博物馆南疆考古队对尼雅遗址进行了为期9天的试探性发掘。在对编号为59MNM001的东汉墓葬进行清理的过程中,考古人员发现了一件保存完好的角弓。该器物长123厘米,为木、骨角质复合结构,外缠兽筋。出土时附箭箙一个,内存4根长81厘米的木箭[①](图2-26)。经学者考证,这种角弓源于伊朗高原,应属以游牧文明立国的波斯帕提亚帝国时期的武备,后因丝绸之路的贯通传播到了东亚地区[②](图2-27)。同类型器物还可见同时代其他西域文化遗址。作为一种类型学上的标准,尼雅角弓的制式一直延续到了唐宋时期。

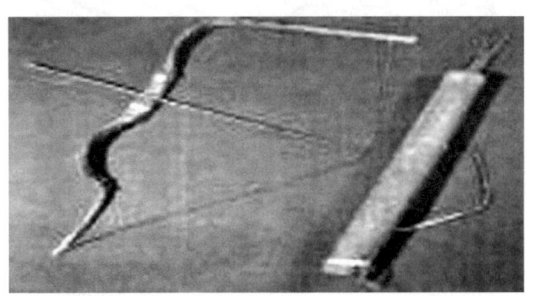

图2-26　尼雅59MNM001角弓

图2-27　帕提亚考古所见与尼雅角弓相同的弓弰

起源于帕提亚的尼雅角弓于西晋时期传入中原。嘉峪关地区曾出土了一件断为两截的西晋明器木弓,虽与尼雅角弓属同一器型,但已呈现出中原化的趋势,龙凤的纹样被刻画在弓臂外侧(图2-28)。该器物被世界著名射艺研究专家谢肃方收藏。此外,西晋时期的敦煌墓葬常见一种被命名为"李广骑射"的彩绘砖图像。较为著名的如敦煌佛爷庙湾M1出土标本。该砖长33厘米,宽16厘米,厚6厘米。灰色,呈长方形,黑色边框,墨线勾绘人物。李广头戴冠,身穿交领衣,骑乘于疾驰的骏马上,返身张弓搭箭,一副蓄势待发的神态。画面中李广所用弓与尼雅角弓一致,

---

① Andrew Hall, Jack Farrell, Bows and Arrows from Miran, China, Journal of The Society of Archer-Antiquaries, vol. 51, 2008, pp. 89-98.

② 负琰,陈雨石,郝勤. 射箭全球史试探:丝绸之路考古所见两种角弓考释[J]. 武汉体育学院学报,2020,54(4):67-73.

弓臂宽阔，弓弰细长。该文物现珍藏于敦煌市博物馆①（图2-29）。值得一提的是，画面中李广的射姿，即马上回身射的姿态被中国人称为"抹鞦射"，乃武周以后武举考试的重要内容。

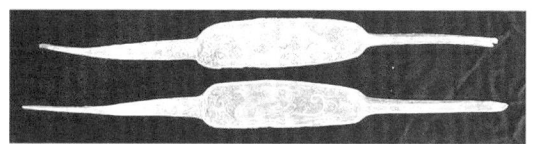

图2-28 嘉峪关出土西晋明器木弓

图2-29 敦煌市博物馆藏李广射虎彩绘砖

魏晋南北朝时期是中国历史上战乱频繁、割据势力并起的时期。入主中原的匈奴、羯、羌、鲜卑、氐等少数民族在学习汉文化的同时，也将其骑射习俗带入中原。史书记载前汉皇帝刘聪少时学习五经，射艺精熟，膂力过人，能弯弓三百斤。前赵皇帝刘曜身长九尺，射艺尤佳，能洞穿一寸厚的铁板。当以洛阳为中心的北朝政权，与以建康为中心的南朝政权隔江对峙时，战争就成为这一时期的主旋律。为了适应武备的需要，南北政权都高度重视青年男性的体能与作战技能的训练。这一时期不仅国家军队重视弓弩的制造与士兵训练，许多民间豪族亦结寨构筑坞壁，习射习武，训练乡兵自保，使弓箭射艺在民间普及。

在南朝，受文弱之风与享乐主义的影响，游戏性质的投壶开始在门阀士族间兴盛。投壶既是两周燕射礼、汉饮酒礼的延伸，又可作为趣味性的竞技；既崇尚形体健美，又强调精神专注。较为著名的文物如1969年出

---

① 周银霞，李永平. 敦煌西晋墓出土"李广骑射"彩绘砖及相关问题［J］. 丝绸之路研究集刊，2019（1）：177-186，420.

土于济源市轵城泗涧沟M8的汉绿釉细颈陶壶。该器物为精美的三足、饱腹、长颈设计，通高20.6厘米，现珍藏于河南省博物院（图2-30）。南北朝时期的精美文物如广州好普艺术博物馆藏南北朝黑釉龟型双投壶。该器物主体为龟身，背上开圆口，龟壳两边各负一壶。龟身和双壶系以一体铸造成形，再以利刀錾刻，生动雅致，器形规整（图2-31）。

图2-30　汉代绿釉陶壶

图2-31　南北朝黑釉龟型壶

除了帕提亚的角弓，丝绸之路的贯通亦使更多优秀的武备传入中原，其中最为著名的是"胡禄"与"弯韬"。胡禄是悬挂于射手腰间用于盛放箭矢的皮质梯形容器。据岑仲勉先生考证，"胡禄"一词最早乃突厥语Qurluq的音译，首见于《玉篇·竹部》："簶，音禄，胡簶，箭室也。"[1]

世界上有据可查的最早的胡禄，见于大英博物馆藏波斯萨珊帝国沙普尔二世（309—379）银盘。画面中沙普尔二世纵马奔驰，对一头野猪做刺杀状（图2-32）。4—6世纪，胡禄不断向东传播，并经由中亚的城邦逐渐传入中原。其时间线大致为：5世纪，胡禄传入中亚，其形制从"直筒式"变为"梯形束脖式"，如克孜尔洞窟114窟壁画《智马本生图》（图2-33）。这一改变使胡禄作为箭囊的同时，兼具监听预警的效用。6世纪，胡禄经由中亚传入北亚草原地区，成为突厥-蒙古系草原帝国的武备。南北朝时期，胡禄传入中原。敦煌石窟的壁画（图2-34）以及北周

---

[1]　顾野王. 大广益会玉篇[M]. 上海：商务印书馆，1919：55.

入华粟特人墓葬石榻显示,胡禄在中原王朝实现了勃兴①。这样的结果显然受到了双重文化张力的影响,即波斯文化"西风东渐"的浪潮与肇始于5世纪的"北朝系统胡化"。

图 2-32　大英博物馆藏沙普尔二世银盘

图 2-33　克孜尔洞窟 114 窟壁画《智马本生图》

---

① 负琰. 唐代射箭装备"胡禄"源流再考[J]. 体育文化导刊,2018,191(5):130-135.

图 2—34 敦煌石窟 285 窟《五百强盗成佛图》

"弯韬"指用以盛放弛弓的皮质袋状容器。与胡禄一样,弯韬更有可能首先出现在波斯文化圈,这是因为在欧亚大陆的考古中弯韬常与胡禄同时出现。目前,有据可查的最早弯韬图像仍为上文提到的 5 世纪克孜尔洞窟 114 窟壁画《智马本生》。约南北朝中晚期,弯韬传入中原。敦煌石窟西魏 285 窟壁画《五百强盗成佛图》呈现了清晰的弯韬图像。这些壁画中佩戴弯韬的骑士均身着重甲,整体形象与十六国时期盛行于中原的"重甲骑兵"十分相似。一般认为,重甲骑兵起源于波斯帕提亚帝国时期。沿着这一逻辑,角弓、胡禄、弯韬均系配合重甲骑兵使用的全套武备,当从波斯传入。与胡禄不同,弯韬更像是作为仪仗的用具。两汉以来角弓成为主流武备,但角弓有着严格的使用规范,若以惯常时间计——从皮质弯韬中取出弛弓,再进行上弦、调和、应力适应等一系列准备过程至少需要十分钟。简言之,弛弓上弦后不能立即射箭,而是要经历一个复杂的调适过程。对瞬息万变的战场环境而言,如此漫长的准备过程往往会带来致命的后果。因此,弯韬更有可能是仪仗的武备。

汉代以降,控弦器无论形制还是功能都发生了根本性的改变。在大一统的专制主义中央集权体制下,郡县制的施行使中央与地方较为牢固地联结在一起,因此,周代体现贵族身份的礼器"韘"失去了固有的政治功能。汉代以来的韘更多的是作为一种精致的装饰品,朝着艺术化、非实用化的方向演进。此外,秦汉大一统以来文武逐渐分途,武备不再是贵族的专属。对以平民为主体的军队而言，使用玉韘、金韘作为控弦器既无可能也无必要。随着战争规模的不断扩大，汉代以来的控弦器极有可能采用皮质、骨质等更为经济、实用的材质。这些实用的材质均为有机质，在长期埋藏的环境中极易被分解，这似乎亦是出土文物中控弦器几乎消失的一个原因。

这种艺术化、非实用化的演进在西汉早期即已开始。较为著名的文物为江苏常州汉墓出土青玉韘。该器物长4.4厘米，宽3.2厘米，厚0.7厘米，虽然其大体形制仍保持着周韘的样式，然而其变化趋势十分明显，主要体现在由立体到扁平的演进、扳突的变形或消失[①]（图2-35）。从人体工程力学角度审视，这种演进已使汉韘失去了实用功能，而更可能是一种装饰性艺术的延伸。东汉时期，这种演进趋势不断增强，最终形成一种更为抽象化的表达，出现了被称为"璧形韘式佩"与"璜形韘式佩"的器物。前者是"璧"与"韘"的混合，呈现出较为立体的圆形设计。通常情况下，"璧形韘式佩"在外圈常雕刻精美的纹样（图2-36）。后者则是"璜"与"韘"的混合，并以璜的形制为底盘，器物中央一般有椭圆形小孔。"璜形韘式佩"常满布繁缛的花纹，韘难以辨认[②]（图2-37）。

图2-35　常州汉墓玉韘

图2-36　璧形韘式佩

[①] 陈丽华. 常州博物馆50周年典藏丛书·玉器画像砖[M]. 北京：文物出版社，2008：28.
[②] 石荣传. 两汉韘式玉佩分期研究[J]. 四川文物，2009（4）：55-58.

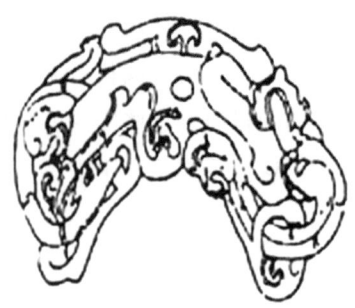

图 2-37 璜形鞢式佩

隋唐时期是我国政治、经济、文化、军事的蓬勃发展时期，中华文化再次迎来了鼎盛的势头。然而必须指出的是，隋唐时期中华射艺的发展并未改变汉以来的局面。换句话说，这一时期中华射艺的发展仍处于两汉以降的延长线上，无论器物、制度、技术均未有明显变革。

然而也必须关注到，隋唐时期中华射艺的发展亦迎来了中古时期的最高峰。这一时期，以"帕提亚－尼雅类型"为主要形制的角弓大规模使用，同样源自波斯萨珊帝国的盛矢器胡禄和盛弓器弯韬更加普及，成为标志性射武备。此外，因大一统的隋唐政权均出自"关陇武川镇军阀系统"，有"尚武之风"。随着东西突厥的覆灭，丝绸之路重新开通，中国与西域各国的交流达到了历史上最辉煌、最频繁的时期。也正是这一时期，中华射艺也通过"遣唐使"和商人传播到了亚洲东部的朝鲜半岛与日本。自7世纪中期开始，朝鲜半岛的高句丽、百济、新罗陆续派遣贵族子弟来中国学习。日本的留学生吉备真备第一次将大唐射艺带回日本："弦缠漆角弓一张，马上饮水漆角弓一张，露面漆四节角弓一张，射甲箭二十支，平射箭十支。"①

最值得关注的是，武则天时期首创武举考试，并将骑射与步射并列为武举考试中最重要的内容。平民通过武举考试可以进入军中为将，这极大地激发了民间习射的热情，有力地推动了民间射艺的普及，也使军队的射艺训练达到了很高的水平，出现了像薛仁贵、王栖曜、李晟、南霁云等著名的神箭手。武举制的创立促进了中华射艺的系统化与学术化。《汉书·

---

① 参见《续日本纪》，东京：岩波书店，1992：289.

艺文志》中所记载的《逢门射法》两篇、《阴成通射法》十一篇、《魏氏射法》六篇、《李将军射法》三篇、《护军射师王贺射法》五篇、《强弩将军王围射法》五篇早已遗失，保存至今的唐代射艺典籍如《射经》等则对后世射艺发展产生了深远的影响。

隋唐时期使用的角弓，显然是"帕提亚－尼雅类型"的长弰、宽弓臂、分插接型制式，弓型分为长弓、角弓、弰弓、格弓。一般而言，长弓为步兵所用弓种，角弓为骑兵所用弓种，弰弓、格弓被认为是皇朝禁卫军专属。目前，唐代唯一存世的角弓实物出自高昌古城遗址，现存于北京中国人民革命军事博物馆（图2－38）。高昌弓上弦后的长度约145厘米，与尼雅角弓趋同。此外，这一时期的传世画作亦清晰地反映了弓箭的制式。较为著名的文物参看日本大阪市立美术馆藏唐梁令瓒所绘《五星二十八宿神形图》（图2－39）。画面中的人物跨高头骏马，左手持缰，右手握长弰、宽臂角弓一把，短羽箭两支。

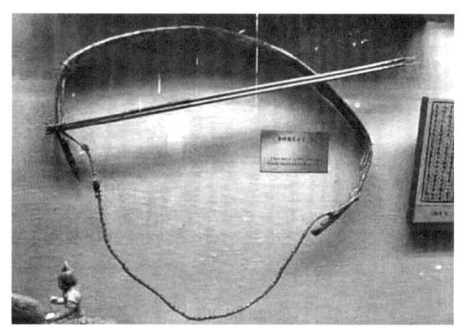

图2－38　中国人民革命军事博物馆藏唐时期高昌弓

图2－39　梁令瓒《五星二十八宿神形图》

同样制式的弓箭亦被吐蕃、室韦等部汲取。2002年8月,青海省文物考古研究所与海西州民族博物馆工作人员对德令哈市郭里木乡的两座古墓进行了清理和发掘。对古墓的形制、土层,以及墓葬中出土器物进行综合审视,考古人员断定这两座墓属8世纪中叶吐蕃时期。该墓葬有精致的木棺板画,其中展现狩猎的图像位于侧板方向,由骑马射箭者、动物及陪衬的植物组成。图中的人物分为两组,上面一组2人骑马向前射箭,两人之间是一对奔跑的野牛。下面一组为1人骑马射箭,其前方为3头奔跑的鹿。画面中的吐蕃骑射手均手持长矟、宽弓臂角弓,形制与《五星二十八宿神形图》中的弓无异(图2-40)。①此外,在谢尔塔拉室韦墓葬中出土了两把编号为98MHXM6、98MHXM7的角弓残件。其中98MHXM6弦长144厘米,98MHXM7弦长114厘米,两把弓的宽度均为2.4~4.4厘米,外缠桦树皮,骨质弓弭皆保存完好。有研究者进一步指出,室韦墓葬的弓箭陪葬必包含弓、箭、箭囊三部分,可见弓箭之于室韦部落经济生活的重要意义。②

图2-40 郭里木吐蕃墓葬棺板画狩猎图

隋唐时期胡禄、弯韬均实现了更为广泛的使用。据《新唐书·兵志》,早在初唐时期胡禄就已成为唐府兵的制式武备,即"人具弓一,矢三十,胡禄、横刀各一"。对于其仪仗功能,《新唐书·仪卫志》载:"每夜,第

---

① 许新国. 郭里木吐蕃墓葬棺板画研究 [J]. 中国藏学, 2005 (1): 56-69.
② 内田宏美. 唐代室韦墓葬和森林草原地带——以"角弓"的分析为中心 [J]. 唐史论丛. 2010 (1): 182-189.

一冬冬，诸队仗佩弓箭、胡禄、出铺立廊下，按稍、张弓、捻箭、彀弩。"[1] 虽然史料中并未对弯韬进行记载，但根据考古发掘的相关信息，弯韬与胡禄一道成为有唐一代普及化的射武备以及制度化的仪仗器物。

这一时期有关胡禄的考古文物，较为著名的是斛律彻墓骑马武士俑。在该武士的腰间可见清晰的胡禄图像。该俑在装束上仍继承了十六国以来"具装骑兵"的风格，身着重甲，气宇轩昂[2]（图2-41）。有唐一代，胡禄的图像更为常见，且集中反映在贵族墓葬的壁画上。刻画有胡禄的唐代文物首推昭陵六骏石雕之飒露紫，画面中正在为飒露紫拔箭的丘行恭腰间所佩戴的器物正是胡禄（图2-42）。此外，章怀太子墓壁画《仪卫图》，昭陵壁画《甲胄仪卫图》《战袍仪卫图》《狩猎出行图》，阿史那忠墓壁画《侍者图》等，均可见佩戴胡禄的唐人形象[3]（图2-43、图2-44）。上述壁画中佩戴胡禄的唐人多处于仪卫出行、狩猎游艺中，显示了墓主人生前的荣华富贵。

图2-41 隋斛律彻墓武士俑线稿

图2-42 昭陵六骏石雕之飒露紫

---

[1] 王援朝. 胡禄源流考[J]. 中国历史文物, 2009（6）：63-69, 97.
[2] 朱华, 畅红霞. 太原隋斛律彻墓清理简报[J]. 文物, 1992（10）：1-14.
[3] 《中国墓室壁画全集》编辑委员会. 中国墓室壁画全集2：隋唐五代[M]. 石家庄：河北教育出版社, 2011.

图 2-43　唐章怀太子墓壁画《仪卫图》　　图 2-44　唐昭陵壁画《甲胄仪卫图》

同样制式的射武备亦被同时期吐蕃、室韦等部使用。在前述郭里木吐蕃墓葬棺板画狩猎图像中，亦能够找到胡禄的图像。而谢尔塔拉室韦墓葬5号墓中，出土了用桦树皮制作的胡禄①。

方以智《通雅》卷三五"器用"载："一将军败，取障泥、胡禄修理食之，谓其皮物也。"② 说明正统的胡禄为动物皮质所作，而室韦的胡禄却为桦树皮包裹的木质结构。这是因为最初形态的东蒙古部落并非草原民族，而更像森林部落。与西部的草原游牧民族多使用皮质毛毡类物品不同，东部的牧民大量使用木车、木桶、桦树皮制品。因此，有学者干脆将北纬40°~70°的地区称为桦树皮文化带。③

在上文所述的唐墓壁画中，弯韬与胡禄同时出现。最为清晰的图像仍为章怀太子墓壁画《仪卫图》，悬挂在武士蹀躞带上的弯韬呈虎皮或豹皮状。同样的情况还可参见懿德太子墓壁画《仪卫出行图》（图2-45）。虎皮、豹皮似乎是有唐一代制作弯韬的主要材质。唐代的弯韬亦有"豹韬"或"虎文帐"之称谓。唐代黄滔《南海韦尚书》云："俾以配豹韬而直下，建龙节以遐征。"④ 陆游《九月十六日夜梦驻军河外遣使招降诸城觉而有作》云："将军枥上汗血马，猛士腰间虎文帐。"⑤

---

① 刘国祥，白劲松. 谢尔塔拉墓地重现原蒙古人文化 [J]. 科学世界，2006（7）：83-88.
② 方以智. 通雅 [M]. 北京：中国书店出版社，1990：422.
③ 于学斌. 北方民族的桦树皮文化：历史学考古学民族学的汇通 [J]. 满语研究，2006（1）：113-121.
④ 黄滔. 唐黄御史公集 [M]. 《四部丛刊》影明本.
⑤ 钱仲联，马亚中. 陆游全集校注 [M]. 杭州：浙江教育出版社，2011：265.

图 2-45　唐懿德太子墓壁画《仪卫出行图》

弓韬何以用虎、豹的皮制作，是一个值得探讨的问题。首先，作为原材的虎皮、豹皮，其本身即体现了阶级性。换句话说，作为仪仗的弓韬显然是权力与身份的象征。其次，虎、豹的皮通常被认为与尚武、勇力、精英、战功等有关。虎、豹崇拜曾广泛存在于吐蕃、敦煌、西域、辽东等地。以吐蕃为例，虎崇拜与大虫崇拜是一个重要的传统，虎皮衣帽是吐蕃社会重要的文化特征，以彰显武士显赫的战功。[①] 最后，虎、豹皮常与西亚地区产生联系。因虎、豹多产自西亚，且西亚的波斯、大食等国常以虎、豹、猞猁、鹰隼等与中华帝国进行贸易、外交往来。以弓韬为媒，丝绸之路将整个欧亚大陆串联成了一个灿烂的文化共同体。

隋唐时期刚健有为的国民性格使当时的士人开始关注身体，并记录与身体有关的训练。"除了愉悦功能外，体育素来都被作为国家安全与经济生产力的因素。"[②] 学术化、规范化的射艺典籍的问世，使中华帝国对军队士兵的作战素质有了更高的要求。武举制的创立，有助于国家对作战人员开展严格、系统的选拔与训练，并借此形成了完备的军事体系。

唐代王琚所著《射经》是现存最早的射艺专著，并被历代习射之士奉为圭臬。《射经》一书的版本相对复杂，大致有唐杜佑《通典》本、宋《太平御览》本、元《说郛》本、明《武编》本与《稗编》本、清《图书集成》本等。书名亦有不同，《通典》本、《太平御览》本、《武编》本作

---

① 李瑞哲. 龟兹石窟佛教艺术研究[M]. 北京：科学出版社，2020：353.
② 阿伦·古特曼. 从仪式到纪录：现代体育的本质[M]. 花勇民，译. 北京：北京体育大学出版社，2012：7.

《教射经》,《文献通考》作《射法注》,而多数称之为《射经》。《射经》全书分为"总诀""步射总法""马射总法""弓有六善"四章,每章下又有若干小节,如"步射总法"下有步射病色、前后手法二节,"马射总法"下有持弓审固、举把按弦等八条。全书马射文字多于步射,亦见唐代重骑射而轻步射。其总诀云:"凡射,必中席而坐,一膝正当垛,一膝横顺席。执弓必中,在把之中,且欲当其弦心也。"① 这正是唐代的跪射姿势。巧合的是,我们在敦煌壁画上可以看到这种射姿②(图2—46、图2—47)。

图2—46　敦煌346窟晚唐五代射手壁画

图2—47　敦煌346窟晚唐五代射手壁画

为避免唐五代以来的混乱割据局面,宋朝建立之初在体制上完成了一次重大变革。在军事上,分割禁军权力,且由文官制约武将。在地方行政事务上,宋朝开始实行路官制度,并选派官员以三年一任的任期频繁调动于各地。如此,形成藩镇的基础即被消解。③ 但中华射艺保有属于自身的演进规律,无论器物与技术,此时的射艺并未产生变革性的发展。

随着宋、辽、金、西夏割据状态的形成,商品经济的发展以及宋神宗以来国家对官办"武学"的提倡,宋代的射艺呈现了一些独特的亮点。首先,在宋、辽对峙的河北边界地带出现了民众自发组织的"弓箭社"。其次,商业都市的产生刺激了市民对娱乐休闲的需求,射艺成为城市文化的组成部分。在汴京、临安等大城市,都有类似现代职业体育组织的射艺团体——锦标社。最后,角弓虽自汉代传入中原,但直到唐代还无法在部队

---

① 马明达. 中国古代射书考 [J]. 暨南史学, 2003 (1): 1—41.
② 周初明. 古代射箭手部动作考略 [J]. 东方博物, 2007, 22 (1): 6—17.
③ 宫崎市定. 中国史 [M]. 焦堃, 译. 杭州: 浙江人民出版社, 2015: 183.

中大规模使用。一是因为中原地区气候较欧亚内陆湿润,不利于角弓的贮藏。二是因为制弓的原材料稀缺,角弓造价昂贵。然而,宋代以雄厚的国家经济实力,最终完成了角弓的标准化生产。在配箭、战弩、箭囊等方面也完成了标准化与制式化,并将其录入了北宋时期的国家兵书集成《武经总要》。

这一时期的弓箭仍鲜有实物出土,然而,从极致写实的宋代美术作品中仍能窥知一二。中国国家博物馆珍藏有一幅北宋时期的写实画卷《大驾卤簿图书》,描绘了古代皇宫仪仗武卫。透过图像信息,可知北宋时期的弓箭仍为汉以降的主流制式,即"帕提亚－尼雅"类型的长弰、宽弓臂形制(图2-48)。此外,中国国家博物馆亦藏有南宋画家刘松年的重要画作《中兴四将图》,该作品绘有建炎初年四位重要将领岳飞、韩世忠、张俊与刘光世。图有一身背弓箭的亲兵站立于张俊的左侧,应为张俊的侍卫。该侍卫所背弓箭明显与《大驾卤簿图书》中的器形一致,属于长弰、宽弓臂类型(图2-49)。

图2-48 北宋《大驾卤簿图书》(局部)

图2-49 南宋刘松年《中兴四将图》(局部)

同样的弓形亦可见于契丹部。李赞华本为耶律阿保机的长子,族名"耶律倍"。耶律倍于931年投奔后唐,并被后唐皇帝赐予李姓,故有李赞华之名。李赞华是一位博学的儒者,台北故宫博物院珍藏了其画作《射骑图》。画面中的契丹武士右侧腰间悬挂胡禄,左侧腰间悬挂角弓。其角弓的制式仍属长弰、宽弓臂的"帕提亚－尼雅"类型(图2-50)。此外,与宋同期的吐鲁番哈拉和卓墓地出土了高昌回鹘人使用的弓箭套装。① 全套射武备由一把角弓、一个木制胡禄、若干支箭组成（图 2-51）。高昌回鹘的角弓与中原、契丹的长弰、宽弓臂制式角弓无二，可见整个欧亚大陆在射艺文化的演进上实则趋于一体化。

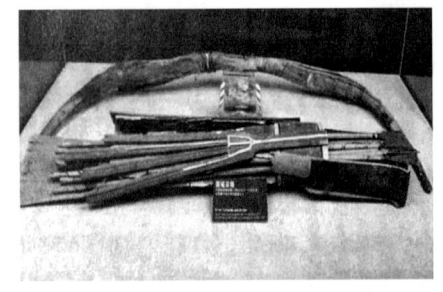

图 2-50　李赞华《射骑图》　　　　图 2-51　高昌回鹘时期的弓箭套装

这一时期的盛弓矢器仍保留着中古时期的遗风。值得一提的是，随着战争形态的改变，即中古时期以"重甲骑兵"为主的作战形态向以"轻骑兵"为主的作战形态的转变，此时也出现了更为轻便的皮质箭囊、弓囊。然而无论怎样变化，两汉以降射武备演进所凸显的欧亚一体化仍占据着历史的主流，更多优秀的射武备持续从域外传入中原，并在中原王朝实现了勃兴。

五代以来的敦煌文献中有很多关于胡禄的记载，如"药彦稠进回鹘可汗先送秦王金装胡禄"②，"十量金花瓶子一，八量银胡禄带一，银火铁一"③ 等。史料记载，宋代的胡禄又有"箭靫"的称谓。据北宋兵书《武经总要》，"胡禄"与"箭靫"似因长度不同而有区别。就功能而言，宋代的胡禄亦有"弩箭胡禄"与"弓箭胡禄"之分。就形制而言，宋代的胡禄已呈现出更多灵活的变化，主要体现在：由中古时期的瘦长渐至短圆，由束口渐至齐整。就器形而言，与中古时期的胡禄最为相近的是《武经总要》中所记载的"箭靫"（图 2-52、图 2-53）。同样据《武经总要》，宋

---

① 李亚栋. 阿斯塔那古墓群发掘简况及墓葬编号——以可移动文物普查与国保档案为中心[J]. 丝绸之路研究辑刊, 2017 (1): 318-355.

② 参看《旧五代史·后唐·明宗纪》。

③ 黑维强. 论敦煌社会经济文献中的外来词[J]. 敦煌学辑刊, 2008 (3): 18-30.

代的盛弓器被冠名以"弓袋"或"弓韔",乃是就着一张上弦后角弓的形状裁剪而成(图2-54、图2-55)。与中古时期一样,宋代的盛弓矢器皆"以皮革为之,虽弓弩及箭大小长短而用之"①。最为引人注目的是,宋代的盛弓矢器均体现出极高的艺术水准,器物表面刻有一些繁复、精美的纹样。经大致梳理,可见卷草纹、祥云纹、连珠纹、缠枝花卉纹、海水纹、瑞兽纹等。联系五代以来敦煌文献中所载"银胡禄""金装胡禄",繁复的纹样与精美的设计应该暗指身份与等级。

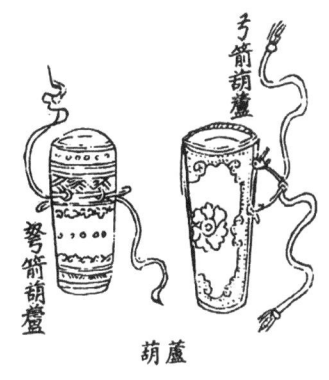

图2-52 《武经总要》所绘宋代胡禄

图2-53 《武经总要》所绘宋代箭韔

图2-54 《武经总要》所绘宋代弓袋

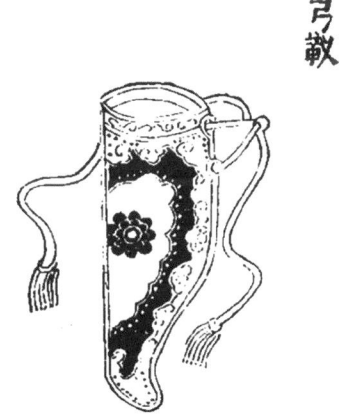

图2-55 《武经总要》所绘宋代弓韔

---

① 中古兵书集成编委会.中古兵书集成(第三册·武经总要)[M].北京:解放军出版社,1988:691-692.

欧亚射武备的一体化特质在宋代十分突出。如前文所述，在10—11世纪吐蕃哈拉和卓古墓中出土了高昌回鹘人使用的弓箭套装。该套装中可见一木质胡禄，虽已残破，但其"筒形束脖"的形制十分醒目，且内部装有约30支箭，均以箭头朝上的方式收纳。此外浙江杭州的中国丝绸博物馆中亦存有一件精美的辽代虎皮胡禄，并配有虎皮毡帽一件（图2-56）。如前述，中亚的游牧民有浓厚的虎崇拜传统。虎、豹崇拜曾广泛存在于吐蕃、敦煌、西域、辽东等地，虎皮制成的衣冠物品被认为是贵族身份的象征。①

图2-56 辽代虎皮胡禄与毡帽

蒙古国家博物馆藏有一副12—13世纪的弓箭套装，其中有一件用桦树皮制作的胡禄（图2-57）。同时期、同类型的胡禄亦可见于谢肃方先生的个人收藏（图2-58）。蒙古国家博物馆的藏品与谢肃方先生的个人收藏均显示出与高昌回鹘标本一致的箭头朝上收纳状。

---

① 李瑞哲. 龟兹石窟佛教艺术研究[M]. 北京：科学出版社，2020：353.

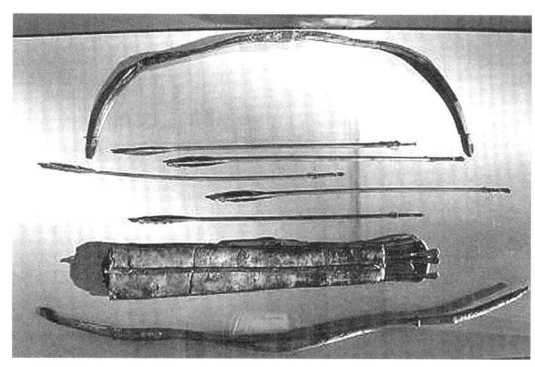

图 2-57　蒙古国家博物馆藏弓箭套装

图 2-58　谢肃方先生珍藏的胡禄

宋代以来，随着以文立国的国家基调的形成，加之商品经济的发展和活字印刷术的发明，出版业进入了空前繁荣的时期。除先前提到的《武经总要》，沈括《梦溪笔谈》从传统工艺的角度对射艺的物质文化进行了探讨；陈元靓《事林广记》阐释了传统射艺的技术体系；彭大雅《黑鞑事略》对蒙古帝国的社会形态进行了详细的实地调查，并针对蒙古人的弓马骑射战术做了笔录。以上著作为后世射艺研究奠定了里程碑意义的学术基础。

这一时期火器的繁荣值得简要阐释。不同于西方世界将火器视为取代冷兵器的更高形态武备，在中国古人看来，火器实为射艺的延伸。或者说，火器本就从属于射艺的文化框架。《武经总要》中有世界上最早使用火炮的记载（图 2-59）。宋军虽然也在战争中使用火药，但仅仅是利用火药燃烧时的动能，以达成远射的助推。真正实现火药远程爆破效用的是女真金朝。蒙、金战争期间，金军使用了一种叫作"震天雷"的新式火炮。当弹丸发出后,所到之处随着弹丸的爆炸而形成强烈的破坏。① 此时的金军还手持另一种便携式筒状火器"飞火枪"。② 而几百年后葡萄牙人所使用的在种子岛、博多湾让幕府武士狼狈不堪的火绳枪,不外乎一种类似飞火枪的器物。在蒙、宋战争时期,忽必烈又从波斯伊尔汗国引进了巨型弹射器"曼扎尼克",即"回回炮"③(图2-60)。

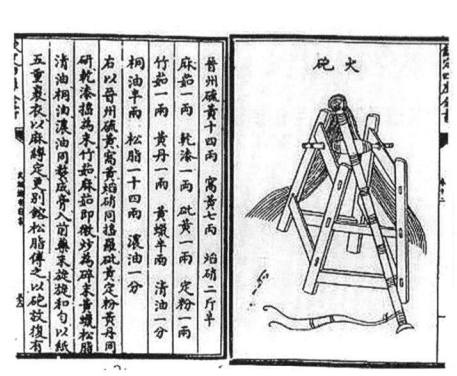

图 2-59 《武经总要》所载宋代火炮

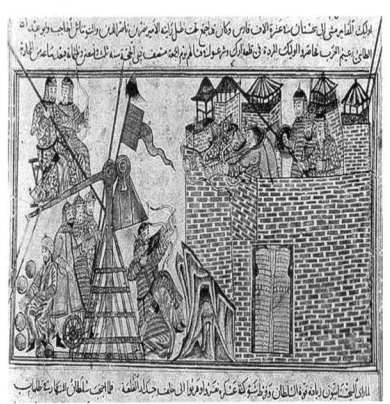

图 2-60 波斯细密画中的回回炮

第四节　中华射艺的多元化演进:元明时期

汉代以来中华射艺稳定的发展态势至 13 世纪发生了根本性的变革。此间因由乃蒙古帝国给整个欧亚大陆带来的文化影响。早在《蒙古秘史》中便有"赖长生天之力,其死也,使我弓矢与尸同卧"④的记载。南宋彭大雅《黑鞑事略》对蒙古人的骑射传统亦有深入观察,有"其骑射,则孩时绳束以板,络之马上,随母出之。三岁有索维之鞍,俾手所执,从众驰

---

① 据《金史·赤盏合喜列传》,天兴元年(1232)蒙古军包围开封,金将赤盏合喜奉命守城。"其守城之具有火炮名'震天雷'者,铁罐盛药,以火点之,炮起火发,其声如雷,闻百里外,所爇围半亩之上,火点著甲铁皆透。"

② 《金史》:"枪制,以敕黄纸十六重为筒,长二尺许,实以柳炭、铁滓、磁末、硫黄、砒霜之属,以绳系枪端。军士各悬小铁罐藏火,临阵烧之,焰出枪前丈余,药尽而筒不损。"

③ 杉山正明. 蒙古帝国的兴亡[M]. 孙越,译. 北京:社会科学文献出版社,2015:75.

④ 道润梯布. 蒙古秘史[M]. 呼和浩特:内蒙古人民出版社,1978:176.

骋。四五岁挟小弓矢,及其长也,四时业田猎"①。由此可见,蒙古人在孩提时代即被父母绑在马上,用小弓练习骑射技艺。欧洲最著名的条顿骑士团曾对蒙古战士有这样的评价:"骑在永远不知疲倦的马上,自如发射箭雨,他们是来自地狱的勇士,是上帝的皮鞭。"② 最终,这群游牧战士改写了整个欧亚大陆的文明史,并创立了人类历史上疆域最广的蒙古帝国。

　　对于蒙古人的善射传统,制刻于1224年的"成吉思汗石碑"是清晰的明证。1219年,成吉思汗率领蒙古部队远征中亚的花剌子模帝国,并于次年取得了战争的决定性胜利。在凯旋的途中,西征军在蒙古高原西部的布哈·苏赤海举行库里台大会。为壮声势,成吉思汗决定举行一次由全体成员参加的盛大的射箭比赛。在这次比赛中,成吉思汗的侄子,即其弟合撒儿之子移相哥成功射中了三百三十五阿尔达(蒙古人的计量单位)之外的目标,获得了冠军。事后,成吉思汗特意在移相哥的领地为其树立了纪念碑,此即"成吉思汗石碑"。该石碑于1818年被俄国人发现,出土地点位于今俄罗斯境内的额尔古纳河畔。全碑高202厘米,宽74厘米,厚22厘米,以早期回鹘式蒙古文写成,是现存最早的回鹘式蒙古文文献。该碑现珍藏于俄罗斯圣彼得堡艾尔米塔什博物馆(图2-61)。

图2-61　成吉思汗石碑及其铭文

---

① 彭大雅. 黑鞑事略[M]. 北京:中华书局,1985:73.
② 引自欧洲著名射艺研究者谢肃方口述。

对于成吉思汗石碑,国内外学者均有过释读。综合诸家之研究,释读后的回鹘式蒙古文可直译为:

> 伟大的成吉思可汗征服了萨尔塔兀拉人还师,大蒙古兀鲁思所有那颜召开库力台于不哈速只忽,移相哥射中三百三十五阿尔达外的目标。

结合蒙古帝国史以及射箭史,以上文字又可进一步释读为:

> 1225年,伟大的成吉思可汗率众征服了中亚的花剌子模帝国。在凯旋的途中,可汗与所有参与西征的蒙古诸部落勇士在阿尔泰-额尔齐斯河流域的草原举行了盛大的集会,在作为集会重要组成部分的射箭比赛中,只有成吉思汗的侄子,汗弟合撒儿之子移相哥射中了三百三十五阿尔达(游牧民计量单位,成人双手张开的距离)外的目标,成为第一勇士。

不独被勒名记功的移相哥,成吉思汗时期蒙古诸部精于射术的勇士不胜枚举。较为著名者还有成吉思汗的弟弟,被称为"射神"的拙赤合撒儿,以及被赞为"神射手"的哲别。

在征服花剌子模帝国之后,蒙古人初步建立了全球性的武器库。他们集结了中东地区最顶尖的工匠,并吸收了该地区最为先进的科技工艺,用以改良自身的武备系统。其中,尤以对弓箭的改良最为卓越。关于元代的弓形,可参看台北故宫博物院馆藏元代宫廷画家刘贯道之《元世祖出猎图》(图2-62)。图中有一位疑似射雕的蒙古武士,该武士所持角弓虽也体现出长弰、宽臂的特点,但仔细观察即发现其与两汉至宋所流行的尼雅型角弓仍存在着明显的区别。首先,尼雅型角弓的弓弰部位均系一根硬木插接而成,可见其僵直状。元代角弓的弓弰却凸显出一种圆润的反翘。这种变化明显系一种更为先进的多段插接工艺所致。借由这种工艺,元代角弓在弛弓时增加了反曲度。今蒙古国家博物馆珍藏有一把14世纪名为"Tsagaan Khad Bow"的角弓,就外形而言,该器物与《元世祖出猎图》中色目武士所用弓几无二致。元代角弓的弓臂上半部分明显呈现出一种"三角竖脊"状,表明其使用了一种更为复杂的多段插接工艺。此外,中古时期的尼雅型角弓均为"内卵形"握把。与之相比,元代角弓采用"外卵形"握把。这种形制似乎更受西亚国家的喜爱，以至于伊朗人、土耳其人将此种传统延续至今。总之，在军工科技领域，蒙古人创造性地达成了对中古时期尼雅型角弓三段插接工艺的革新，新式的角弓具有至少五段插接工艺，从而实现了弹性储能的最优化。据《元世祖出猎图》中的构图比例，元代角弓的长度大致为140厘米，这是角弓的最佳长度。

图2-62　元刘贯道《元世祖出猎图》（局部）

在射武备领域，明代依然延续着前朝的器形。由于满族人入关销毁了所有前代的弓箭，抑或是满族人统一了所有射武备，迄今为止有关明代弓箭的考古发掘实物几不可得。幸运的是，同一时期的绘画作品却留下了许多线索，为我们管窥明代的射艺留下了珍贵的素材。据明代万历年间学者王鸣鹤所著军事通论《登坛必究》，有明一代的弓形被称为"小稍弓式"或"开元弓式"（图2-63）。其中，"小稍弓"的弰头反翘较为圆润柔和。与之相比，开元弓的弰头反翘却凸显出一种夸张冷峻的风格。然而无论明代弓形的弰头如何变化，均不外乎继承了元代以来多段插接的制作工艺，以及弓梢、弓臂联结处的"三角竖脊"处理原则。由明代万历年间宫廷画师所作，现珍藏于故宫博物院的巨幅画卷《出警入跸图》描绘了万历皇帝在宫廷卫队的护送下，前往郊外的十三陵祭祀先祖的盛景。在位于构图中心的皇帝身上，可见一把转折冷峻、弰头反翘的御用角弓，其形制与王鸣鹤《登坛必究》中所录"开元弓式"几无二致（图2-64）。而在谢肃方先生的个人收藏中，有一张疑似15至16世纪的角弓实物。虽然其时代、地区仍有待进一步确定，但观其形制，特别是具有柔和反翘曲度的弰头，毫无疑问其应属于《登坛必究》中所录的"小稍弓式"（图2-65）。

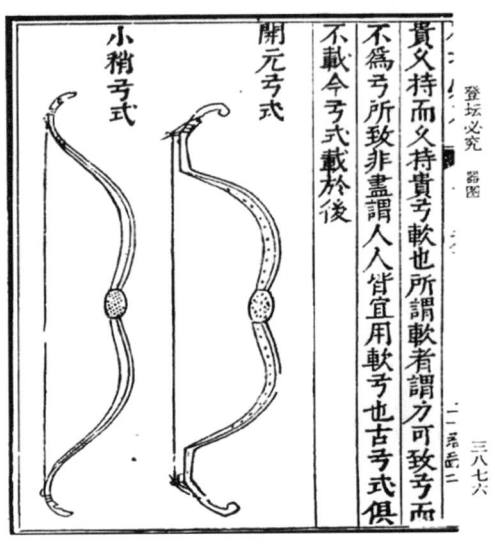

图2-63　"小稍弓式"与"开元弓式"

图2-64　明《出警入跸图》所绘御用角弓

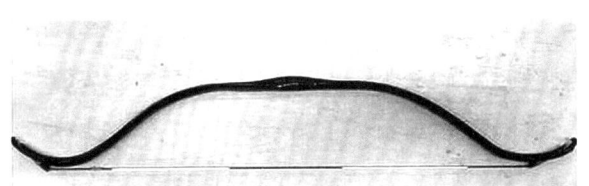

图2-65　谢肃方先生珍藏的疑似明代"小稍弓式"角弓

明代的"小稍弓式"角弓与15世纪延续至今的土耳其角弓、克里米亚鞑靼角弓、韩国弓均属同一类型学谱系（图2-66、图2-67、图2-68、图2-69）。当今世界上最为著名的弓箭制作大师卢卡斯·诺沃提尼（Lukas Novotny）曾经根据考古文物复原了世界上各个地区的弓箭。透过卢卡斯的作品，14—17世纪欧亚大陆的射武备一体化进程得以清晰呈现。

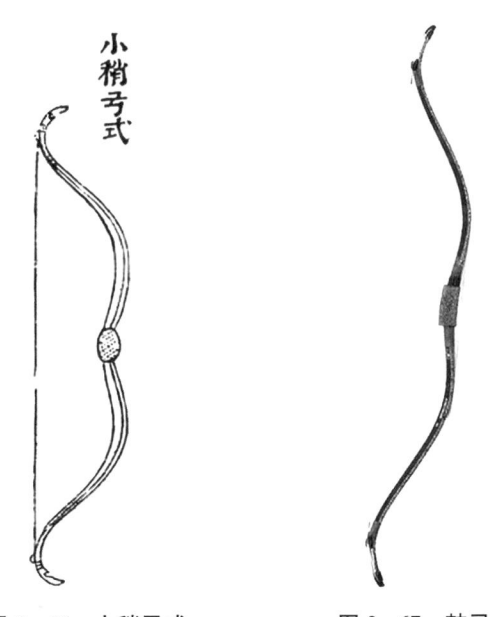

图2-66　小稍弓式　　　图2-67　韩弓

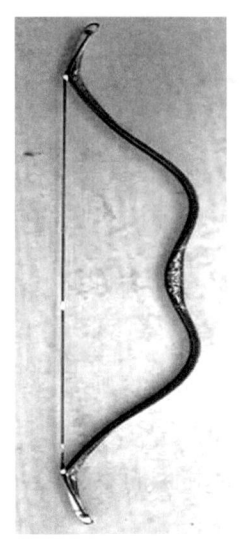 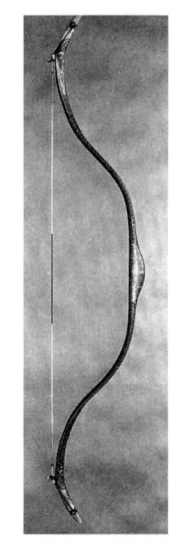

图 2-68　鞑靼弓　　　图 2-69　土耳其弓

元明时期的盛弓矢器亦呈现出一种变革。首先，皮质挤压式的弓囊与箭囊成为主流。其次，具有东方美学特征的传统纹样、传统设计融入其中。换句话说，在经历了西亚文化的长期浸润后，东方的美学思潮与设计理念强势崛起，成为一种新的审美观照。这一时期表现盛弓矢器最直观、最著名的图像，仍为前文所述元人刘贯道所绘《元世祖出猎图》。该图以写实的特性，历来被视为研究蒙古宫廷活动的主要材料。在构图的一隅，可见一位疑似射雕的蒙古武士。该武士腰间左侧可见一金黄色的"金绣弓囊"。此外，在居于画面中央的色目武士右侧腰间悬挂有一件黑底绿纹皮质挤压式箭囊。通过放大局部，可见上述弓囊、箭囊上都装饰有鹿纹（图2-70）。

第二章　中华射艺演进史的考古学阐释

图 2-70　元刘贯道《元世祖出猎图》（局部）

在蒙古社会中，鹿纹素来是最常见的艺术取材。《元世祖出猎图》中箭囊、弓囊上的鹿纹正是这一审美观照的产物（图 2-71）。中国民俗博物馆珍藏有一件元代"卧鹿纹金绣弓囊"。该文物长 72 厘米，宽 6.5～25 厘米，绢制，暗褐色，以金线绣出精美的缠枝花卉纹样，中央可见卧鹿（图 2-72）。该器物在入土前应内衬皮质基底，其在长期埋藏环境中已被分解。鉴于"卧鹿纹金绣弓囊"极高的艺术价值，其应为宫廷用品。

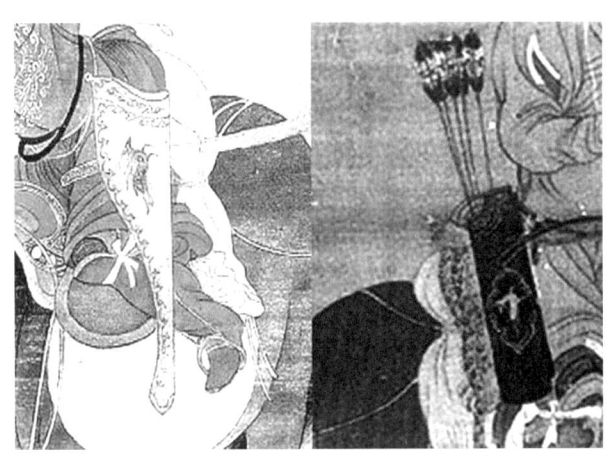

图 2-71　元刘贯道《元世祖出猎图》（局部）

75

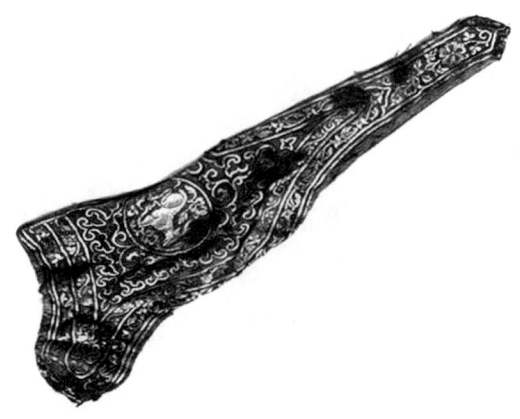

图 2-72　元代"卧鹿纹金绣弓囊"

在前述明万历时期《出警入跸图》上,万历皇帝腰间悬挂有一件与元代"卧鹿纹金绣弓囊"器形相同的皮质弓囊。通过图像,隐约可见金漆描卉的边缘,以及一条威武的苍龙。作为传统的中原纹样,龙纹素来被作为最高权力的象征。以龙纹修饰武备,毫无疑问体现了"御用"属性。

考古工作者对明十三陵的发掘佐证了《出警入跸图》中相关射武备的真实性。1958年,万历皇帝的陵寝即明十三陵中的定陵展开了试探性发掘,一套保存完好的御用盛弓矢器套装被清理出来。该套装由一件悬挂式弓囊、一件悬挂式箭囊组成。两件器物皆为皮质,外用华丽的黄色锦布包裹,锦布中央均绣有五爪龙纹,外沿以红、蓝宝石镶嵌[①](图 2-73、图 2-74)。从文物类型学的角度审视,定陵的文物与《出警入跸图》中的图像信息形成了完美的呼应,更与元代的器物趋于同质,进一步佐证了元明时期射艺发展的统一性与延续性。

---

① 长陵发掘委员会工作队. 定陵试掘简报(续)[J]. 考古,1959(7):358-368.

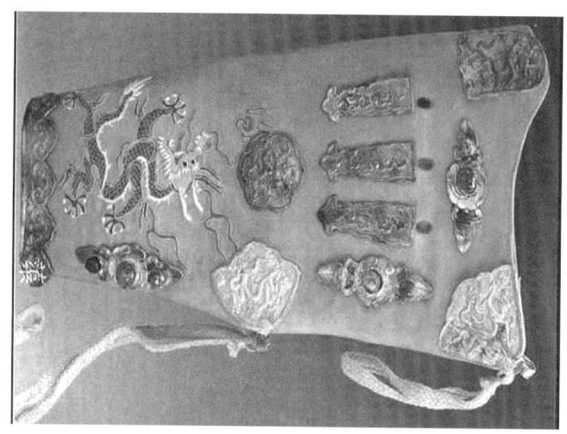

图 2-73　万历皇帝御用箭囊（修复）

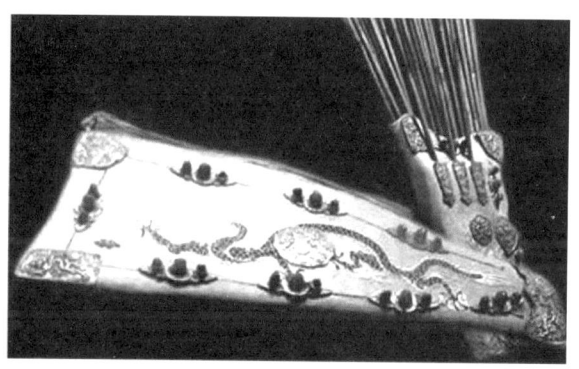

图 2-74　万历皇帝御用弓囊（修复）

两汉以来销声匿迹的控弦器，在元明时期重新回归了历史的舞台。蒙古帝国早期，或囿于射武备系统的简陋，或囿于有机质的取材，彼时的控弦器仍未有考古文物存世。到了蒙古帝国的鼎盛时期，空前繁荣的欧亚大互动促使不同文明体之间在技术、文化、思想等层面展开了深入的交流，使得整个欧亚大陆在射武备的使用上臻于同质化。

莫卧儿王朝（1526—1856）是巴布尔建立的统治南亚次大陆的强大政权。巴布尔的先祖帖木儿迎娶了蒙古察合台王系的公主，并建立了横贯中央欧亚的"帖木儿帝国"。帖木儿属突厥化蒙古人，系蒙古"巴鲁剌思部"

出身。该部是最早归附成吉思汗的突厥语部众之一，后效力于察合台。①帖木儿帝国继承了蒙古的扩张主义，被普遍认为是蒙古帝国的延续。1506年，帖木儿帝国为南下的乌兹别克人所灭。此后，帖木儿的六世孙巴布尔渡过印度河，建立了横贯南亚次大陆的莫卧儿帝国。莫卧儿帝国可称作第二帖木儿朝，即便在这一时代他们对成吉思汗血统的尊重也未曾消失。②因此，莫卧儿帝国的射武备当属蒙古帝国余绪。今英国维多利亚阿尔伯特博物馆珍藏有一件莫卧儿玉韘。该韘选用羊脂白玉制作而成，器身以掐丝工艺镶嵌宝石。因年代久远，宝石已不可见，但金丝尚存（图2-75）。此外，崛起于14世纪早期，主体位于安那托利亚半岛的奥斯曼帝国亦被认为是蒙古-伊尔汗国的余绪，并继承了其诸多的文化遗产。奥斯曼帝国时期的控弦器被拉尔夫爵士在其1907年的著作《十字弓之书》中记录了下来（图2-76）。其形制与莫卧儿帝国的器物属同一类型学谱系。我们亦可在《十字弓之书》的图例中找到奥斯曼帝国当时使用的扳指，与上述标本如出一辙。

图2-75　阿尔伯特博物馆藏莫卧儿玉韘

---

① 拉施特.史集：第一册·第一分册［M］.余大钧,周建奇,译.北京：商务印书馆，1997：310.
② 杉山正明.蒙古颠覆世界史［M］.周俊宇,译.北京：生活·读书·新知三联书店，2016：158.

第二章　中华射艺演进史的考古学阐释

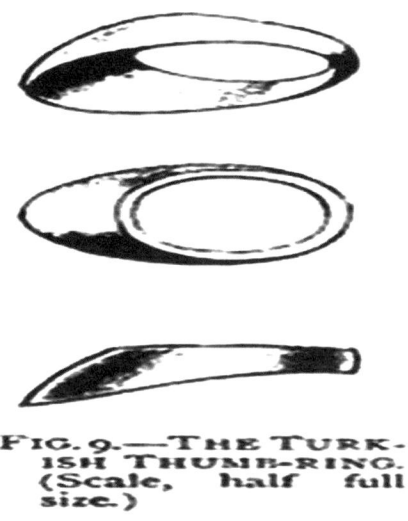

图 2-76　奥斯曼帝国扳指

基于元明时期欧亚射武备发展的联动性，明代的控弦器亦呈现出与同时期莫卧儿帝国、奥斯曼帝国器物趋同的特性。迄今为止，传世可见明代控弦器皆为玉质。其中最为著名的器物当属南京江宁区沐睿墓出土的标本。沐睿为明开国元勋，西平侯沐英的第九世孙。沐氏家族最卓著的功勋乃自明初开始即为朝廷镇守云南，历经十三代，承"黔宁王"爵。沐睿墓出土玉韘直径 3.5 厘米，宽 1.2 厘米，其形制不类两汉以前制式。该韘为素面，未见有任何穿孔[①]（图 2-77）。显然，沐睿墓出土的玉韘与莫卧儿帝国、奥斯曼帝国的玉韘属同一类型学谱系。检索其他相关信息，同一类型的器物亦可见清宫旧藏。故宫博物院珍藏有一件形制特殊的玉韘，其底部与坡面分离，并形成一个独立的底面。显然，其与沐睿墓出土标本、莫卧儿帝国玉韘、奥斯曼帝国玉韘属同一类型学谱系，不类清代固有筒形制式，故疑为明代器物（图 2-78）[②]。

[①] 南京市博物馆. 金与玉：公元 14—17 世纪中国贵族首饰 [M]. 上海：新文汇出版社，2004：60.

[②] 许晓东. 韘、韘式佩与扳指 [J]. 故宫博物院院刊，2012（1）：49-66.

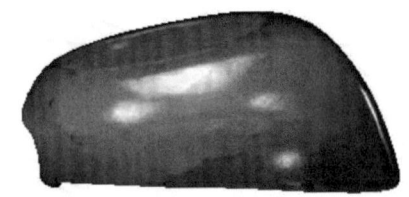

图2-77 沐睿墓出土的玉韘　　图2-78 故宫博物院馆藏玉韘

元明时期中华射艺在精神文化层面亦呈现出自唐代以来再次繁荣的局面。具有里程碑意义的是明代出现了中国历史上第一部系统的射艺专著《武经射学正宗》。该书在对前人理论做系统总结的基础上,对射箭的训练方法、训练步骤、身法身形、器械选择、器械制作、心理训练等进行了系统的阐述。此外,明代许多兵书也都有关于射艺的论述,如茅元仪的《武备志·射论》、戚继光的《纪效新书》以及王鸣鹤的《登坛必究》,其均从边防出发,不仅收录了当时军旅中的制式弓箭制作技艺,而且对西北各民族的各种弓箭形制,甚至西域诸国的弓箭都做了详细的记录。

第五节　中华射艺的定格:清代

1644年,满人入关,中国历史进入了清帝国时代。满人以骑射立国,自太祖努尔哈赤始,历代帝王都极其重视保持满人的骑射传统。清王朝为了保持其统治民族的民族性和战斗性,为满族贵族子弟制定了"国语骑射"制度,要求每一位八旗子弟都必须会讲满语和骑射,并每年定期予以考校。康雍乾时期,帝王亦多次下谕强调"骑射国语,乃满洲之根本,旗人之要务","骑射为我朝根本,咸知旧制,敬谨遵循,学习骑射,娴熟国语,敦崇淳朴"。"国语骑射"制度使射艺成为清王朝的独特传统。乾隆十七年(1752)三月二十日,皇帝上谕曰:"我皇祖太宗之睿圣,特申诰诫,昭示来兹,益当敬勒贞珉,永垂法守。著于紫禁箭亭、御园引见楼及侍卫教场、八旗教场,各立碑刊刻,以昭朕绍述推广至意。俾我后世子孙臣

庶，咸知旧制，敬谨遵循，学习骑射，娴熟国语。"[1]（图 2-79）

图 2-79 《训守冠服骑射碑》，立于北海侍卫校场旧址

由满蒙贵族长期共同参与的狩猎习武之典"木兰秋狝"以周代"秋狝"制度为蓝本，以满蒙共通的语言为纽带，以草原民族共有的技能骑射为媒介，有效巩固了"满蒙同盟"的情感基础。乾隆时期这一制度被推向高潮。故宫博物院收藏有多幅清代画家兴隆阿所制《木兰秋狝图》，生动形象地反映了木兰秋狝的真实场景。

有清一代习射之风空前。尤其是统一的弓箭武备形态作为国家武备基础得以确定，这在中国历史上是绝无仅有的。清军入关后统一了弓箭形制，将"长弰+弦垫"式的满洲八旗角弓、筒形扳指、皮质挤压式箭囊定为标准射武备加以推广。故宫博物院及很多博物馆至今还收藏有这类清代射武备实物。此外，清代也是中华射艺学术化发展的巅峰。现今所能够找到的射艺文献几乎一半都是清人所著，其中著名的有《镜花录》《学射录》《贯虱心传》《射艺心传》《射法秘传攻瑕》《射略》《科场指南》《射的并相马图说》等。

大量清代的弓箭被完整保存下来，如今尚可得见的古代弓箭实物几乎

---

[1] 于敏中，等. 日下旧闻考 [M]. 北京：中华书局，1985：172.

全部为清代遗产。这些清代弓箭成为中华射艺研究最宝贵的物质文化财富。清代弓箭的制作技艺凝聚了长期生活在白山黑水畔的女真民族的智慧。在长期的渔猎环境中，女真族人衍生了独特的审美，并最终创造了一种宽博大气的弓形，此即今人所谓"清弓"。在今天的国际传统射箭界，"清弓"被普遍认为是"中国弓"的代表。此间因由首先源于"清弓"在形制上区别于中国历史上任何时期的弓箭类型谱系，并呈现出别具一格的文化特质。其次，如前所述，统一的弓箭武备形态作为国家武备基础而确定下来，这在中国历史上是绝无仅有的。"不如式制造，或被人首告，或兵部查出，所造之物入官，匠役从重议处。"[①]

"清弓"最显著的特点是弓身长而弓臂阔。整个弓体下弦之后呈现出完美的C形大反曲。首先，大反曲的设计可在张弓时提供强大的蓄能，从而有助于提高能量输出。其次，女真人在弓弰的下缘设计并安装了两个元宝形的弦垫，巧妙地运用了物理学中"省力比"的机械效应。射手开弓时，当弓弦离开弦垫的瞬间，在杠杆原理的作用下，省力的效应开始出现。最后，由于弓体的设计阔而长，有利于提高射手射箭时技术的稳定性与容错度。此外，阔而长的弓体设计又使得射手可以获得一个相对较大的拉距，从而极大地提升了清弓的威力。

最精美的清代弓箭当属故宫博物院珍藏的皇家武备。这些珍贵的文物收录于《故宫博物院藏文物珍品大系》之《清宫武备》一书。这些精美的堪称伟大艺术品的弓箭如"太宗御用黑桦皮弓""世祖御用花桦皮弓""圣祖御用桦皮弓""世宗御用桦皮弓""高宗御用金桃皮弓""文宗御用金桃皮弓"等均代表了清帝国最高的精工造办水平（图2-80、图2-81、图2-82、图2-83、图2-84、图2-85）[②]。《清弓武备》所录角弓长度均超过了中国历史上其他角弓，为174~179厘米。在弓弰上，一般会刻上"力"的标识。例如，前述"世祖御用花桦皮弓"的弓弰上即镌刻了"七力"的字样。作为我国古代众多计量单位的一种，"力"多用于射武备的

---

① 仪德刚. 清代满族弓箭的制作及管理［J］. 广西民族学院学报（自然科学版），2004，10（3）：16-23.
② 徐启宪. 清宫武备［M］//故宫博物院藏文物珍品大系. 上海：上海科学技术出版社，2008：89-128.

称量。关于力的具体计量，按照流传于京津地区传统手工业匠人的共识，并参照今天竞技射箭界的基本度量单位"磅"，以及当今社会常用的度量单位"斤"得出一组基本的数据，即一力=12.93磅=11.7斤。"世祖御用花桦皮弓"的"七力"即90.51磅，81.9斤。

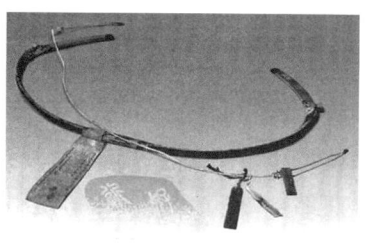
图2-80 清太宗御用黑桦皮弓

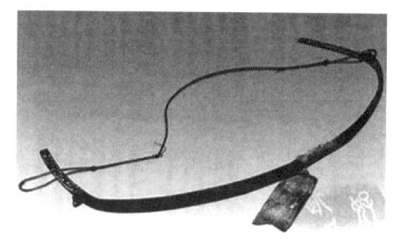
图2-81 清世祖御用花桦皮弓

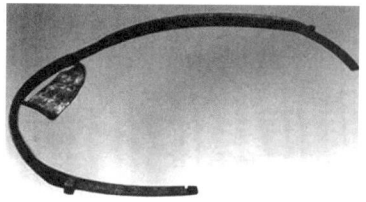
图2-82 清圣祖御用桦皮弓

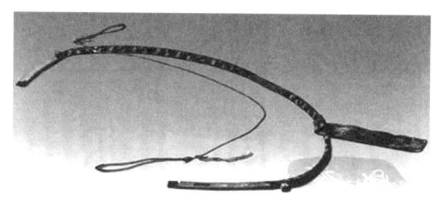
图2-83 清世宗御用桦皮弓

图2-84 清高宗御用金桃皮弓

图2-85 清文宗御用金桃皮弓

除了统一了弓形，满人入关后还统一了盛弓矢器的制式。清代的盛弓矢器十分华丽，几乎代表了同类器物制作水平的历史巅峰。满人祖训以骑射立国，故而更适合马上使用的皮质、挤压式的弓囊与箭囊成为清代盛弓矢器的主要制式。据《清弓武备》的记载，清代弓囊、箭囊在设计上均相对统一。一般而言，清代弓囊的长度大体为70~85厘米，清代的箭囊长度为30~40厘米，宽度为21~26厘米。无论弓囊、箭囊，其宽博的制式显然缘于清代弓箭巨大的体积。

　　清代的盛弓矢器还凸显出一些别具匠心的设计。例如，在主体箭囊上又发展出被称为"附囊"的第二收纳层。据八旗军队的作战传统，指挥官常将一种被称为"响箭"的箭支收纳于附囊。作为一种军事信号传输机制，"响箭"又称"鸣镝"，在战场上起着举足轻重的作用。然而最值得关注的是，有清一代的盛弓矢器较历史上任何时期都更为华丽。据《清弓武备》的记载，盛弓矢器有彩绣、缂丝、织锦、镶嵌等多种样式，堪称杰出的古代艺术品（图2-86、图2-87、图2-88、图2-89）。华丽的器物也是对等级尊卑的彰显。《清会典图·武备》记载："皇帝大阅櫜鞬，鞬用银丝缎，绿革缘，天鹅绒里，面缀金镮，系明黄绥。"①

 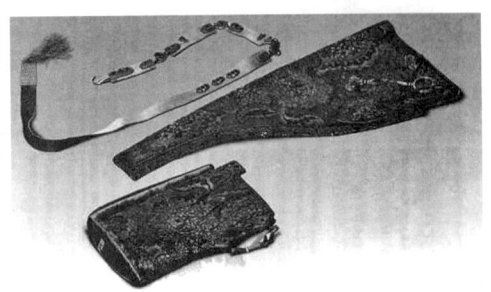

图2-86　绿呢嵌铜八宝弓囊、箭囊　　　图2-87　黄皮嵌玻璃弓囊、箭囊

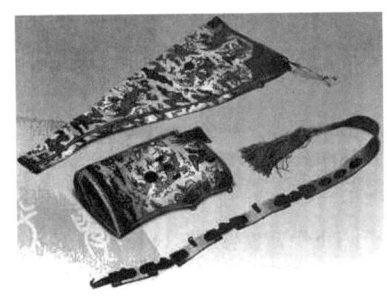

图2-88　织锦嵌红宝石弓囊、箭囊　　　图2-89　银丝花缎嵌红宝石弓囊、箭囊

---

　　①　钦定大清会典图[M].清刻本.

统一射武备的决心还体现在清代对控弦器形制的规范上。清代之前的控弦器充满了个性化的设计理念。就形制而言，有坡形、水滴形、多边形、筒形等多种。清代以来，满族人将本民族特有的控弦器"筒形扳指"推广开来，直至成为全国领域内的标准武备。用于实际射箭的筒形扳指选取上好的"驼鹿角"制作而成。所谓驼鹿，是生活在关外的人民对驯鹿的俗称。以"驼鹿角"制作而成的筒形扳指具有贴合皮肤、吸汗透气等特性，这是我国历史上其他时期所选用的金石类控弦器所无法比拟的。这些特性使射手在操控扳指的时候更加稳定舒适。因此，就人体工学而言，清代的筒形扳指堪称中国历史上最科学的控弦器。

清代筒形扳指的传世数量极为可观，通过这些文物，可以清晰地管窥其设计理念与使用方法。首先，筒形扳指并非规整的中空筒形，而是有着严格的细节处理。在筒形的下端有被称为"圆口"的打磨设计，在其上端有被称为"坡口"的打磨设计。所谓"圆口"，实则是一种滚圆的处理工艺。因筒形扳指的下端是控弦的位置，故滚圆设计的"圆口"更有利于在撒放的瞬间创造一种干净利落的脱弦状态（图2-90）。所谓"坡口"，实则是一种向内倾斜的打磨设计。因筒形扳指的上端接触的是拇指第一关节指腹的位置，故倾斜设计的"坡口"更有利于指腹与扳指的贴合（图2-91）。其次，筒形扳指并非都是筒形，亦可见束腰的制式。束腰的设计似乎更有利于手部肌肉与扳指的贴合，但具体形制的选择仍因人而异，反映了古代匠人对控弦触感的精细拿捏（图2-92）。

图2-90 筒形扳指之圆口

图2-91 筒形扳指之坡口

图 2-92　束腰筒形扳指

清代，射手的"射形"亦被固定下来，并最终形成了一种被称为"屈身折胯探马式"的清射技术。雍正时期，针对武举考试中射箭环节的操作要义，刘奇著有《科场射法指南车》。在该书中，刘奇非常推崇这种"屈身折胯探马式"射姿，并指出其来源于康熙时期的皇家卫队训练体系[①]（图 2-93）。在郎世宁所绘《通古斯鲁克之战》铜版画中，我们得以清晰地看到八旗官兵所选择的同样的技术体系（图 2-94）。此外，在 19 世纪 80 年代法国传教士拍摄的照片中，清代武士也使用同样的射姿（图 2-95）。值得一提的是，清初固定的技术体系影响深远，以至于民国时期的射箭活动中依然采用同样的射姿。成都体育博物馆珍藏有一幅巨大的民国时期女子射箭图，画面中的女子英姿飒爽，正凝神静气地完成撒放前最后的准备工作（图 2-96）。

图 2-93　刘奇《科场射法指南车》图示　　图 2-94　郎世宁《通古斯鲁克之战》（局部）

---

① 唐豪. 清代射艺丛书［M］. 上海：现代印书馆，1940：106-107.

图 2-95　19 世纪 80 年代的清军武士　　图 2-96　民国时期的女子射箭图

清代被誉为中华射艺学术化发展的黄金时期。这一方面缘于清代以"国语骑射"为背景的文化保护主义。另一方面，火器的兴起使冷兵器与武备的关系日益疏离，人们得以有更多的精力管窥弓马骑射的文化内涵，并赋予其更多的学术诠释。1840 年以后，西方列强凭其坚船利炮打开了中国的国门。从鸦片战争到庚子事变，对外战争的惨败彻底结束了中国冷兵器时代。1895 年，荣禄首先提出了废除以弓马骑射为主要内容的武举制。1901 年，清廷下令废除武举制。从此，弓马骑射失去了原有的生存土壤，几千年的中华射艺文化开始了由战争武艺向传统体育文化的艰难过渡与转型。

第三章 礼射相承论

谈及射礼，诸家皆聚焦两周。毋庸置疑，射礼是两周最重要的政治活动，但射礼却不是两周之专属。从表面上看，两周之射礼、汉代之秋射、辽金之射柳、清代之木兰秋狝有极大的差异。射礼不独存于两周，更绵延至清季，虽形态各异，但理为一贯。这种广义之射礼，即所谓"礼射"。概言之，"礼射"是以国家核心行政力为主导，以射矢活动为媒介，旨在宣示阶序、规训礼制、德化外邦的仪式性竞技活动。

第一节 "中华思想"：礼射相承

古代语境中，将"中"冠之于"华""国""土""州"之前乃一种自我标示的文化判别。与近现代世界的基本政治单元民族国家不同，东亚区域内形成的"中华"并非指代某一边界固定的区域，亦非指代某一特定的族群。作为一种文化概念场，它是文明中心与地理中心互结的表达，是地区文明秩序的判定，以及由此而缔结的古典主义国家的演进过程，此即"中华思想"。

西周至春秋，华夏集团通过分封诸侯、尊王攘夷等形成了"我者"共识。面对周边族群，华夏集团自称"中华""诸夏"。彼时代表"昊天"统治人间的天子的德化区域被称为"天下"，而"中国"处于天下的中心。将作为天下中心的"中国"与标识文化先进性的"华""夏"连用，即产生了"中华"的概念。① 檀上宽认为,所谓中华是"华夏"与"中国"的互结,以示文化隆盛之地。它是东亚文明的中心,并衍生出规范世界体系的准则。② 西嶋定生指出,作为东亚区域内特有的文明观念,中华思想肇始于公元前11世纪的"洛",经由不断的嬗变,最终成为一个巨大的文化共同体。③ 总之,东亚文明肇始于黄河流域,以中原为地理中心的王权社会经历了不断的兴亡与演变,以至产生了"中华"这个自我标示文明的称谓和保护"中华"这个群体的思维方式。④

被中华思想牵动的区域构成了中华世界。中华世界绝非今天作为民族国家的"中国",而是一个中心清晰、边界模糊且会移动的古代政治体。没有明确的边界意识,是理解中华世界的一个基点。⑤ 动态演进的中华世界以"自我"与"他者"共通的文化为底盘,构造于此间的礼射理应保有同质的属性。

第二节 "畿内"与"畿外":商代礼射的萌芽

向心化发展的黄河文明肇造了商的文明。商王的管理模式是把广域的原始都邑加以整合与序列化,并用共同的祭祀礼仪来维系。"畿内"与"畿外"的秩序由此始生。⑥ 畿内为王权直辖领域,畿外为王权间接统治的自治领域。畿外臣属商王的神政权力,行以贡纳义务。同时,畿内以赏赐昭示恩泽。这种互酬体系刺激了尚属雏形的中华思想,甲骨文字的产生

---

① 朱莉丽. 何处是中华——历史上日本对"中华"概念的理解、阐释和运用 [J]. 社会科学辑刊, 2016, 227 (2): 113-121.
② 檀上宽. 永乐帝——华夷秩序的完成 [M]. 王晓峰, 译. 北京: 社会科学文献出版社, 2015: 7-8.
③ 西嶋定生. 秦汉帝国 [M]. 顾姗姗, 译. 北京: 社会科学文献出版社, 2003: 76.
④ 宫本一夫. 从神话到历史:神话时代夏王朝 [M]. 吴菲, 译. 桂林:广西师范大学出版社, 2017: 387.
⑤ 葛兆光. 宅兹中国——重建有关"中国"的历史论述 [M]. 北京:中华书局, 2017: 35.
⑥ 宫本一夫. 从神话到历史:神话时代夏王朝 [M]. 吴菲, 译. 桂林:广西师范大学出版社, 2017: 365.

则固化了中华思想。若非高度组织化、文明化的社会必不能产生文字,其背后乃是强烈的文化自觉。

乾嘉学者曾探骊"殷礼",孙诒让、罗振玉、王国维皆有论述。最早着墨礼射起源的学者首举杨宽,他综合文献、文物、训诂等方法提出了礼射起源的"晚商田猎说"。① 陈槃认同此说,以甲骨卜辞中的"矢鱼"为"射鱼礼",提出此为"大抵皆宗庙祭祀之事",并演进为两周贵族"射牲"的仪式。② 早期的殷商礼射研究未有华彩,非学者功力之不足,乃考古材料的局限。正如陈戍国坚称殷商礼射的存在,只是囿于材料支撑,未尽翔实论述。③ 20世纪90年代初,花园庄东地甲骨的发现使殷墟考古再次震惊世界,已释读的部分清晰地呈现了晚商贵族规范化的礼射④。

经释读,此次礼射经由甲午日至乙卯日,持续二十余天。如此漫长的时间绝非一般射猎、娱乐、竞技,其背后必然隐喻了一套制度化的文化,堪比古希腊之奥林匹克。二十余天的活动分别在不同地点进行,如首日甲午日的"麗",再次戊戌日的"汧",又次乙亥日的"灘",及至乙巳至戊申的"麗"。故而,晚商礼射当为异地循环制。其可能的地望当在黄河冲积扇附近。华北地区得以聚合成文明,恰得益于黄河中下游的黄土堆积,以及由此形成的抽取井下之水的旱地农耕。殷墟文明的"猎消农长",正是施行了大规模水源灌溉的结果。灌溉属集体作业,非有强大的政治权力不能集结。⑤ 在趋近黄河冲积扇的地望举行礼射,彰显了殷商之于四维强大的神权政治。

礼射的高潮当在甲午、乙巳、丙午、戊申几日,因卜辞中出现了贵族的名号、相异的弓种、弋射的形态。对卜辞中所谓"疾弓""迟弓""恒弓",有学者进行了系统的考释。"疾弓"乃发矢急速,用以射猎大雁、鹳

---

① 杨宽. 古史新探 [M]. 北京:中华书局,1965:310-337.
② 陈槃. 春秋"公矢鱼于棠"说 [J]. "中央"研究院历史语言研究所集刊. 1950(22):121-128.
③ 陈戍国. 先秦礼制研究 [M]. 长沙:湖南教育出版社,1991:251-254,340-344.
④ 中国社会科学院考古研究所. 殷墟花园庄东地甲骨 [M]. 昆明:云南人民出版社,2003.
⑤ 堀敏一. 中国通史——问题史试探 [M]. 邹爽爽,译. 北京:社会科学文献出版社,2015:11-12.

鸟的弋射轻弓。"迟弓"亦称"迟彝弓",乃合九而成规,是坚实而力劲的强弓,当为王者之用。"丙弓"即"恒弓",乃性能居于上述二者之间的效率适中的习射之弓。^① 待礼射完毕,还要进行祭祀祖先的隆重食仪,因而卜辞中有"癸丑卜,岁食牝于祖甲用""乙卯卜,霎白豕祖乙不用"之记载。因卜辞中大量出现前代商王祖甲、祖乙的名号,故参与礼射的人员当为居于权力中心的商王室。

此外,前文所述国家博物馆所藏青铜器"作册般黿"亦可供研究。朱凤瀚认为,正是鉴于商王之神武,故值得铭于此器而颂扬。^② 连发四矢之仪程,既是身体动态美学的呈现,亦隐喻了一套规范化的射矢节奏。此间意蕴,可参考日本弓道中以足踏、胴造、弓构、打起、引分、会、离、残心为要旨的"射法八节"。^③

因此,西周时期"搢三挟一个"的四矢礼射实为晚商遗风。当殷商在东亚区域内确立了最早的王权阶序时,其所构造的文化模式也自然为后世所继承。"殷商为中国文化之正统,殷移民为中国文化之重心,绝非孟浪之言。"^④ 晚商礼射为两周礼射注入了最直接的精神基底——中心之于四维的文化秩序。

第三节 "王畿"与"五服":周代礼射的勃兴

周王室以洛邑为天下之中,宅兹中国,德化四维。承商之观念,周代以文化为基底,礼制为度量,分封为机制,阶序为准绳,逐渐建构了一种完善的天下秩序。这是一种以他者对我者慕化程度为权衡的天下观,即《尚书·禹贡》之五服制。其中"甸服"是周天子之王畿,乃文明之最高地。"侯服"是王畿外五百里姬氏诸侯的自治区域。"绥服"是"侯服"外五百里外姓诸侯的自治领。"绥服"与"侯服"负有拱卫王畿的责任。在

---

① 韩江苏. 殷墟花东 H3 卜辞中迟弓、恒弓、疾弓考 [J]. 中原文物, 2011 (3): 36—40.
② 朱凤瀚. 作册般黿探析 [J]. 中国历史文物, 2005 (1): 6—10, 89—90.
③ 内藤敬. 轻松学弓道 [M]. 北京: 人民体育出版社, 2006: 37.
④ 傅斯年. 民族与古代中国史 [M]. 北京: 北京出版社, 2018: 99.

祭祀礼仪上，王畿的甸服要举行每日一次的"日祭"，姬氏诸侯的侯服则举行每月一次的"月祠"，外姓诸侯的绥服则要举行季节性的"时享"。上三服是维系周礼的核心区域，被称为"中华"。① 绥服外五百里，乃蛮夷居住的"要服"。要服外五百里，则是戎狄居住的"荒服"。下二服远离周王室，属未开化地区。文明隆盛的中华担负着向蛮夷之地输出文明的德化使命。而蛮夷地区文化的不断进步，则体现在向周天子朝贡之慕化。要服之地的君主需每年携贡品朝贡中华天子，被称为"岁贡"。荒服之地的君主在天子更迭时朝贡中华，被称为"终王"，此中华思想之运行机制。

作为分封制下"王畿"之于"五服"政治文化秩序（周礼）的规训，射礼宣示了周天子对"五服"内姬氏诸侯、外姓诸侯、蛮夷君主、戎狄君主的等级阶序，以强化他们对周王室主导的"中华秩序"之归建。不同的文化秩序有不同的射礼。

首先是大射礼。"为祭祀射。王将有郊庙之事，以射择诸侯及群臣与邦国所贡之士可以与祭者。"② 在最隆重的王室祭祖大典上，选拔五服内可信之诸侯共举大射，此举不仅维系了王畿之于四方的控制力，更塑造了中央－地方共同的集体记忆与文化认同。

其次是宾射礼。"宾射，诸侯来朝，天子入而与之射也，或诸侯相朝而与之射也。"③ 作为周天子在朝会上款待五服内朝贡诸侯的礼仪活动，宾射礼常与聘礼、食礼、馈礼、享礼相结合，乃王畿接待近畿时惯常的外交礼仪。李学勤认为："宾射礼可看做是天子飨来朝之宾而与之射，又作'飨射'。"④ 笔者认为，宾射礼实则是大射礼政治功能之辅助，以重申中央与地方的政治文化秩序。

再次是燕射礼。不同于大射礼、宾射礼的庄严，燕射礼保有娱乐属性，即"闲暇时，君长与臣下相与射箭宴饮为乐"⑤。燕射礼不仅是周天

---

① 檀上宽. 永乐帝——华夷秩序的完成 [M]. 王晓峰，译. 北京：社会科学文献出版社，2015：13.
② 阮元. 十三经注疏 [M]. 北京：中华书局，1980：683.
③ 阮元. 十三经注疏 [M]. 北京：中华书局，1980：1688.
④ 李学勤. 柞伯簋铭考释 [J]. 文物，1998（11）：67-70.
⑤ 袁俊杰. 论《宾之初筵》与燕射礼 [J]. 史学月刊，2011（11）：30-36.

子与诸侯之间的宴饮之射，也包括诸侯之间的宴饮之射。① 因浓厚的娱乐性质，其竞技形态也最为丰富。燕射礼可看作大射礼、宾射礼政治功能的日常化，即在潜移默化的娱乐中加强中央与地方的联结。

最后是乡射礼。乡射礼并不属于维系国家政治生活的核心仪礼，其本质乃国家礼制的基层回应。乡射礼一般由地方长官邀请乡土名流共同组织，其形态更像是隆重的乡俗。② 乡里乃最基本的行政单元，乡人乃最基层的贵族阶级。乡饮酒礼、乡乐、乡射礼等文化活动可维系乡党社会最基本的精神空间。因此，乡射礼更具艺术延展性。其仪式有戏剧的特征，映衬着约行于礼的乡党关系。③ 若大射礼、宾射礼、燕射礼属于中央对地方的德化，乡射礼就是对这种德化之"慕化回应"。

后文将在文献研究的基础上，为两周的国家礼射——大射礼、宾射礼、燕射礼臻取对应的青铜礼器，通过对铭文的解析，重构西周礼射之基本形态，探索清晰的文化构造。

一、大射礼——柞伯簋

1993 年，平顶山市境内西周应国墓地出土了一件青铜礼器。该器由喇叭形支座托举高簋，双重足设计，器内刻有反映大射礼的铭文，因其所有者为第一代柞国国君的嫡长子，故定名"柞伯簋"。结合器形、铭文、铸造工艺通盘考量，其制作年代当在周康王时期。④

对柞伯簋的考释，有李学勤、王龙正、涂白奎、袁俊杰等。因袁俊杰之研究成文最晚，所统揽的文献资料也最为丰富，本节释文主体取自袁氏，并辅以再释：

> 八月庚申，天子在镐京行大射礼。天子命南宫率领王畿内姬氏宗族中享爵位者，师酓父率领近畿臣下。天子以十钣红铜作为锦标，并嘱咐："无论内臣还是外臣，务要谦虚谨慎，开弓时凝神静气、全

---

① 袁俊杰. 论令鼎与燕射礼 [J]. 中原文化研究, 2014, 2 (1): 16—21.
② 郭超颖.《仪礼·乡射礼》司马就位考 [J]. 东方论坛, 2016 (2): 52—56.
③ 傅道彬. 乡人、乡乐与"诗可以群"的理论意义 [J]. 中国社会科学, 2006 (2): 165—176, 208—209.
④ 王龙正, 姜涛, 袁俊杰. 新发现的柞伯簋及其铭文考释 [J]. 文物, 1998 (9): 53—58.

神贯注。若有谁能够射中目标，将获十钣红铜。"最后，唯柞伯十发十中。天子赐予红铜，兼赐以祝地的田猎地，以备柞伯向周王室纳贡猎物。因此次大射礼的重要意义，柞伯随即铸造铜簋以示纪念，并以此祭祀周公，感怀在天之灵。①

接下来将对柞伯簋铭文进行阐释。

一是参与人员。由周天子王畿（甸服）内姬氏勋贵，王畿外（侯服、绥服）姬氏、外姓诸侯组成。前者在周代被称为"内臣"，后者被称为"侯"。侯本意箭靶，为何又用作爵称？概因作为箭靶的"侯"有屏障之意，延伸以警卫之责。按傅斯年的说法："侯非王畿以内之称……必建藩为王畿之外，而为王者有守土御乱之义，然后称侯。"② 显然，通过举行大射礼，周王室的权力被不断凝聚，四方对中央的忠诚不断增加。

二是大型竞技。学界普遍认为，宗法制度和小农经济作用下的古代中国，缺乏希腊民主城邦制下举办大型竞技会的历史背景。③ 事实绝非如此。古希腊以诸神编制谱系，以此反映城邦之间的同盟关系。最初有奥林匹亚，其神宙斯占据最高位置。继有海上都市波罗斯崛起，其守护神波塞冬为宙斯之弟。渐次，又有德尔菲成为城邦盟主，其守护神阿波罗为宙斯之子。又次，斯巴达成为希腊霸主，其神阿尔忒弥斯为阿波罗之妹。最后的霸主科林斯、雅典，其神皆为阿波罗之妹。举办大型竞技会成为诸城邦之间均衡政治关系的有效途径。故竞技之本源，当在城邦国家的政治治理。我国西周乃至更早时期亦有这种诸神谱系。宋国的守护神为太辰，故称"太辰之虚"。陈国被称作"太昊之虚"，郑国被称为"祝融之虚"，卫国被称作"颛顼之虚"，鲁国被称作"少皞之墟"。④ 射礼亦是一种大型竞技。竞技之目的，是用制度化的礼来规范诸侯。而礼之中心，必是文化隆盛的中华区域。

三是锦标机制。天子以十钣红铜作为锦标。西周时期，红铜乃最贵重

---

① 袁俊杰. 再论柞伯簋与大射礼 [J]. 华夏考古，2011（2）：134-147.
② 傅斯年. 民族与古代中国史 [M]. 北京：北京出版社，2018：135.
③ 张新，张萌，岳光宇. 中国体育竞赛"锦标"考源 [J]. 体育文化导刊，2013（11）：131-133，137.
④ 宫崎市定. 中国史 [M]. 焦堃，瞿柘如，译. 杭州：浙江人民出版社，2015：63.

的物品，并充当了国家政治生活的重要媒介。按唐兰之统计，西周时期有关赐金、赏金、俘金的记录的青铜礼器合计 20 余件。西周时期的赤金，即当时极为珍贵的红铜。① 铜资源的取得，对彼时的政治生活具有重要意义。周天子以重要国家资源设锦标，隐含了中华对四维强烈的德化感召。

四是射仪状态。两周射礼最重要的训诫莫过于"敬"与"审"。敬：射手必须体现贵族阶层的礼仪规范，即自觉遵守周礼。审：一方面要求射手全神贯注，持弓审固；另一方面要求射手时刻反观内心的修为。射仪彰显了规范化的身体，使贵族的一切举止都被赋予了礼的意蕴。由身体与礼仪互结为成的射仪，极大地丰富了射之竞技内涵，亦为国家塑造了允文允武的侯卫。②

五是养诸侯法则。除原有锦标外，周天子又赏赐了税地给柞伯。甲骨文中即有税字，当为商王的田猎场。③ 税之地望，当在今沁阳附近，与殷城接壤。④ 天子把前朝皇家猎场赏赐给柞伯，以使其今后朝贡猎物。以地为赏赐，乃射礼的惯例，按《礼记·射义》："天子将祭，必先习射于泽。泽者，所以择士也。已射于泽，而后射于射宫，射中者则得与于祭，不中者不得与于祭。不得与于祭者有让，削以地；得与于祭者有庆，益以地；进爵，绌地是也。"⑤ 显然，如此赏赐，其背后隐喻了一种莫大的恩宠，必将巩固四维之于中华的慕化。

二、宾射礼——麦方尊

麦方尊原物早已遗失，仅存图像与铭文，观存世摹绘可知呈方身、喇叭口、出戟、方足。器形冷峻华美，腹内有铭文 8 行 167 字。⑥ 其年代尚存争议，一般认为乃周初成王、康王时彝器。铭文所录之事，乃天子在一年一度的春季大礼中于水泽之中举行射礼的过程。此次射礼属于周天子款

---

① 唐兰. 西周青铜器铭文分代史征 [M]. 北京：中华书局，1986.
② 戴国斌. 从狩猎之射到文化之射 [J]. 体育科学，2009，29 (11)：79-84.
③ 陈炜湛. 甲骨文田猎刻辞研究 [M]. 南宁：广西教育出版社，1995：50.
④ 郭沫若著作编辑出版委员会. 郭沫若全集·卜辞通纂：659-663 [M]. 北京：科学出版社，1983：504.
⑤ 杨天宇. 礼记译注 [M]. 上海：上海古籍出版社，2004：838.
⑥ 梁诗正等. 钦定西清古鉴 [M]. 上海：上海云华居庐，1926：13.

待来朝诸侯的外交礼仪中的一部分，故属宾射礼性质。

对于麦方尊，郭沫若、唐兰、王辉等均有考释。袁俊杰曾综述诸家，成一相对完善的释文。本节取袁氏之释文，并辅以再释：

> 受天子之命，邢侯离开原有地望"坯"，到受封地"邢"做侯。按规定，邢侯当在二月赴镐京朝见天子。达到时，正值盛大的祼祭与肜祭。第二天，邢侯参加天子在辟、雍的水泽上举行的射礼。天子乘船射到一只大雁，邢侯坐在挂有红色旗帜的船上紧随。礼毕，君臣一同回到天子寝宫，天子将黑色的雕戈赏赐给邢侯。当晚，天子复赐邢侯两百家臣，兼有天子所乘的车马、车具，以及部分衣物。邢侯赴任邢国的封地后颂扬天子的德行。作为邢侯的作册臣下，麦对邢侯十分尊崇。麦被邢侯赏赐了铜，麦随即做宝器以记录此事，配以美好品德的人。并用来告知来往使者，称美明命，效劳于天子，奔走于王命，忠贞不贰。①

接下来，将对麦方尊铭文进行阐释。

一是仪程。根据铭文，整个仪程遵循着受封、朝见、大礼、宾射礼、赏赐的程序。铭文所示二月时节，恰与古籍中春飨、春射之节气相符。按《礼记·月令》："仲春之月，祀不同牺牲，用圭璧，更皮币。"②说明麦方尊所录之"祼祭"与"肜祭"乃一种祀礼而不是祭礼。祭礼需要宰杀牺牲，祀礼则只是身体的仪式。又按《周礼·春官·典瑞》："祼圭有瓉，以祀先王，以祼宾客。"③"祼"既可表示以酒水献祀先王，亦可表示以酒水款待来朝诸侯。所谓"肜祭"，孔颖达云："肜者，相寻不绝之意。"④由此看来，肜祭并非一种特殊的祭祀形态，实乃重复祭祀之意。又因大雁春分日飞回北方，春分恰在农历二月上旬，由此观之，春飨—宾射—弋射之间的逻辑关系便清晰了。大射礼当属等级最高的周代祭礼范畴，宾射礼当属次级的祀礼范畴。祭礼献以牺牲，祀礼示之身体。

---

① 袁俊杰. 再论麦方尊与宾射礼 [J]. 中原文物，2013（4）：59—70，74.
② 孙希旦. 礼记集解 [M]. 北京：中华书局，1989：333.
③ 郑玄，贾公彦. 周礼注疏 [M]. 上海：上海古籍出版社，2010：769.
④ 阮元. 十三经注疏 [M]. 北京：中华书局，1980：176.

二是地点。铭文中录有"辟雍"。所谓辟雍，通俗来讲即圆形的水池，乃王室官学之地，有兴礼乐、传教化之能。因辟雍有太庙，故天子举行祭祀时，五服内诸侯皆来同祭。辟雍之地亦称"泽"，有"泽宫取士"之意。泽宫，郑玄谓之"习射选士之处"。故而，辟雍之地承载着周代庄严的神政权力，以其为地点举行的宾射礼，对勉励诸侯、归化四方有着极强的政治意义。

三是弋射形态。此次宾射礼为弋射，学术界有射大雁、天鹅二说。因大雁之迁徙规律恰与铭文所录时节相符，故大雁之说更切实际。两周之弋射，取活物而不伤，且具趣味性。按《诗·郑风·女曰鸡鸣》之"将翱将翔，弋凫与雁"有书男女幽会之事，可见弋射并非庄严之祭。又按孔颖达疏："闲暇无事，将翱翔以学习射事，弋射凫之与雁，以待宾客为饮酒之羞。"① 由此观之，若国家射礼采用弋射，当为宾射礼无疑。

四是阶序隐喻。天子之舟位列最前，邢侯在挂有红色旗帜的船上紧随。以往研究常援引《礼记·明堂位》中"周人尚赤"之说，认为尚赤乃周人固有的文化特征。② 此观点值得商榷。需格外关注的是邢侯此时所处之场域——在国家射礼的场合中，红色标识究竟隐喻了什么。《荀子·大略》载："天子雕弓，诸侯彤弓，大夫黑弓，礼也。"③ 按照西周射礼之法度，诸侯持髹以朱漆的彤弓，且诸侯所持之彤弓多为天子赏赐。红旗—彤弓—诸侯，此绝非"周人尚赤"，恰是周代严格的礼制。

五是养诸侯法则。宾射礼毕，周天子赏赐邢侯刻有精美花纹的黑色雕戈。当晚，又复赐邢侯家臣，御用衣冠、车马用具。两次赏赐隐喻了不同的政治训诫。赏赐雕戈，乃警诫邢侯尽好侯卫之责，以告惕厉乾乾，守卫王畿。赏赐御用物品，乃一种强化集体记忆的笼络，以示君臣一体，心心相印。后来的事实证明，邢侯对此十分感怀，做此尊以示纪念。

三、燕射礼——令鼎

令鼎原物早已遗失，仅存铭文。该鼎又称藉田鼎，諆田鼎，铭文共8

---

① 阮元. 十三经注疏［M］. 北京：中华书局，1980：176.
② 王晖. 商周文化比较研究［M］. 北京：人民出版社，2001：448-450.
③ 荀子［M］. 上海：上海古籍出版社，2010：310.

行 70 字，刻工精美，布局有致，一般认为是周昭王时的彝器。其字形笔画均匀，右边捺笔无波，点画多以肥笔做粗，部分走笔呈两头尖、中间粗状，此皆周昭王时期的典型特征。令鼎所录之事，乃周天子在諆田举行藉田礼、餕礼、燕射礼和归程中进行的竞走（跑）比赛的过程。①

令鼎所录之事，郝勤曾在《体育史》一书中有所提及。考虑到该鼎对于体育史研究的重要意义，本节取郝氏之释文，并辅以再释：

> 康王某年，天子率众于諆田行藉田礼。礼后，天子宴飨众臣。飨礼毕，行燕射礼。参射者还有掌事官员、御前侍卫、贵族子弟。众人交互竞技。燕射礼毕，天子率众返回。兴之所至，天子亲驾马车，令原御手濂仲转为副驾成为随行向导。原戎右，家臣令与奋在马车前奔跑。天子对令与奋说："若你能不掉队，与马车一同跑回康宫，我将赏赐你家臣十人。"令与奋完成了考验。天子兑现了诺言。令与奋叩头答谢："王的赏赐令小子诚惶诚恐，小子仅想看看自己的足力。"令与奋的对答十分得体，令天子大悦。②

接下来，将对令鼎铭文进行阐释。

第一是仪程。一般来说，燕射礼必在飨食、宴乐之后。观令鼎铭文，知仪程遵循着藉田礼—飨礼—燕射礼的次序。藉田礼乃天子亲躬耕作之礼，有敬献宗庙、祈盼丰登之意。③ 藉田礼毕，天子宴飨臣下。故飨礼当为藉田礼与宴射礼的中间环节。燕射礼毕，天子兴致未消，设竞跑助乐，故有令与奋获锦标之事。藉田虽为大礼，却有浓厚的燕行、娱乐性质。周昭王在位时励精图治，开疆拓土，虽崩于征途，但两次南征具有划时代的意义。④ 观昭王一生，有崇尚武备、扩大中华之豪情。因此，在固有礼仪制度中加入竞技元素也属正常。

第二是团体竞技形态。根据铭文，此次燕射共有四支队伍。周天子、濂仲、令与奋三人为一组，掌事官员、御前侍卫、贵族子弟各成一组。按

---

① 袁俊杰. 论令鼎与大藉礼［J］. 中原文物，2015（6）：52—59.
② 郝勤. 体育史［M］. 北京：人民体育出版社，2006：208.
③ 罗莹. 古代的藉田礼和《藉田赋》［J］. 殷都学刊，2007（1）：89—92.
④ 赵燕姣，吴伟华. 金文所见昭王南征路线考［J］. 中国历史地理论丛，2018，33（2）：50—58.

照逻辑，周天子、濂仲、令与奋恰是一驾马车的乘员。王龙正认为周天子为御者，濂仲为戎右，令与奋为车左。① 此观点值得商榷。按御的阶序，周天子当为车左，乃一车之长。濂仲显然为御手。令与奋显然是孔武有力的戎右，此也与其过人的体力相符。两周的戎右由贵族家臣担任，此恰与令与奋"小子"的谦称契合。燕射礼之竞技形态颇为灵活，与严肃的大射、宾射迥异。燕射在燕乐之后，有天子寓教于乐、并施恩威、笼络四维之意蕴。

第三是王者之艺的隐喻。周天子不仅参与燕射，更在归途中亲自驾驭马车。从春秋时期的孔子竭力提倡礼、乐、射、御、书、数的六艺来看，六艺确是西周时期的教育传统。周天子属分封制的顶端。天子崇尚文武，五服诸侯亦复如是。西周时期的作战形态为车战，其中射艺又至关重要。故而，西周时期对身体教育的高擎，皆因其适应了西周贵族战争之用。

第四是竞跑标出。从令鼎铭文反映的信息来看，飨礼—燕射礼—竞跑属同一性质，皆有浓厚的燕乐意味。该鼎之于体育史研究的重要意义，不仅因为其记载了世界体育史上第一次有据可查的团体竞射，更有世界体育史上第一次有据可查的锦标竞跑。遗憾的是，令鼎并未记录此次竞跑的距离。若有幸留下记录，其意义不逊于希波战争中的"马拉松之役"。

第四节 "一统"与"治世"：汉代"秋射"的王化意蕴

"四夷"之于"中华"，非"被征服者"与"征服者"之对立，而是"慕化朝贡"与"德化输出"之间的呼应。二者关系全依赖文化之高低，非武力之强弱。当四夷慕化中华，积极吸收中华礼仪，其夷狄身份自可转化，即所谓"以华变夷"。而当天子失德，四夷君主不再朝贡，中华世界则道统失坠。春秋以降，原本生活在华夏周边的部分夷狄如楚、吴、越、

---

① 王龙正. 令鼎与射礼中的车战[A]//黄盛璋先生八秩华诞纪念文集. 北京：中国教育文化出版社，2007.

秦也逐渐被同化，为秦汉时期"大一统"的中华思想奠定了基础。异于西周的分封，秦、汉的大统一消融了诸侯林立的东亚格局，以至于不再有"畿外"的侯服、绥服。君权神授的思想促使"德化"的天子转变为兼具"专制""德化"二元复合身份的皇帝。借由郡县制，皇帝直接支配的畿内区域空前扩大。自秦以降，外交重心已发生了根本性的转变，从邦国的捭阖转变为以中华帝国为主导的东亚秩序。

周代的大射礼行于秋季，亦称"秋射"。[①] 汉代继承了这种文化传统，并将其改造为盛大的仪式化竞技。目前，学界常将"秋射"孤立地看待与考释，然笔者认为，秋射实则上应西汉之世"立秋貙膢"之礼，下应演武考核"都试"之制的边疆管理制度。"立秋貙膢"乃汉代最盛大的国家祭礼。膢本为一种祭祀形态，貙字意为虎类猛兽。大体而言，乃立秋当日的"大猎祭祀"之礼。在庄严的国家大礼外，辅以"都试"，故有"九月都试日"的规定。"都试"非一般意义上的武举考试，其本质乃颂扬武备、宣示王化的竞技演武。按照规定，整个"都试"要"试骑士""试郎""试羽林"甚至"试卒"，文职官员如太守、都尉等皆要参与。考核的内容一般为弓马骑射。由此观之，西北边疆的秋射乃中央王化的地方呼应。最迟在武帝时期，秋射已形成了制度。据居延汉简，秋射惯常在"侯官"所在地进行。[②] 西北汉边的官制，以太守为核心，下设都尉、侯官、部、烽燧。四个基本官阶外，各级组织都有治下基层，郡太守一级可遣戍卒数千人，燧一级仅数人。[③] 推之，由太守组织的"秋射"，其参与人数最少当在数百。

据汉边防务体系，长城沿线的工事由侦查工事、障碍工事、守卫工事、烽燧工事交为梯次，均处居高临下的地望。如此情境，弓箭自然成为重要的武备。若有出征作战，弓马骑射的地位则更为重要。质言之，秋射不仅仅是地方呼应"王化"的基层宣示，更有惕厉武备的实际效用。秋射的竞技形态乃每人发十二矢，中六矢为合格，过六矢给予奖励。获奖者一

---

① 王龙正，袁俊杰，廖佳行. 柞伯簋与大射礼及西周教育制度 [J]. 文物，1998（9）：59—61.
② 薛英群. 居延汉简中的"秋射"与"署"[J]. 史林，1988（1）：19—25.
③ 马曼丽. 从汉简看汉代西北边塞守御制度 [J]. 中国边疆史地研究，1992（1）：71—77.

般被奖励钱财玉帛，其成绩可作为升迁时的依据。秋射之侯，以红、白相间的丝织品缝合而成，悬挂于木架之上，立于土丘之中。[①] 秋射所用弓形，居延汉简并未记录。但我国恰在西汉进入角弓时代，最早使用角弓的区域极有可能是秋射勃兴的西北汉边。此地毗邻游牧民族，属农牧复合型业态，制作角弓的原材如牛角、牛筋、桦树皮等均易获得。此外，相较于潮湿的东部，西北部干旱的气候使角弓的贮存变得十分容易。至于具体器形，当属后续将启之"长弰宽渊类"。

此处所着墨的，是秋射之另一政治意义：在新进国土内宣示汉帝国威严，让西域诸国臣服，促使其慕化中华文明，从而朝贡、归附中央政权。汉武帝时期完成了对河西走廊的经略，此后，从河西走廊到朔方被联结成为一个强大的军屯移民区。匈奴不仅失去了威胁汉帝国的前哨，更失去了连接西域绿洲诸国以获取物资的战略通道。从此，其后勤物资调配不得不更加依赖贫瘠的草原通道，此所谓"断匈奴右翼"。秋射隆盛之地，正是朔方至河西走廊一线。此一线经由河套南下兰州，再延伸至玉门关。途中所经过的军屯要塞如居延、武威、张掖、酒泉、敦煌如汉之臂腋。至此，西域绿洲诸国迅速归建为中华的外臣。

汉代的西域经略取得了实效，这种效果可以从西域贵族墓葬中的随葬弓矢葬俗看出。儒家观点认为，社会的运行需要约行于圣王所创的"礼"，而以"礼"化育的种种仪式被称为"俗"。圣王之道，乃是在地方基层制定并推广《礼记·王制》中所谓"冠、昏、丧、祭、乡、相见"的仪式，其自然而然地起到维系地方秩序的效用。对匈奴态势的全面逆转，使汉帝国成为东亚之宗主。西域都护府建立后，汉帝国尽臣西域诸国。自武帝开始，汉帝国扩大"中华"，主导东亚秩序的目标全面达成。除个别动荡时期，终汉一代基本维持了西域经略。此间，作为儒家精髓的礼俗，借由礼射文化，进入西域诸国。

1995年，新疆尼雅遗址出土了大量的随葬弓矢。就类型学而言，皆为"长弰（木质梢头）宽渊（弓臂）类角弓"，配以木箭、箭筒。随葬弓矢可见于M1、M3、M8、M4四座墓葬。在装饰风格上，M1、M3、M8显然为

[①] 薛英群. 居延汉简中的"秋射"与"署"[J]. 史林，1988（1）：19-25.

同一文化序列，随葬角弓的弓体都被有意地缠上了以红色为主，黄色、赭色为辅的绢条。与之配套的木箭皆为钝头的圆镞。M4随葬弓矢则明显不同，为一把素面无装潢的角弓，配五支实用的尖镞木箭（图3-1）。

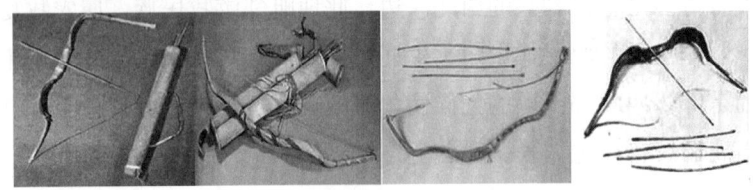

图3-1　尼雅遗址95MNIM1、95MNIM3、95MNIM8、95MNIM4出土的弓矢

M4所示差异，乃不同身份所致。M1、M3、M8墓葬随葬品丰富，如体现墓主人尊贵身份的大量精美织锦。M4墓葬则不同，仅随葬少量日用器皿，被认为是普通劳动者的墓葬。"一弓四矢"的葬俗正是东汉时期贵族的丧葬礼制。[①] 这种葬俗源自西周射礼。圆镞显然并非实用箭镞，更像是某种特定场合的射矢。梳理我国历史上的射矢活动，唯两周射礼示以"一弓四矢"的配置。至于弓体被缠绕上以红色为主，黄色、赭色为辅的绢条，笔者认为是一种象征性建构，它代表了先秦时期被髹以红色漆的"彤弓"。作为一种礼器，彤弓常被天子作赏赐诸侯之用。西域贵族墓葬中出现的"中华化"葬俗值得关注，它有力地说明西域诸国已完成了对中华世界的外臣身份认同。

第五节　"对峙"与"博弈"：南北朝时期礼射的二元宣示

南北朝时期，南北政权共同彰显着中华的传统，同样进行着民族融合与文化传播。[②] 东亚秩序面临着新的重组，即高句丽、百济、新罗、倭国在朝贡对象上面临的南北政权的不同选项。倭国自东汉以来一直作为中华

[①] 张弛. 尼雅95MNIM8随葬弓矢研究——兼论东汉丧葬礼仪对古代尼雅的影响[J]. 西域研究，2014（3）：7-12.

[②] 钱穆. 中国文化史导论[M]. 北京：九州出版社，2011：131.

世界的外臣，在南北朝时期，倭国归附南朝。百济也选择了归附南朝，积极引入南朝文化。高句丽则因辽东扩张的现实需求转向北朝，接受北朝册封。

南北政权的对立对中华文化的影响甚深。其中，南北礼射形态的分野，可看作各自政治结构的缩影。首先，入主中原的匈奴、羯、羌、鲜卑、氐虽也建立了政权，但在初期尚未中原化。随着五胡因定居农业开始了城邦生活，其中原化的浪潮无可逆转。作为游牧民族，他们往往精骑善射，临战骁勇。而当其入主中原之后，面对着一个充满了"华夷秩序"的时代，不得不审视"中华"或"非中华"的身份选择。最终，游牧民族通过仿行中华体制，特别是参照周官制度进行射礼与讲武，反映出北朝政权积极利用中华文化的资源来实现自身的中华化。[①]

鲜卑前燕政权（337—370）建立者慕容皝（297—348）首次在北朝系统中复兴中华射礼，这可看作游牧民族中华化进程的重要宣示。据《晋书·慕容皝载记》，慕容皝积极推行中华射礼，并将其作为明辨阶序、倡导礼仪、选拔人才的重要媒介。"赐其大臣子弟为官学生者号高门生，立东庠于旧宫，以行乡射之礼，每月临观，考试优劣。皝雅好文籍，勤于讲授，学徒甚众，至千余人。"以慕容皝为代表的北朝君主，已被"尊周崇礼"的价值观浸染。借由推行"礼仪"与"德化"，宣示自身政权之于东亚秩序中的地位。至于推行力度，我们看到君主亲自主持的射礼居然达到每月一次，贵族子弟参与者有千人之盛。

最终统一北方的乃鲜卑政权之北魏。孝文帝执政时期，将都城从平城迁至洛阳，尚武刚健的北魏逐渐成为和南朝无异的礼仪之邦。也自孝文帝开始，北魏开始仿效中华礼制行大射礼，其孙孝武帝更将周以来的演武之礼"秋射"推向了极致，并延续了西周时期的锦标制。每逢重阳节，孝武帝即举行盛大的秋射之礼，集结宗亲及文武百官，"以银酒卮容二升许，悬于百步外，命善射者十余人共射，中者即赐之"（《北史·魏濮阳王顺传》）。这段记录堪称我国历史上最早的"锦杯"赛制。北周皇帝宇文邕尤

[①] 胡鸿. 十六国的华夏化："史相"与"史实"之间[J]. 中国史研究, 2015（1）: 135-162.

好大射礼。据《北史·北周武帝本纪》，建德二年（573），宇文邕"集诸军都督以上五十人与道会苑大射，帝亲临射堂，大备军容"。北周延续了以"锦杯"为赏赐的演武之礼。据《周书·宇文贵传》，魏文帝"以金厄置侯上，命公卿射中者，即以赐之。贵一发而中，帝笑曰：'由基之妙，正当尔耳。'"① 总而言之，北朝政权大行射礼的背后，是游牧民族通过射礼以宣示其"中华化"的身份，从而标榜其在东亚文明秩序中的主导地位。

当时南朝政权在文化发展水平上仍高于北方的少数民族政权。当六朝文化与射相合，严肃的射礼被加入了大量游戏化、娱乐化的元素。投壶礼成为贵族的重要文化活动，与崇尚自然的魏晋文化联系密切。魏晋时期，人们对实现身、心的双重超越甚为向往。投壶礼秉承儒家伦理，亦强调身心和谐。特别是其趣味性迎合了士人压抑已久的以自我为本的强烈愿望。汉末以来，时局动荡，外患频繁，传统伦理失坠。崇尚对人性的理解和关怀成为魏晋文化的主流。② 彼时士族出行往往携带投壶、弹弓、围棋，寄情于山川之间，放浪形骸，自求真趣。③

投壶礼实乃燕射礼之延伸，"投壶在室在堂，乃燕乐之事，故知此射亦谓燕射，非大射及乡射也"④。投壶礼如燕射礼般仪程繁缛。主人请宾时三请三让，揖宾就筵，设司射、司正主礼监酒，奏《狸首》以雅乐节投，投之前要告诫弟子相关礼仪。⑤ 两汉以降，投壶礼繁缛的礼节减少，趣味的元素增加，逐渐演变为以游戏为主的竞技。据成都体育学院博物馆藏贵族投壶画像石，东汉末已出现了双耳壶形。双耳壶的出现表明投壶规则的复杂化。晋代《投壶变》详述了新的计分法则："带剑十二，倚十八，狼壶二十，剑骄七十。三百六十筹得一马，三马成。"⑥ 毫无疑问，南朝

---

① 令狐德棻. 周书［M］. 上海：商务印书馆，1934.
② 朱汉民. 玄学的身心之学［J］. 北京大学学报（哲学社会科学版），2011，48（4）：29—36.
③ 黄仁宇. 赫逊河畔谈中国历史［M］. 北京：生活·读书·新知三联书店，2000：51.
④ 王建玲. 投壶——古代寓教于乐的博戏［J］. 文博，2008（3）.
⑤ 罗永义，阳岚，仇军. 从投壶的历史演进看传统体育的复兴［J］. 成都体育学院学报，2017，43（5）：75—80.
⑥ 秦海生. 我国古代投壶运动考［J］. 成都体育学院学报，2012（2）：56.

投壶礼的勃兴，一方面源于汉以降燕射礼的娱乐化演进，另一方面源于艰难时局下士人对身心解放的诉求。

第六节　"并立"与"重组"：辽、金时期"射柳"的文化判别

588年，隋文帝征服南陈。早些时候，隋文帝对突厥的分化取得实效，东西突厥迅速分裂，东北亚诸部也随之内附。最终完成统合的是承隋以降的唐。论之帝权，唐代帝王集农耕民族的"皇帝"、游牧民族的"天可汗"、西域的"宗主"于一体，中华帝国形成了一个兼具北亚甚至中亚的巨大共同体。①

916年，耶律阿保机建立大契丹国，取"神册"为年号，表明了与后梁、后唐、后晋、后汉、后周争夺唐文化正朔的野心。握有燕云十六州后，耶律德光于947年肇建"大辽"，改国号"大同"，宣告辽是兼有"草原世界"及"中华本土"双重正统的新型帝国。②1004年，耶律隆绪曾一度推进到黄河北岸，但还是在宋真宗御驾亲征的对峙下北撤。双方签订了具有近代和约意义的《澶渊之盟》。随后，两国基本维持了和平的邦交。因直接灭亡了辽与北宋，并以中华式的道德作为统治结构，金朝自认为是真正的中国，即唐、北宋之传统维护者。③10世纪后的东亚秩序与唐代以唐为君主、册封周边诸国的体制截然不同。异民族政权的建立不再承认以中原王朝"宋"为正朔。景德誓书中"大宋皇帝谨致书于大契丹皇帝阙下"的称呼，表明宋人已经习惯了某种认知，即宋是一个国，辽也是一个

---

① 杉山正明.蒙古颠覆世界史[M].周俊宇，译.北京：生活·读书·新知三联书店，2016：124.
② 杉山正明.游牧民的世界史[M].黄美蓉，译.北京：中国工商联合出版社，2016：180-182.
③ 傅海波，崔瑞德.剑桥中国辽西夏金元史[M].北京：中国社会科学出版社，1998：329.

国。① 质言之，斯时的多元鼎立，实则是东亚文明经历了唐代的充分发展，诸民族产生的各自重组朝贡体制的强烈愿望的体现。

射柳当源于北亚游牧民，特别是东胡诸部的"蹛林之俗"。所谓"蹛林之俗"，是游牧民最重要的政治文化活动，有祭祀、演武、凝聚集体记忆的多重职能。

> 秋，马肥，大会蹛林。（《汉书·匈奴传》）

游牧民族以父系血缘为纽带，分散为大小不等的牧团。大部落首领由单于指认，上下形成松散的共同体。每年正月新年，所有首领均要聚于单于王庭，商议国事，维系共同体意识。五月会于龙城，祭祀神灵。秋月会于蹛林，普查国力。② 质言之，蹛林之俗乃匈奴帝国交换信息、审计财产、统计人口、检阅军备的媒介。按畜牧业之基本规律——夏饱、秋肥、冬瘦、春乏，蹛林之时，马匹正当强壮，必有誓师出征之动员。游牧民对南方之入侵多发自秋高马肥之时，故蹛林之时必有演骑射的演武。

> 蹛者，绕林而祭也，鲜卑之俗，自古相传，秋天之祭。无柳者尚植柳枝，众骑驰绕三周乃止，此其遗法。（《辽史·志第十八·礼制一》）

柳树崇拜是蹛林之俗的重要依托。环绕柳树祭祀，乃沟通神灵之媒介。鲜卑属东胡系统，居匈奴以东。匈奴冒顿单于在位时，征服了东胡部落。其一支退守乌桓山，称乌桓。一支退守鲜卑山，称鲜卑。匈奴、东胡均有蹛林之俗，因北亚草原民族有共同的文化传统。东胡与其说是游牧部落，不如说是森林部落。与西部游牧民喜好皮革不同，东胡倚靠森林资源，大量使用木器，故而对柳树、桦树皮等森林资源本能地亲近。③ 从鲜卑的蹛林之俗到契丹的射柳经历了漫长的发展。最初只是环绕柳树而祭，

---

① 葛兆光. 宅兹中国——重建有关"中国"的历史论述 [M]. 北京：中华书局，2017：47—49.
② 小谷仲男. 大月氏：寻找中亚谜一样的民族 [M]. 王仲涛，译. 北京：商务印书馆，2017：10—11.
③ 勒内·格鲁塞. 草原帝国 [M]. 蓝琪，译. 北京：商务印书馆，2015：94，187—188，277.

及至后来加入射事。从单纯的娱神发展到既娱神又娱人，乃诸多祭祀共同的发展规律。①

瑟瑟之俗虽有多种职能，但并未凸显规范化的"礼"，亦未体现复杂化的"仪"，而是带有萨满文化的特质。及至辽、金，斯风骤变，人文肇始。10世纪以后的契丹、女真因政治文化的充分发展，均不再如五胡十六国照搬华夏族群的大射礼与演武礼，而是借中华礼制改造北亚游牧民固有的瑟瑟之俗，后演变为辽、金盛大的国家礼射——射柳。

> 瑟瑟仪：若旱，择吉日行瑟瑟仪以祈雨。前期，置百柱天棚。及期，皇帝致奠于先帝御容，乃射柳。皇帝再射，亲王、宰执以次各一射。（《辽史·志第十八·礼制一》）

辽之射柳亦称"瑟瑟仪"，是祈雨的大礼，需要在庄严的由一百根柱子支撑的天棚内举行。仪程遵循着严格的阶序，这是此前的瑟瑟之俗所未有的。首先，皇帝要祭祀先帝遗像。这种行为实则祭礼余绪，有凝聚皇族集体记忆之用。整个竞技过程亦遵循着严格的阶序。首先由皇帝行射，渐次宗亲，再次近臣。溯其源，与两周射礼中天子—姬氏诸侯—外姓诸侯的秩序无异。严格的阶序有助于诸王将相对天子的归化。加之辽、金的君主均不再以"可汗"自居，而是改称中华式的"皇帝"，此乃辽、金急速中华化的力证，也是射柳作为国家射礼的力证。

> 中柳者质志柳者冠服，不中者以冠服质之。不胜者进饮于胜者，然后各归其冠服。（《辽史·志第十八·礼制一》）

如两周之射礼、古希腊之奥林匹克，成熟的祭礼必定统合了娱神与娱人两大功能。作为盛大的国家礼射，射柳有完善的锦标。未射中者要把冠服脱去，暂时质押给射中者。礼毕时，未射中者要谦恭地给优胜者敬酒，优胜者饮后，亦以谦卑之心归还冠服。冠服乃君子身份的象征。脱去衣冠作为质押，有极度谦卑之意。为胜者敬酒，谦卑之情又增。优胜者饮下酒水，复以谦卑之心归还冠服，谓之仁者胜。此即孔子所谓："君子无所争。

---

① 郭康松. 射柳源流考[J]. 湖北大学学报（哲学社会科学版），1994（2）：36-38.

必也射乎？揖让而升，下而饮，其争也君子。"① 此间意蕴乃"尊周崇礼"之归建。

> 又翼日，植柳天棚之东南，巫以酒醴、黍稗荐植柳，祝之。皇帝、皇后祭东方毕，子弟射柳。皇族、国舅、群臣与礼者，赐物有差。（《辽史·志第十八·礼制一》）

东南，巽位，主风，有来引、生发之意。将柳枝植于天棚东南，喻引降甘霖。巫为巫师，即北亚民族之萨满。萨满为沟通天地的灵媒。在祭礼中，萨满的作用主要是主持献祭、沟通神灵。祭品为酒、黍、稗，不若北亚游牧民献祭之白马，可见中华文化的影响。祭东乃北亚民族传统。在游猎时期，北亚民族会将代表神秘力量的神匣挂在建筑物的东方。此外，在南北对立的格局下，辽国以中华正统自居，在政权的运行方面逐渐中华化。因中华文化亦有"崇左尚东"传统，故契丹将共有的礼俗国家化，此所谓："凡祭皆东向，曰祭东。"② 皇帝祭毕，即开启贵族间的射柳。此时的射柳更像是团体锦标竞技，旨在娱人。

不少研究者认为，与辽相比，金的射柳更具有娱乐化特质。然笔者认为这只是表象。若将金代射柳与金代国家治理结合，即会看到其背后隐喻了一种自信的文化判别——将"游牧"与"农耕"统归于一元的宣示。

> 甲戌拜天射柳。故事五月五日、七月十五日、九月九日拜天射柳岁以为常。（《金史·太祖本纪》）

端午节、中元节、重阳节乃中华传统，非游牧民之节日。射柳乃北亚游牧民传统习俗，非中华传统。金廷将北亚的习俗与中华的传统结合，使之发展成为盛大的节庆。

> 以重五幸广乐园射柳，皇太子亲王百官皆射，胜者赐物有差，上复御常武殿赐宴击球，自是岁以为常。（《金史·世宗本纪》）

金世宗在位时，由皇室牵头规定了节庆射柳的制度化，且在活动中加

---

① 金良年. 论语译注 [M]. 上海：上海古籍出版社，2004：22.
② 葛华延. 契丹族的祭天、尚左与祭东考略 [J]. 北方文物，1999 (2)：70—76.

入了大型的竞技活动"马球"。马球，又称"打球""击球"。马球运动的开展需要相当的文化氛围与经济基础，我国历史上只有兼容并蓄的唐代热衷于马球的竞技。① 金廷将射柳、节庆、马球诸元素结合，足见有继承中华正朔的强烈愿望。

第七节 "统合"与"再造"：清代"国语骑射""木兰秋狝"的经略效用

16世纪后半叶，虽维持着朝贡体制，但日本、朝鲜、安南、蒙古与明朝之间更像是一种贸易关系。维系东亚文化圈的一体性秩序已然有崩盘的趋势，固有文化基础正面临着解体。在明代中叶以前，东亚诸国对中华帝国确实有所尊崇，但一切都在17世纪以后发生了变化。② 此间完成中华再造的乃女真人建立的清。但清的"纳四裔入中华"却经历了漫长的过程。首先，努尔哈赤在位时统合了所有女真族，建立了以其为盟主的后金汗国。皇太极在位时，先与东蒙古科尔沁诸部达成联盟，建立了初步的满蒙同盟。科尔沁之地望属原蒙古帝国"王弟兀鲁思"，是成吉思汗分给三位王弟拙赤合撒儿、铁木哥斡赤斤、哈赤温的封地。三者亦是帮助忽必烈问鼎蒙古帝国可汗的忠实盟友。③ 与科尔沁势力的联盟，为后金吸收更广泛的蒙古部族奠定了政治基础。1636年，皇太极征服了察哈尔部，从林丹可汗处继承了元代的传国玉玺。同年，在沈阳举办的"库里台"大会上，皇太极获得了蒙古式"博格达·薛禅·可汗"的称号。随后，皇太极改国号为"大清固伦"，初步奠定了一个多民族国家联盟的政治基础。④

此时的清虽与明敌对，但本质上并没有逐鹿中原的决心。正如拉铁摩

---

① 郝勤. 体育史 [M]. 北京：人民体育出版社，2006：231.
② 葛兆光. 宅兹中国——重建有关"中国"的历史论述 [M]. 北京：中华书局，2017：151-166.
③ 杉山正明. 蒙古帝国的兴亡（下）[M]. 孙越，译. 北京：社会科学文献出版社，2015：200.
④ 杉山正明. 蒙古颠覆世界史 [M]. 周俊宇，译. 北京：生活·读书·新知三联书店，2016：164-165.

尔所言:"除非爱新觉罗家族想用他们宝贵的特殊利益做赌注,来博取征服整个中国,以及同时战胜内亚地区一个又一个新对手的可能性。"① 真正击垮明朝的,是天启以来的农民军势力。清军入关后,更是打着为明复仇的旗帜追剿农民军,并通过保护明代皇陵拉拢汉族知识分子,照搬明代官僚体制,以程朱理学为正统,恢复科举等举措表示了对中华文化的尊重。与元不同,清廷在入关之前即引进了以六部为核心的中华官制,在任命上大体做到了满汉并用。② 入关二十年后,清廷剿灭了农民军残部,戡平了南明、台湾、三藩等势力,进而统一了整个内陆十八省。

康熙帝时期,漠西蒙古准噶尔部与外蒙古喀尔喀部爆发战争。在准噶尔部首领噶尔丹的逼迫下,喀尔喀三部数十万部众败退内蒙古。至此,准噶尔汗国控制了西至中亚、东至外蒙古的广阔领域。这直接威胁到清廷北疆。在康熙帝御驾亲征的鼓舞下,清军在昭莫多战役中一举击败了准噶尔部。随着喀尔喀三部返回故土,内、外蒙古全境已全部归附清廷,康熙帝成为所有蒙古人的最高统治者。紧接着,康熙帝于1720年命令清军入藏。清军势如破竹,大败准噶尔大策凌敦罗布部,并于当年保护七世达赖进入拉萨,开启了清朝对西藏的直接管辖,一举将国境线拓至喜马拉雅山地区。③ 随着乾隆帝对盘踞在天山北部的准噶尔部、天山南麓回部的彻底征服,整个西域地区直接纳入了清朝的版图,一个多民族的统一的中华帝国诞生了。

清帝国是一个如洋葱式的层叠结构。其外层是由新疆、西藏、外蒙古喀尔喀三部组成的边防缓冲地带,中层是由东北地区、内蒙古诸部、内陆十八省组成的联邦,内层则是1636年皇太极时代在沈阳建立的清朝雏形。整个帝国最核心的部位则是努尔哈赤时代建立的以建州女真为统领,以八旗制度相维系的女真联盟。④ 若要维持女真联盟的稳固,必联结以共同的

---

① 拉铁摩尔. 中国的亚洲内陆边疆[M]. 唐晓峰,译. 南京:江苏人民出版社,2018:87.
② 冈田英弘,神田信夫,松村润. 紫禁城的荣光[M]. 王帅,译. 北京:社会科学文献出版社,2017:202-203.
③ 内藤湖南. 中国史通论[M]. 夏应元,钱婉约,译. 北京:九州出版社,2018:565.
④ 冈田英弘,神田信夫,松村润. 紫禁城的荣光[M]. 王帅,译. 北京:社会科学文献出版社,2017:202-203.

集体记忆。对于崛起于白山黑水的女真族，骑射是其生存的基本方式。作为女真族情感的维系，本族语言与骑射技艺早在12世纪即被高擎。金世宗完颜雍曾提倡"衣服语言，悉遵旧制。时时练习骑射，以备武功"①。清代统治者继承了这种传统，自努尔哈赤始，历代帝王都极其重视保持骑射传统对维系女真族群认同的重要意义。皇太极曾直言不讳地指出："我国武功，首重骑射。"无论在关外关内，骑射都是贯穿清季的重要文化形态，并渗透到了军事、政治、教育等领域。统治者将骑射作为八旗文化的核心，并将其固化为一项重要的国策，这便是"国语骑射"制度的缘起。

　　作为一种以射为媒的国家治理方式，"国语骑射"制度旨在凝聚"我者"，从而加固清代中华层叠结构中居于核心地位的八旗同盟。②乾隆时期，为扭转八旗子弟日渐腐化的危机，皇帝以政令的形式确定了"国语骑射"制度。此间的"国语骑射"制度亦有为国家选拔尚武才俊的功用。乾隆时期整个东北地区并无官学，"国语骑射"制度变相成为八旗教育的核心。国家定期考核关外八旗子弟的骑射技艺，并广纳索伦、锡伯、鄂伦春、达斡尔等民族才俊共同应试，合格者被一同举荐入京参加最后的考试。③今新疆察布查尔地区的锡伯族同胞仍保存着浓厚的尚射风俗，与乾隆时期关外"国语骑射"的推行渊源甚深。新疆锡伯族的前身正是1764年从沈阳迁出的卫戍天山地区的健儿。由此可见，"国语骑射"制度在有效巩固努尔哈赤时代建立的八旗女真同盟的基础上，促进了更广泛的民族团结与民族认同。

　　接下来是对处于层叠结构之中层的内陆十八省的治理。入关后，清廷通过满汉共治、推崇理学、开科取士、鼓励农桑等一系列措施赢得了汉族士大夫的支持。经过康熙、雍正两位君主的励精图治，清帝国终于在乾隆一朝实现了经济社会的繁荣发展，民族矛盾有了极大的消弭。特别是在康熙、雍正、乾隆三位君主开疆拓土、捍卫主权、促进多民族大一统决心的感召下，清朝统治者逐渐在汉人心中树立了英明领袖的形象。"特别是蒙

---

　　① 王钟翰. "国语骑射"与满族的发展［J］. 故宫博物院院刊，1982（2）：19—25.
　　② 王凯旋. 清代"国语骑射"与八旗科举［J］. 辽宁大学学报（哲学社会科学版），2018，46（6）：185—192.
　　③ 梁志忠. 清代东北满族"国语骑射"的保存与衰微［J］. 满族研究，1987（3）：74—79.

古人和汉人，他们不仅自发地接受康熙帝乃至清朝的统治，汉人还将康熙帝作为自秦汉以来天命之代表的理想君主形象。而蒙古人也将康熙帝看作是继承元代神圣使命的大汗。"①

对内蒙古诸部的治理亦十分重要。首先，内蒙古诸部是清军入关前最先联结的同盟，内蒙古诸部王公的支持是满蒙同盟中维系满人宗主地位的情感基础。其次，内蒙古诸部与外蒙古喀尔喀三部同属忽必烈世系。对内蒙古诸部的有效治理，可直接强化外蒙古喀尔喀三部的归化。再次，自忽必烈时代以来，蒙古帝国就和西藏喇嘛教上层势力之间形成了互动，这种互动维系了蒙古帝国对西藏事务的直接管辖，二者通过互赠封号的形式加强了双方在各自政治场域中的影响。16世纪以来蒙古人改宗喇嘛教，蒙、藏双方的关系更加密切和稳固。故而，对内蒙古诸部的有效管理可间接控制西藏。清廷急需找到一种媒介，用来凝聚满、蒙双方共同的情感基础，其终于在周代秋狝制度中找到了国家治理方略。对周礼古制的维系，更能彰显其中华正朔。"春蒐、夏苗、秋狝、冬狩"（《左传·隐公五年》）的秋狝制度完美契合了"夏饱、秋肥、冬瘦、春乏"的畜牧规律。游牧民集会、征战、演武皆在秋天举行，集结了满、蒙上层势力一同参加的"木兰秋狝"，实乃有清一代的国家大礼。它以周礼"秋狝"为理想蓝图，以蒙古-女真共通的语言为纽带，以游牧民族共有的弓马骑射技能为媒介，有效地巩固了满蒙同盟的情感基础。②正如康熙、雍正、乾隆三位君主将同修文教的方式作为"中华皇帝"身份的表达，"国语骑射"与"木兰秋狝"则旨在宣示君主对草原世界大汗身份的重视。③自康熙二十年（1681）起，每年仲秋，皇帝即携重臣、蒙古王公、八旗精锐赴木兰以行此"大猎之礼"，史称"秋狝大典"。以往的研究着重将木兰秋狝的意义阐释为"恪守八旗祖制"与"激发八旗战力"等，这些阐释实则是对木兰秋狝的曲解。木兰秋狝的最终指向并非强化我者，而是绥远他者。魏源曾一针见血

---

① 冈田英弘，神田信夫，松村润. 紫禁城的荣光[M]. 王帅，译. 北京：社会科学文献出版社，2017：202-203.

② 负琰，郝勤. 有的放矢：建构有关"中华射艺"的动态认知与挈领概念[J]. 成都体育学院学报，2018，44（2）：6-11.

③ 张昂霄. 雍乾时期闽粤地区的"正音运动"与"大一统"[J]. 东北师大学报（哲学社会科学版），2016，279（1）：93-98.

地指出:"本朝扶绥蒙古之典,以木兰秋狝为最盛。"① 最盛时,有蒙古王公、内扎萨克四十九旗、喀尔喀四部及四卫拉特、青海等部各扎萨克、天山南麓的回部、巴尔喀什湖畔的哈萨克、葱岭以西的布鲁特上层人物一共三万余人。② 诚如葛兆光所说:"18 世纪,哪里是周边所有国家可以共同交流的舞台?除了北京,就是承德。"③ 因此,以射为媒的国家大礼"木兰秋狝"联结了回部、蒙古部、女真部甚至包括西藏在内的广阔腹地的一体化构造。此间缘由,皆因弓马骑射作为游牧民最重要的生业形态,经过漫长的发展,磨合而为一种彼此信任、彼此默契的社会情感基础。

---

① 王淑云. 清代北巡御道和塞北行营 [M]. 北京:中国环境科学出版社,1989:21.
② 邓文静. 清代皇家活动与承德城市的兴起 [D]. 成都:四川大学,2006.
③ 《东方早报·上海书评》编辑部. 殊方未远——古代中国的疆域、民族与认同 [M]. 北京:中华书局,2016:15.

第四章　民国时期射箭运动的发展及启示

近代以来，西风东渐，火器的普及使冷兵器与战争的关系日益疏远。自道光元年（1821）清廷停止木兰秋狝，加之洋务运动大量生产西洋武备，及至光绪二十七年（1901）废止武科，弓箭逐步退出了历史舞台。今日人们在奥运赛场上看到的现代竞技射箭（modern competitive archery），其射法与射器已与中国传统射艺大相径庭。最近十年来，民间爱好者及体育界同仁开始共同推动传统射艺的复兴，在文献整理、文物复原、技术研究、历史考证等诸多方面成绩斐然。然而一个关键问题迄今仍未见合理解释：如果冷兵器的退场导致传统射艺的衰亡，那么为何英国、美国、日本、韩国乃至土耳其、匈牙利等许多国家皆保留着一套传统的射箭技术及弓箭制作技艺，而中华传统射艺在清亡以后却几近中断，复兴艰难？出现这种现象并非偶然，笔者认为，民国时期射艺的发展直接形塑了今日中国的射箭运动，使得现代竞技射箭成为该项运动的绝对中心。讨论射艺在民国时期的转型历程，也有助于呈现中国传统体育现代化的复杂局面，并从中总结经验，以有裨于今日的体育事业。

第一节　传统射艺的竞技化转型

中华民国成立之后，传统射艺活动只在成都、上海、南京、天津等少数地区零星举办，再难恢复古时盛况。射艺的"再发现"首先来自国术界。只不过，其与"国术"的关系并不稳固，仅附带作为"国术"之一部被引入中国最初的现代竞技体育赛场。民国时期的全运会拉开了传统射艺竞技化转型的序幕，主要表现在：首先，以"土洋兼容"为目标，国术界制定了竞技射箭比赛的规则；其次，以竞技体育广泛传播、新文化运动如日方升、女子国术运动蓬勃开展为契机，女性射箭运动员亮相于竞技场。

一、国术体系中的射艺

中国传统武艺在清末民初一直未有一个统一的称谓，或称"武术"，或称"技击"，或称"技勇"等。① 民国初年，北洋将领马良开创"中华新武术"体系，统合"拳脚""摔角""棍术""剑术"四科，影响甚深。1928年，中央国术馆成立，"国术"一词替代"武术"，受到官方认可。

中央国术馆最初制定的国术项目中并无射艺。1928年10月，第一次国术国考科目设置分"学""术"二科，前者考文化，后者考武术。其中"术科"分"拳脚、摔角、持械"三项。② 斯制与马良的"新武术"基本一致，唯将其中的"棍术"与"剑术"统合为"器械"。1929年，修订后的《国术考试规程》发布，术科中又增添了"搏击、劈剑、刺枪"三项，未见射艺。③ 射艺是清代武科枢要，民国初年精通射艺之人不少，何以国术一开始未纳入射艺一科？

笔者认为，这一疑惑可从褚民谊对国术的定义窥见端倪。国民党中央执行委员、行政院秘书长兼教育部体育委员会委员褚民谊认为，"国术"的范畴应为"我之所有，人之所无"④，即归为"国术"的武艺应是中国独有。若说射艺为中国专有，则明显牵强。各国均有射术，唯儒家射礼可算中国特色。而在彼时提倡"新文化"的大风气下，国术界并不提倡古礼，反致力于让武术融入现代竞技体育。或正因此，中央国术馆起先未把射艺归为国术，后又发现射艺中的竞技元素，遂将其引入新式运动会，举办"射箭比赛"。因其须与"国术"范畴契合，传统拇指射法（或称"蒙古式射法"）和传统射箭器具（沿用清朝样式的弓箭及扳指）得以保留。

1933年第五届全运会上，射箭被正式列入国术项目，这也是国术作

---

① 季培刚. 近代中国"武术"词义转变考[J]. 南京体育学院学报，2015（1）：22.
② 李臣，郑勤. 南京国民政府时期第一次国术国考及其影响[J]. 甘肃社会科学，2016（3）：124-125.
③ 徐诚堂. 第二届国术国考研究[J]. 体育文化导刊，2016（11）.
④ 徐诚堂. 第二届国术国考研究[J]. 体育文化导刊，2016（11）.

为正式锦标项目第一次亮相全运会。1935年第六届全运会中又加入了女子射箭比赛。① 因抗日战争爆发，第七届全运会延期至1948年。此时射箭仅为国术表演项目，不是正式比赛项目。② 随着射箭成为全运会的正式比赛项目，一些地方国术馆也开始推行射箭运动。如1934年山东省第二届国术考试中就加入了射箭表演。③ 此外，一些国术家也致力于提倡射箭并从事射箭教学，褚民谊、唐豪、佟忠义便是其中代表。

二、竞技射箭的规范化

全运会作为民国时期规格最高的竞技盛会，在项目的规则设计上致力于对接国际标准，民族体育项目也不例外。全运会国术比赛规则由大会组委会和中央国术馆共同制定，其中就包含了完整的射箭比赛规则。

从第六届全运会射箭规则看，其形式已完全不同于清代武举。如比赛分射中及射远两小项，其中射远非中国传统，而是英式射箭的竞技项目。射中比赛所用环靶及数字计分规则又凸显了中西合璧的特色（图4-1）。

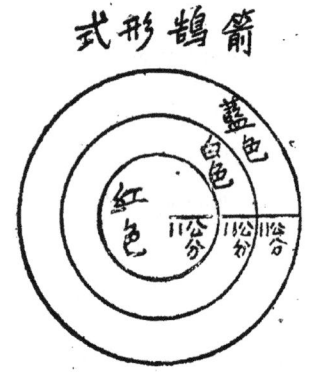

图4-1　民国时期第六届全运会射中比赛所用箭靶式样④

---

① 全运会公布国术比赛规则 [J]. 勤奋体育月报，1935 (11)：742-744.
② 第七届全国运动会竞赛规程 [J]. 全运会特辑，1948：71.
③ 鲁国术考试第二日详情：射箭素描 [N]. 大公报，1934-04-24 (6).
④ 全运会公布国术比赛规则 [J]. 勤奋体育月报，1935 (11)：742-744.

我国惯常以"侯"指称箭靶。周代的侯为方形，其正中标的被称为"鹄"。传统的计分规则是只计"中鹄"或不中。① 类似于现代竞技射箭用的设色环靶在宋代已出现，《宋史·兵志》载"画的晕五重"（《宋史》卷一百九十五）即指一种五环靶。其中心为红色，次白色，次苍青色，次黄色，最外围为黑色。清代继承了此种靶制，《皇朝礼器图式》卷十四载一种"皇帝御用布鹄"，分大小两类，大者"径一尺二寸，凡五重相比如晕，外红次白、次蓝、次黄，其的红牛革"，小者"径七寸至四寸"，"外红中白二重"。这种环靶的靶心是活动的，被箭击中即会坠落。由此可见，全运会的三环靶显然延续了传统设色。现代竞技射箭五色环靶系英国人首创，19世纪已在欧美各国广泛使用。② 自1900年巴黎奥运会始，射箭比赛就一直使用环靶计分。中式环靶在历史上是否附有数字计分的规则，目前尚未有史料佐证，故暂且认为全运会的计分规则参考了西洋射箭运动。

射距方面，传统一般用"弓"这一单位来衡量（"一弓"即一张弓的长度，约1.23米），全运会则全部改为新式长度单位，以"公尺"（米）来规范射程（男子射程30公尺，女子射程20公尺）。不过，全运会弓的拉力仍沿用清代单位"力"，这是因为全运会比赛用弓仍属清朝制式的传统角弓。这些弓在制作时仍遵循旧制，在角片上标注其"弓力"，故一时不便改用新式单位。另外，规则中还明确了属于"犯规"的行为，比赛时射手的技术动作由中央国术馆派出的裁判负责监督。③ 此规则似乎表明中国传统体育与西方现代体育之间可以无缝融合，并非充满了"对抗模式"。二者实有更为复杂的关系值得探讨。

三、女子射箭运动的发展

晚清以来掀起的"天足运动"拉开了女子解放身体的序幕。新文化运动期间，女子要求继续解放传统衣着加之身体的束缚，于是各地纷纷发起

---

① 陈槃."侯"与"射侯"[J]."中央"研究院历史语言研究所集刊，1950，（22）：121-126.

② Ford，A. H.. The Theory and Practice of Archery [M]. London：Longmans，Greens，and Co.，1887，pp. 73-76.

③ 全运会裁判员发表 [N]. 申报，1935-09-18（13）.

去除束胸的"天乳运动"。衣着的解放乃社会身份解放的象征。女子逐渐挣脱家庭的束缚，与男子一道参与公共生活，其中就包括参加竞技体育运动。中国妇女界也有意识地宣扬女性应摆脱"柔弱""病态"的传统印象，转而以身体上的健美为新女性的标准，使得女子体育在此一时期获得长足进步。[①] 中央国术馆及地方国术馆在这一风气下也着力培养国术女将，女子射箭运动即在此背景下开展。

民国时期最早的女子射箭运动出现在教会大学。20世纪20年代金陵女子文理学院、沪江大学、燕京大学等教会学校中就有女子射箭社团。教会学校一般采用英式射箭，使用英格兰长弓（longbow）与地中海式三指射法（Mediterranean Draw）。19世纪以来，女子射箭在欧美已相当普及。[②] 1904年圣路易斯奥运会首次将女子射箭列入比赛项目，可证其发展已臻成熟。当时欧美不少大学都拥有自己的女子射箭团体，如美国南加州大学有女子弓箭远征队，著名女子大学史密斯学院有女子射箭队。[③] 中国的教会大学对女子射箭的提倡也源于欧美学校一时之风气。但是，这股风气在中国尚未转变成一种规范的竞技运动。尽管1933年第五届全运会未设女子射箭项目，但江苏省的全运会预选会中却有女子射箭，并分设了男女比赛规则。[④] 奇怪的是，后来全运会的正式项目中又不见女子射箭的踪影。一些地方国术馆确已开始培养女子射箭运动员，例如青岛国术馆的"国术女杰"栾秀云，其射箭英姿在1934年即已登上《北洋画报》（图4-2）。

[①] 游鉴明. 超越性别的身体：近代华东地区的女子体育（1895—1937）[M]. 北京：北京大学出版社. 2012：24-45.
[②] Ford, A. H.. The Theory and Practice of Archery [M]. London: Longmans, Greens, and Co., 1887, pp.154-278.
[③] 骑士. 女子体育与弓箭 [J]. 方舟, 1937 (36)：71.
[④] 国术比赛规则：射箭比赛规则 [J]. 体育研究与通讯, 1933 (3)：164-166.

第四章　民国时期射箭运动的发展及启示

图 4-2　《北洋画报》载栾秀云射箭英姿①

当时亦有学者在理论上宣传女子射箭的益处。如射箭专家张唯中在他出版于 1934 年的射学专著《弓箭学大纲》中指出，射箭"在生理上是极合于妇女的"，射箭的站姿"优美柔和"，无须如跑步那般两腿剧烈运动，这种偏静态的运动女子更易习练。张唯中还提到，不少女子运动需要专门制作运动服，而女子射箭"随便穿什么衣服都可以"，方便且节省。② 可见在 1935 年第六届全运会举办之前，女子射箭已具备一定的实践及理论基础，增设女子射箭比赛基本已无障碍。

因资料阙如，第六届全运会女子参赛选手的人数暂无法详计。仅知进入射中决赛者八名，进入射远决赛者七名。射远决赛时，上海队员陈金钗因故临赛弃权，故实际只有六名进入决赛。③ 进入决赛的女选手，其地域性特色十分明显，河南队取得女子射箭比赛总分第一的成绩（表 4-1）。

表 4-1　第六届全运会女子射箭决赛排名（1935 年）④

名次	射中比赛		射远比赛	
	姓名	单位	姓名	单位
1	王家桢	湖南队	寇凤兰	河南队

---

① 陈绍文. 青岛女国术家栾秀云女士射箭之姿势 [J]. 北洋画报，1934，24 (1186)：1.
② 张唯中. 弓箭学大纲 [M]. 出版社不详，1934：336.
③ 女子射远决赛优胜结果 [N]. 申报，1935-10-15 (20).
④ 妇女组射箭结果 [N]. 申报，1935-10-15 (20).

续表4-1

名次	射中比赛		射远比赛	
	姓名	单位	姓名	单位
2	马瑞兰	河南队	马瑞莲	河南队
3	马瑞莲	河南队	马瑞兰	河南队
4	寇凤兰	河南队	赵静芳	上海队
5	宫让贤	湖南队	孟健丽	上海队
6	黄云晖	湖南队	王锦霞	上海队

河南队三名女将的教练马仁甫系前清武探花，是开封骑射会弓箭总教练，也是河南选手马瑞莲和马瑞兰的父亲。射远比赛上海队三名女选手系东亚体育专科学校学生，其教练为摔跤及射艺名家佟忠义。① 可见当时女子竞技射箭在技法上也完全沿用传统，具有鲜明的国术特色。

自第六届全运会始，女子射箭正式成为中国竞技运动项目之一，中国的竞技射箭运动也因女子射手的加入而更趋完善。自此，标准化规则的制定及打破性别界限的选手选拔，使得传统射艺已初步实现了竞技化的转型。

第二节 射学研究的范式转移

一、射学话语转型的背景

中国古代射学著述丰富，可分为"礼射"和"武射"两种系统，前者考订射礼制度、辨明射礼义理，后者讨论射箭技巧，兼及弓箭制造。② 不过，礼射类著述一般不以专书或专文形式呈现，而是作为儒家三礼义疏的一部分，在历代礼学著作中以注疏形式存在。专书或专文形式的射书大部分属武射系统，其中最具代表性的有唐代王琚《射经》，明代李呈芬《射

---

① 女子射远决赛优胜结果 [N]. 申报，1935-10-15 (20).
② 马明达. 中国古代的射书 [J]. 体育文化导刊，2004 (5)：72-73.

经》、戚继光《纪效新书·射法篇》、高颖《武经射学正宗》及清代李塨《学射录》等。此类形形色色以教马步射法为宗旨的射书，其内容大抵由以下六部分组成（表4-2）：

表4-2 中国传统射书的典型内容构成

内容	案例	出处	功能
儒家典籍摘要	虑而后能得。（《大学》）	戚继光《纪效新书·射法篇》、李呈芬《射经》	正本清源，证明作者所书射法并非无本之木
	羿之教人射，必至于彀，学者亦必至于彀。（《孟子》）		
	弓矢不调，羿不能以必中。（《荀子》）		
内功	"治心调摄"章：射箭"十不可"	《事林广记·弧矢谱法》	传授调气息、安神志之法
	"正志"章	李呈芬《射经》	
外功	身法、手法、足法、眼法、马射	李呈芬《射经》	步射、骑射的具体动作解析
	审法、彀法、匀法、轻法、注法	高颖《武经射学正宗》	
口诀或歌诀	"马射总法"口诀	王琚《射经》、《事林广记·弧矢谱法》	辅助射手理解射法
	《立射歌》《善射歌》	史德威、史攀龙《射艺津梁》	
弓箭制作常识	"利器"章、"指机"章、"考工"章	李呈芬《射经》	方便射手挑选合适的射箭器具
	《考工记》解析	李塨《学射录》	
图例	尺蠖势图	高颖《武经射学正宗》	辅助射手理解射法
	马步图像	刘奇《绣像科场射法指南车》	
	关节图解	纪鉴《贯虱心传》	

这类射书尽管内容相似，但很难从中归纳出一套标准的射箭训练法。儒家经典的阐释历代各异，而口诀歌诀主要以譬喻式语句呈现，如"端身如杆，直臂如枝"（《射经》）、"前手如推泰山，后手如握虎尾"（《纪效新书·射法篇》），此类话语更强调基于个人身体经验的"意会"，而非基于对普遍性知识的逻辑实证。射箭动作解析也是人言人殊，历代均有差异。

明清时代射书种类繁多，但使用的话语大同小异，实际已陷入一种"学术内卷化"的危机。日本江户时期大儒荻生徂徕（1666—1728）就注意到，明代流传的二十多部射书其实都出自两三种母本，真正具有原创意义的著作只有《武经射学正宗》及《纪效新书·射法篇》。①高颖的《武经射学正宗》开创了一种名为"尺蠖式"的新射法，且增加了实操性较强的"辨惑门"一章，其射法解析远比其他射书详尽系统。但该书后来在中土失传，仅在日本流行，对清代及民国的射学没有产生影响。近代"科学"话语流播后，中国射学才发生真正意义上的"范式转移"（paradigm shift）。

晚清以来，传统话语体系已不敷转型时代之用。旧式的以"天地""阴阳""五行"学说为基础的诠释方式已失其效用，新名词、新概念大量输入。②西方科学所带来的不仅是声光电化等具体新知，更是一套革命性的意义及符号系统，且直接指向近代国家转型的方向，即现代化（modernization）。正如托马斯·库恩（Thomas Kuhn）所说，一次范式革新使得"科学家对他们研究所及的世界的看法变了"③。对中国的知识精英而言，"科学"更新了他们认识和解释世界的方式，只不过这一更新过程并非骤然突变，也不是彻底的新旧交替。

"体育"概念的出现即是这场转型的产物。清末新政以来，一些新式学堂开设有引自日本的"体育学"课程。新文化运动勃兴后，欧美的运动生理学、卫生学、心理学及体育理论大量输入中国，并融入中国的体育学学科建构。④中国学者有意识地运用新方法撰写了一批奠定本土体育学学科基础的著作，如郭希汾《中国体育史》（1919）、罗一东《体育学》（1924）、郝更生《中国体育概论》（1926）等。新学科建立背后的推动力量是新文化运动对儒家价值观的猛烈抨击以及对"科学"的大力提倡，再经由"科学与人生观"论战等舆论上的宣传，"科学"已成为知识界的主流话语。

这一思潮也影响了以弘扬国粹为己任的国术界。1928年中央国术馆的成立宣言中，馆长张之江宣示："从前习练国术，只知其然不知其所以

---

① 荻生徂徕. 射书类聚国字解[M]. 京都水玉堂刻本，1786：1-4.
② 张灏. 中国近代思想史的转型时代[J]. 二十一世纪（双月刊），1999（52）：29-39.
③ 托马斯·库恩. 科学革命的结构[M]. 北京：北京大学出版社，2003：101.
④ 罗时铭. 中国体育通史：第三卷[M]. 北京：人民体育出版社，2008：226-228.

然，自从近数十年来，许多同志们，用了科学的方法，来估计我们国术的价值，才晓得我们的国术，不但不是反科学，而且在科学的立场上，还有崇高的位置。"①尽管张之江在阐明国术的作用时，仍高擎"强国必先强种，强种必先强身"等民族主义话语，但与马良提倡"新武术"时不同，此时科学已开始为国术的发展铺陈，东方"国粹"与西方"科学"之间的关系也不再剑拔弩张。20世纪30年代国术的倡导者必须强调国术是一门科学的运动，而现代竞技体育的训练方法、组织形式、赛事规则都须符合科学的标准，故而推动国术的竞技化本身亦是其科学化的一部分。20世纪30年代的射学研究即在此背景下展开。

二、张唯中《弓箭学大纲》的科学范式

近代最早用科学范式研究射箭的著作，当推张唯中的《弓箭学大纲》。张唯中原名张树馨，察哈尔怀来县（今河北省怀来县）人，毕业于北京大学法学院政治系，曾于南京市政府任职，后专职从事射箭研究、推广和教学。第六届全运会时张唯中担任射箭比赛裁判。

《弓箭学大纲》分上、中、下三篇，共约十五万字，用白话文书写。上篇为"弓箭总论"，分十二章。中篇介绍中国弓箭的历史，下篇题目为"未来的弓箭"，是作者对射箭推广的全盘思考和方案。关于写作动因，作者自陈早在1917年练习射箭时便已萌发，近则受1933年第五届全运会开设射箭比赛的鼓舞。他认为射箭非小道，而有裨于国家社会，故应对射箭进行全面的学理探讨。②

按张唯中之说，"弓箭学"即"研究弓箭的如何制造，如何运动，以及如何应用的学问"。作者写到，之所以不采用更为古雅的"射艺"一词，是因为射艺偏重于古代，而"弓箭"是现代的通用名称，学术研究是面向未来的，而非"复古"，也即"是用科学方法整理国故"。③作为北大学子，他显然受过胡适等新文化派健将的熏陶，对胡适提出的"整理国故"

---

① 张之江. 中央国术馆成立大会宣言［M］//中央国术馆. 张之江先生国术言论集. 南京：大陆印书馆，1931.
② 张唯中. 弓箭学大纲［M］. 出版社不详，1934.
③ 张唯中. 弓箭学大纲［M］. 出版社不详，1934.

及背后的学术理路较为熟悉。胡适提出"整理国故，再造文明"①，张唯中与之遥相呼应，要用科学的方法"整理过去的弓箭"，"再造未来的弓箭"，这些方法包括"生理学、运动生理学、物理学、教育学、教授法，以及其他有关各科学"②。

在上篇第二章中，张唯中运用力学知识阐明射箭原理："射箭不是两臂上局部的运动，是全体上整个的动作。"他将人体比作大炮，躯干及腿部如同炮台，两臂如同炮身，执弓的左手如炮口，箭如炮弹。发矢如同炮弹发射，会产生后坐力，故射箭能否平稳，与站姿有很大关系。③ 又如作者用运动生理学的方法阐述"射箭运动与身体上各部器官的关系"，其中分"足部腿部""腰部胸部背部""肩部臂部手部""眼部耳部""肺部心脏"五大部分，并解释了射箭站姿的生理学意义。④ 另外，他也引入物理学中"弹性极限"的原理来解释中国传统反曲弓的优点，并对比了几无反曲的美式直拉弓与日本和弓，以证明中国弓性能最为精良。诚然，若以更为精准量化的科学范式审之，张唯中之论述仍稍嫌单薄。但瑕不掩瑜，其方法及视野在当时都是具有开创性的。

射法方面，张唯中匠心独运地设计了初、中、高三级练法。初阶是用"十五小时"即可初成的方案，其将射箭动作分为"执弓、上箭、开弓、撒放、收弓"五段，每一段下又分两个动作单元，叙述清晰，易于实操。中阶则介绍了几种不同的执弓法、勾弦法和站立法，并说明哪些适合于初学者，哪些适合于进阶者。高阶中最具原创性的是"动的"练习法，即射移动靶的方法。张唯中还设计了六种不同的"动的"，即上下动的、左右动的、前后动的、空中动的、抛掷动的、旋转动的，且各自对应一套训练系统。⑤ 另外，在高级射法部分，他仍保留了属于传统射书话语的"养气法"。"气"这一概念在传统射书中频繁出现，但意义不明晰。它既是宋明理学中具有形而上意义的核心概念，又在儒道两家修身哲学中扮演了重要

---

① 胡适. 新思潮的意义［M］//欧阳哲生. 胡适文集（第三册）. 北京：北京大学出版社，1998：551—558.
② 张唯中. 弓箭学大纲［M］. 出版社不详，1934.
③ 张唯中. 弓箭学大纲［M］. 出版社不详，1934.
④ 张唯中. 弓箭学大纲［M］. 出版社不详，1934.
⑤ 张唯中. 弓箭学大纲［M］. 出版社不详，1934.

角色。新文化运动期间,"气"被陈独秀批评为"想象之最神奇者",将其作为中国传统不重科学的反面例证。① 但张唯中在征引儒家典籍之外,把"养气"与体育竞赛的心理建设联系起来,并非纯然"复古"。

此外,张唯中思考了射箭技术的迁移应用方式。他认为可将射箭训练应用到军队中,以代替实弹打靶。

> 射箭瞄准与打枪瞄准原则相同,形式稍异,打枪系将目标尺及枪口准星与眼直对,射箭则箭杆箭头不与眼对,而与口上部相对,说来好像不合道理,实在呢,是前拳与的与眼相对,在原则上与枪弹瞄准无异。②

显然,斯说将射击的"三点一线"原则普遍化,实际并不符合科学原理。子弹的飞行轨迹是直线,且以单眼瞄准便于聚焦;而箭支本身拥有一定挠度(抗弯曲系数),故箭的飞行轨迹是明显的抛物线。此外,箭支所受空气阻力的影响较子弹更大,通常情况下射手会根据箭靶与弓弰的相对位置关系来预判准度,这时反而需要双眼瞄准,无法应用三点一线原则。与张唯中同时代的另一射艺研究者曾鹏程即注意到射箭与射击在原理上的不同。他在发表于1936年的《国粹体育拉弓射箭浅说》中谈到,射箭在衡量水平线上的准度时,其方法与枪械验准相同,皆是"平行线原理",但在衡量中轴线上的准度时,必须要考虑"箭路与箭着点及射角与落角的道理",故要应用几何中交叉线与弧线(抛物线)的知识去估量其准度。③

张唯中对科学范式的实际运用固然存在局限性,但可贵之处在于其既继承了中国传统射学经验,又融合了当时最新的西方科学理论。他的射箭训练法无疑兼具系统性和实操性,不仅可以用于普通爱好者的习射,也可用于竞技射箭的竞训。有学者认为民国时期的国术缺乏系统的"科学理论"④,但若以中央国术馆的标准,把射艺归入广义的国术范畴,那么张唯中的《弓箭学大纲》显然是国术理论科学化的一次重要尝试,其在学术

---

① 陈独秀. 敬告青年 [J]. 青年杂志, 1915 (1): 13—18.
② 张唯中. 弓箭学大纲 [M]. 出版社不详, 1934.
③ 曾鹏程. 国粹体育拉弓射箭浅说 [M]. 出版社不详, 1936.
④ 王颢霖. 对中国近代体育学术史分期的讨论 [J]. 体育科学, 2014 (10): 90.

史上的意义似不应被遗忘。

第三节　射箭运动的发展困境

一、射箭选手的地域及年龄分布问题

20世纪30年代，尽管射箭比赛经由中央国术馆的倡议被列入全运会，但比之田径和球类运动，射箭仍属边缘运动，其普及程度不甚理想。

第六届全运会男女射箭共四个项目，产生冠亚季军十二名，其中河南一省就占八名，且男子射远前六名皆是河南和北平选手，无一南方选手。故《申报》不无遗憾地以《射箭比赛北人包办》为标题报道此次射箭决赛，并称："此亦足见华南华北尚武之道，大相径庭也。"①

除地域性问题，男子射箭选手的年龄差异也很大。《申报》曾以《老人射箭大比赛》为题报道了第五届全运会的射箭比赛，称："各选手除北平之徐士骧年轻小外，余均四十以上，至六十余岁须白齿缺、精神尤健。"报载，射中和射远双料冠军北平选手周介臣即其中一位"老人"。大龄选手虽老当益壮，但参加射中决赛的九名选手中只有一名青年，终不免令记者感叹："可见箭术不传者，已数十年矣。"② 这种情况到第六届全运会时仍未改观。当时《申报》专访了四名参加射箭比赛的河南老叟，其中海兰芬、海国荣、李春瀛三人进入射远决赛，海兰芬和李春瀛分获冠亚军。③ 而射远季军金德顺，据报载是一名"发尽苍白，但其精神矍铄"的北平选手。④ 第五名宁海亭曾任第五届全运会的国术裁判⑤，此时已人过中年。唯第六名寇运兴时年37岁，仍当壮年。

面对如此情境，时人不免产生"老人比赛"的印象，甚至不把射箭当

---

① 射箭比赛北人包办 [N]. 申报，1935-10-15 (20).
② 老人射箭大比赛 [N]. 申报，1933-10-15 (19).
③ 河南四老叟 [N]. 申报，1933-10-12 (20).
④ 射箭比赛北人包办 [N]. 申报，1935-10-15 (20).
⑤ 国术职员 [N]. 申报，1933-10-10 (59).

作一种"现代"的竞技比赛。当时有一幅名为《弓箭国手》的漫画描绘了两名观众的对话,令人啼笑皆非(图4-3):

  观客甲:你看不是像在考武秀才?
  观客乙:可是几位武秀才都太老了!

图4-3　漫画《弓箭国手》①

二、"土洋体育之争"的悖论

  国术(包括射箭)等"土体育"不如田径、球类运动等"洋体育"流行,这一现象引起一些国术家的不满。张唯中在《弓箭学大纲》中援引了另一位体育家的话:"现在我国学校的体育,已成球类世界,田径赛次之,柔软操已近淘汰,国术正在努力提倡……学校当局,一心一意地注意选手的养成,其余学生,运动与否,听其自便。"② 其忧心处有二:一是球类运动和田径独大,二是锦标至上的思想不利于大众体育的发展。彼时有志于射艺推广的国术家和军人,大多怀有一种与西方体育争胜的抱负,如热

---

② 张唯中. 弓箭学大纲[M]. 出版社不详,1934.

衷推广射艺的川军将领邓锡侯在1933年成都射德会春季较射的赛后讲话中说：

> 射事为中国之最良国民运动，较之英之足球，美之网球，德之棒球尤更有七项优点：一、无须广大场所；二、无须运动伴侣；三、欧美运动器具所费不赀，射事则合于中国一般国民经济担负力；四、射事无须固定与较长之时间，不妨害国民（生）计；五、胸开背合，吐故纳新，极合运动的科学原理；六、无对象相争，最能养成高尚运动道德；七、不买舶来运动器具。①

张唯中也比较了射箭、体操和球类运动的优劣，他写道：

> 古人说射以观德，实在是不错的。因为射箭一方面能够活动筋骨，强健肌肉。一方面又能锻炼精神，涵养德性。不是像体操和球类运动，特别注重在发育大肌肉罢了。射箭用力要柔和，而不是蛮冲激撞，姿势要中正，态度要安静，瞄准要沉毅稳固，撒放要凝神敛气。凡心粗气浮，暴躁任性，鲁莽草率，仓皇狂急的气质，都是要摒弃的。因此习射日久，气质自变……②

无论是邓锡侯还是张唯中，皆有尊己卑人之嫌。张唯中称射箭可培养"协同、沉毅、忍耐、果断、勇敢"的品质，事实上很多体育项目都有益于这些品质的获得。客观而言，篮球、足球等球类运动最利于训练团队精神，而国术中的拳术、器械顶多二人对练，射箭更可独自习练，其群育功能恐要大打折扣。

即便张唯中也提出了发展团体射箭比赛的方案，比如让"多数个人共射一物，或两队比射一物"，但他仍不忘同时贬低球类运动，说球类运动"只能作团体的比赛，而不便于个人的活动"。在他看来，球类运动只能让人更"粗暴鲁莽"，而射箭动作平和，反而能"训练人的整齐有规律的精神"。③ 斯说显然失之偏颇。民国时期的国术、射艺研究者习常采取抑人

---

① 射德会昨较射金特章，邓锡侯有演说[N]. 新新闻，1933-04-10（11）.
② 张唯中. 弓箭学大纲[M]. 出版社不详，1934.
③ 张唯中. 弓箭学大纲[M]. 出版社不详，1934.

扬己的论述方式，但在竞技模式、训练方法、指导理论和效度评判上仍要向彼方取经，以至于造成学习和批判的对象囿于同一事物的矛盾境地。

为何会出现这一困境？事实上这与"国术"生成的时代思潮密切相关。当时新文化运动内部本身即有一股批评新文化派的势力，时人称之为"东方文化派"，这一派知识精英并不反对西方的民主与科学，但他们认为以儒家文化为代表的东方文化可以弥补西方文化的不足，故力主新旧调和。[①] 国民政府成立以后，"东方文化派"式的观念得到进一步强化。一方面日寇侵略日亟，使得民族主义话语再度高涨；另一方面蒋介石等国民党高层偏爱儒家文化，希望借之重整世道人心，故而如"国术"这样"国"字头的"民族体育"得到政府的大力支持。然而，中国毕竟已初步实现了往现代民族国家的转型，且仍须继续融入西方建构的现代世界体系，在晚清还是一个纯粹"他者"的西方到了20世纪30年代已深嵌于国家建构（state building）之中，无论是制度的抑或文化的。不过，这种"嵌入"正如拿他人器官植入我之身体，若不能完全适应则必引发排斥反应。当这种反应波及体育界时，即出现土洋体育之间既试图融合又彼此抗拒的现象。

可见，彼时的"土洋体育之争"有双重面向：一方面在国家现代化的大语境下，"土体育"积极借鉴"洋体育"的经验，以维持自身作为"科学运动"的存在合法性；另一方面，倡导"国粹"的本土体育家仍难以调和"国粹"话语和"科学"话语之间的紧张关系，使得科学化的"国术"仍杂糅了"非科学"的因素。这种矛盾实际上反映出西方的竞技体育模式无法完全契合中国的文化语境，在西方体育自清末传入中国的半个多世纪后，以"国术"为代表的传统体育仍难以全然消化和吸收外来文化。

事实上，时人已隐约意识到，若竞技体育无法实现彻底的土洋融合，则不如另辟一种新模式。张唯中因对锦标至上提出质疑，故而提出一种新的射箭比赛方案。首先，在锦标上不专奖前几名，只要选手满足了"最低限度及格"的标准，就应授予一定奖励。其次，在竞技比赛中加入德行考

---

① 罗志田. 异化的保守者：梁漱溟与"东方文化派"[J]. 社会科学战线，2016（3）：64－78.

评。选手日常生活中的行为须"记于考察表内"。到比赛的时候，这些日常行为考察表当作为评分依据之一，"射箭成绩记分数，德行考察加批语"，两者结合来判定选手优劣。如果选手射得不好，但德行很高，"亦可列为优等"。① 这种评定范式也是日本武道段位评级制度的原则。日本弓道的高段位即要求申请者德艺兼备，要取得最高等级的"范士"称号，必须"德操高洁"，这也符合儒家射礼的精神内核。张唯中的革新方案若再进一步，也极有可能开我国武术段位制滥觞。遗憾的是，随着抗日战争的爆发，他也失去了将"弓箭学"发扬光大的机会。

第四节 近代射艺发展的当代启示

一、趋向单一的竞技转型

竞技体育比赛在抗日战争期间的中国几乎停顿，射箭也不例外。尽管张唯中曾提议在军队中广泛推行射箭运动，以替代实弹射击，但实际上军中并未有类似尝试。② 1939 年，"孤岛时期"的上海曾举办过一次国术运动大会，但射箭比赛只有两人报名，终未举行。③ 战争也严重影响了各地国术馆的发展，导致国术人才难以为继，射艺发展陷入窘境。

中华人民共和国成立后，射箭始与国术脱钩，转变为一项独立的竞技体育项目。和民国时期相较，此时射箭比赛的参与度已大大提升，选手老龄化及北强南弱的现象已得到改善，且在民族团结的语境下，射箭比赛中少数民族运动员的身影日渐增多。1956 年，全国第一届射箭表演比赛在北京举行。三十七名参赛选手含满、蒙、回、藏、汉五个民族，职业上包括工人、农民、牧民、教员、学生、医生、手工业者等，在运动员的民族多样性和职业多样性上也远超民国时期的全运会，显示出新中国在多民族

---

① 张唯中. 弓箭学大纲 [M]. 出版社不详，1934.
② 罗时铭，赵浈华. 中国体育通史·第四卷 [M]. 北京：人民体育出版社，2008.
③ 国术运动大会全部成绩昨揭晓 [N]. 申报，1939-04-11 (7).

体育和全民体育的实践上成果卓著。① 为与国际赛制接轨，中国射箭运动员在1959年开始专练西式三指射法，同年举行的第一届全运会的射箭比赛全部改为国际通行标准，自此，传统弓箭和传统射法退出了主流竞技赛场，唯在一些少数民族地区保留了中华射艺的某些传统。② 生产和售卖传统弓箭的商号也只有北京的聚元号生存下来。③ 传统射艺的传承岌岌可危。

新标准的建立意味着旧标准的废弃，出现这种二元对立的局面亦源于民国时期"国术"与"竞技体育"未能找到一条适当的调和之路。民国时期射艺的发展路径仍较为单一，且自身又处于国术的边缘。如果说由中央国术馆规划的"国考"是对竞技体育的一种纠偏尝试，或者说是段位制的雏形，那么显然射箭运动未在这种规划之中。国术虽强调民族主义话语，但其本身对科学化的要求又使之偏离传统儒家思想，儒家式的射礼从未受到国术界的重视，也缺乏民众基础，更谈不上恢复。民国时期的射箭运动既未继承传统文化中最核心的精神基底，也没有发展出有别于竞技比赛的体育模式，更未能深入大众，于是彻底转向国际竞技标准成为射箭界的必然选择，以免再次陷入不土不洋的尴尬处境。

有研究中国武术现代化的学者认为，现代竞技武术与传统武术享有共同的"原质"，即技击技术，故两者不应是一个对立冲突的关系，反而能够融合共生。④ 移之射箭研究，源于英伦的现代竞技射箭与中国传统射艺真的无法共存吗？事实上，近年来中国体育界已开始从射箭技术层面反思此一问题。射箭毕竟是一项以"射准"为目的的运动，现代竞技射箭发展至今，其器材已经过科学改进，现代竞技反曲弓与复合弓在射准上远胜于传统弓。若要复兴传统射艺，首先必须肯定传统射箭技术有助于现代竞技射箭。中国射箭界泰斗、中国射箭协会教练员委员会主任徐开才先生即提出："一个好的反曲弓或者复合弓选手不一定射得好光弓，但是你光弓练

---

① 全国射箭表演赛昨举行［N］. 人民日报，1956-07-16（4）.
② 全国射箭比赛在京举行［N］. 人民日报，1959-05-24（2）.
③ 韩春鸣. 聚元号弓箭［M］. 北京：北京美术摄影出版社，2014：95.
④ 李小进，赵光圣. 中国竞技武术本源问题的再认识——兼论中国武术的现代化转型与发展［J］. 中国体育科技，54（1）：11-17.

得好，一定能够成为一个好的反曲弓手或者复合弓手。"① 此处的"光弓"即指没有附加任何辅助射准工具的传统弓，光弓运动对射手的身心要求更高，光弓训练无疑有裨于现代射箭。徐开才先生结合他多年从事现代竞技射箭运动的经验，与近年对传统射艺的研究和实践，编写了中华人民共和国成立以来第一部系统讲授中国传统射箭文化、技术及训练方法的著作《射艺》(2015)，希冀将"现代"与"传统"融为一体。

二、日、韩经验对中国当代射箭发展的启示

观之韩国和日本，传统射艺与现代竞技射箭按照两套标准和两套制度并行发展，且形成了良性互动。韩国人将传统射箭称为"国弓"，将现代竞技射箭称为"洋弓"。对韩国人来说，正是"国弓"之繁荣铸就了其在奥运射箭赛场上的强势。韩国人认为，无论古今何种射箭形式，射手都要奉持相同的操守。其圭臬正是根植于儒家文化的"弓道九戒训"："仁爱德行，诚实谦逊，自重节操，礼仪严守，廉直果敢，习射无言，正心正己，不怨胜者，莫弯他弓。"② 再看日本弓道，其深厚的文化内涵与严格的段位评级制度已使之成为日本标志性的文化符号之一。日本弓道同样沿用了"礼射"和"武射"两条脉络，且衍生出诸多技术流派。礼射系以"小笠原流"为代表，武射系以"日置流"为代表。小笠原流、武田流还保存了一套传统骑射礼仪和技法，称为"流镝马"（やぶさめ）。同时，日本弓道在校园和民间的社团化推广、组织及训练模式深受西方竞技体育的影响。③ 此外，日本民间还存在射箭祈福、射箭成人礼及祈求"破魔矢"（はまや）等多样的传统民俗游艺活动，可谓实现了多种射艺形态并存的理想发展模式。

未来射艺的复兴，应在总结近代射艺发展经验的基础上，适当向同处东亚文化圈的韩国、日本学习，采借他山之石。针对未来传统射艺的发

---

① 张天昱. 中国传统射箭的恢复与发展——徐开才先生访谈[M]//马廉祯. 武学（第一辑）. 桂林：广西师范大学出版社，2015：205-207.
② 元万中. 管窥韩国传统弓发展与其竞技射箭崛起的关联[M]//马廉祯. 武学（第二辑）. 广州：广东人民出版社，2017：290-296.
③ 五贺友继，李灿雨. 大日本弓道会的成立、展开与组织形态[J]. 体育学研究，2018 (63)：121-137.

展，笔者认为：

第一，以推动中华优秀传统文化创造性转化、创新性发展为行动指南，我国体育管理部门应把握机遇，在现代竞技射箭之外着力推进传统射艺的复兴。在此过程中，可选择性地借鉴邻国保护"文化财"之重要举措，即设立段位制作为传统射艺的评价标准。需要指出的是，在段位的设置上必须以我为主，形成中华传统射艺塑造优秀人格之充分表达，尽可能地保留传统射艺中的仪式规范，并将射手德行作为评价指标之一。

第二，以深入挖掘中华优秀传统文化蕴涵的思想观念、人文精神、道德规范，结合时代要求继承创新，让中华文化展现出永久魅力和时代风采为探索方向，借助人文社会科学领域"冷门""绝学"研究全面复兴的良好契机，民族传统体育学界同仁应系统考镜与总结传统射艺的技术原理、习练方法、演变历史、文化内涵，并将其成果全面转化为传统射艺复兴的力量源泉。

第三，以"不忘本来、吸收外来、面向未来"为发展动力，我国体育界、文化界、教育界有志之士应注重借鉴日、韩两国在学校和社区建立传统射艺社团的经验，探索传统射艺的社团化普及之道。鉴于目前中国已经有部分高校开设传统射艺课程，可继续在既有经验的基础上深入该课题的研究和实践。

第四，以"构筑中国精神、中国价值、中国力量"为最终目标，各级政府部门应不失时机地挖掘与传统射艺有关的民俗文化活动，例如投壶、射柳及成都射德会金章较射，加以宣传普及，与既有的弓箭类国家非物质文化遗产（聚元号弓箭制作技艺、锡伯族弓箭制作技艺、蒙古族牛角弓制作技艺和南山射箭）相结合，重构有大众广泛参与的民间文体活动，以期形成如邻国流镝马、三十三间堂射箭大会那样有深厚底蕴且有广域影响力的传统文化符号。

射艺的复兴不应仅仅建立在物器技术层，更应完成创新性发展与创造性转化，形成自己独立的内核文化层、制度习俗层。完成这种跨越需要四个必要条件：神圣规范的晋级标准、仪式化的身体活动、整洁雅致的习射环境、广泛多元的民众参与。如此方能凝练出中华民族标志性的文化符号，从而真正有裨于中华文化的复兴，有裨于文化自信的涵养。

第五章　中华射艺的当代复兴：
动向、困境与对策

若以"通约化路径"审视，大体可将形成并发扬于中华文化圈，以弓、箭及相关器物为媒，以准确击中目标为元功能，以文射、武射为表现形式，以跨地域交融为主要特点的射矢活动与射矢文化统称为"中华射艺"。①"文射"与"武射"两大系统早在商周时期即已产生。前者经由礼乐文明的涵养及先秦儒者的阐发，演变为德行与竞技并重的"礼射"。后者经由不断扩大的战争形态，分化出步射、骑射等多元化技术，成为古典武艺的核心。

近代以来，火器的普及使射箭的实用性式微，中华射艺亦逐渐衰落。民国时期，中华射艺曾出现过短暂复兴。然无论20世纪30年代以传统元素为主的民国全运会射箭比赛，抑或成都"射金章"一类的民俗竞射，均因无法与现代竞技体育有机融合而处于边缘地位，加之日寇侵略，其进一步发展之路受阻。1949年以后，中国体育事业积极与国际接轨。"射艺"要转型为一项逻辑自洽的"竞技射箭运动"不得不与"传统"脱钩。1959年9月第一届全国运动会上，射箭比赛正式使用国际通行标准。至此，传统射艺退出竞技赛场，其制度、工艺、技法等诸多领域也面临失传之虞。

近年来，有关中华射艺的学术成果明显增多。全面回溯中华射艺的复兴历程，客观地检视其间的种种问题，严谨地判别其发展方向，并最终回应民族传统体育的"创造性转化"与"创新性发展"，是刻不容缓的议题。

---

① 负琰，郝勤. 有的放矢：建构有关"中华射艺"的动态认知与挈领概念[J]. 成都体育学院学报，2018，44（2）：6—11.

第五章　中华射艺的当代复兴：动向、困境与对策

第一节　中华射艺的复兴动向

一、中华射艺的复兴动因

一是海外汉学的影响。2000 年，英国人谢肃方出版《射书十四卷》(*Chinese Archery*)，这是国际汉学界第一次对中华射艺的系统性研究。谢肃方早年于英国专攻汉学，后在我国香港地区政府工作，曾任香港知识产权署署长。20 世纪 90 年代初，谢肃方转向东亚射艺研究，并集结众多国际同仁创立"亚洲传统射艺研究网络"，依托网站刊发有关亚洲各国传统射艺的学术成果。谢肃方的学术成果主要有三：一是对中国古代弓箭文物的考古学研究，二是从文字学、神话学角度探究射礼起源，三是对中国射艺典籍的整理及注疏。谢肃方发表了考古学论文多篇，其中，对洋海遗址出土三连弧角弓的考释[①]，对尼雅遗址、于阗国遗址出土长弰角弓的考释[②]，对嘉峪关等地出土角弓的考释[③]最为经典。此外，借由精深的汉语造诣，他充分吸收了符号学及神话学的方法，从解读后羿射日神话开始，剖析了上古巫文化与儒家射礼之间的关系。谢肃方精通射艺，能以身体的逻辑解读唐代王琚《射经》及明代李呈芬《射经》、高颖《武经射学正宗》等古代文本，颇有洞见。[④]

本章之所以将谢肃方及其实践作为中华射艺复兴的重要动因，是因为谢肃方在研究之余，频繁与中国历史学者及射箭爱好者交流，进一步促进了华语世界对射艺的关注。此外，谢肃方凭借其在射箭文化领域的研究威

[①] Adam Karpowicz, Stephen Selby. Scythian Bow from Xinjiang [J]. Journal of the Soc. Of Archer-Antiquaries, 2010 (53), pp. 1-5.

[②] Stephen Selby. Reconstruction of the Niya Bow [J/OL]. [2001-02-03]. http://www.atarn.org/magyar/niya.htm.

[③] Stephen Selby. Two Late Han to Jin Bows from Gansu and Khotan [J/OL]. [2002-11-20]. http://www.atarn.org/chinese/khotan_bow.htm.

[④] Stephen Selby. Chinese Archery [M]. Hong Kong: Hong Kong University Press, 2000.

望,积极促成以其论坛为媒介的跨国性质的网上研讨。

二是国内箭坛耆宿的助推。从实践上讲,传统射艺仍为一项体育运动。若无体育界之全力推动,实难重焕光彩。在中华射艺的复兴过程中,徐开才、李淑兰伉俪功不可没。徐、李二人系新中国第一代射箭运动员,20世纪60年代均多次打破全国乃至世界纪录,其后长期执教国家射箭队。20世纪90年代末,徐氏伉俪甫一接触传统射艺,遂予以强烈的关注。其间有两大契机,一是韩国、日本在竞技射箭领域后来居上,令他们开始思考两国蓬勃发展的传统射艺与竞技射箭之间的关系;二是与谢肃方的结识让他们看到,中国在射艺研究上与国际学界的差距。二人由此意识到:"不应该搞了现代,放弃传统。"传统射艺在文化、理念、技术、心理层面的诸多遗产,完全可以与现代竞技射箭对接,结合为一套体用完整的中国射箭运动。① 徐氏伉俪即以此作为思考基点,积极介入中华射艺复兴的实践。

在优秀民族传统体育的复兴中,体育界精英的作用实难替代。中国传统弓箭在射准层面远无法与现代竞技弓箭相较,若无徐氏伉俪在体育界为传统射艺呼吁,则始终以争金夺银为目标的竞技射箭界便难以转换思维,认识到传统射艺所蕴含的巨大文化价值。体育界精英若不能参与中华射艺的复兴,这一项目最终将流于极少部分人群的兴趣,"复兴"自然无从谈起。

三是民间射艺爱好者的集结。在社会发展的某些阶段,基层力量所产生的影响有时较精英力量更为深远。"中华优秀传统文化"实则是中国历史上各族人民共同创造的财富。故而民族传统体育的研究不仅应秉承"向上看"的传统,更应当补充"向下探"的自觉,把目光投射至更广阔的民间社会。

21世纪初,随着网络社群的日益发达,中华射艺的民间研习者开始以各论坛为中心互相学习、分享资源、组织活动,在传统弓箭制作、射艺文献整理、线下活动开展方面蔚为大观,并在整体上形成了中华射艺复兴

---

① 徐开才. 我与中国传统射箭复兴的20年[M]//马廉祯. 武学(第二辑)——中国传统射箭专辑. 广州:广东人民出版社,2017:22-24.

的燎原之势。

民间射艺研习者最初主要是冷兵器、渔猎或现代竞技射箭爱好者。随着研习者数量的激增,2005年前后,网络上陆续出现了以渔猎弓会、射箭沙龙、中华弓会为代表的专门的射箭论坛。参与者多以网名在线上互动,互称"弓友"。一时间,一些网名在"弓圈"名声响亮,如:中华弓会论坛创始人云中鹤,专注于传统弓箭制作的高翔、阿利、风飞,热衷于射艺史研究的八臂猿猴(笔者)、铁甲依然在(笔者的学术伙伴陈雨石)、阿痴、英金山水、水替士心、盲道人。其中,笔者与陈雨石均于高校从事射艺的系统研究,实现了"帖子式笔记"向"规范人文社科研究"之转型。目前,国内影响最大的传统射箭论坛系中国联合弓会,其会员数突破10万,帖子数突破20万,充分证明了经过十余年的复兴,中华射艺已具备了相当的受众基础。但如何加以适当引导和科学管理,仍须继续摸索。

四是国家对体育类非物质文化遗产的支持。无论是两周的射礼抑或清代的骑射,皆为精英阶层的文化行为。随着帝制的瓦解,精英的射艺传统逐渐散落民间,并在地方性民俗中得以保留。但是,由于长期缺乏关注,一些地区的射艺风俗或无人继承,或受现代化浪潮影响而完全走样。21世纪以来,我国日渐强调仪式、节庆、传统手工艺等非物质文化遗产的重要性,绵延千载的中华射艺亦乘此东风,受到国家的重视。

在体育界前辈的奔走呼吁下,首先受益的是北京"聚元号传统角弓制作"这一几近失传的工艺。"聚元号"是清代留存至今的唯一的皇家弓箭作坊,其于2006年成功申报为第一批国家级非物质文化遗产。之后,锡伯族弓箭制作技艺(2008年)、青海南山射箭(2008年)、蒙古族牛角弓制作技艺(2011年)相继被收入国家级非物质文化遗产名录。"非遗"的荣誉极大地改变了传统弓箭制作技艺后继乏人的窘境,使传统弓箭匠人能在国家政策扶持下重操旧业,为射艺复兴打下了坚实的文化基础。

二、中华射艺复兴的具体成果

一是学术研究的全面展开与实践探索的不断精深。受谢肃方研究的启发,国内学界对中华射艺的历史与文化展开了较为细致的原创梳理。马明达率先迈入中华射艺的研究行列。2003年,马明达于《暨南史学》发表

《中国古代射书考》，对古代120余种射书进行了版本目录学校勘，其范围远大于谢肃方的研究，奠定了中华射艺复兴的文献基础。① 2004年，马明达又为谢肃方之 Chinese Archery（马氏中译为《中国射学》）一书撰写书评，正式向华语世界介绍谢肃方的研究成果，认为该书的出版是"令人鼓舞的学术动态"。② 与马明达的研究同步，仪德刚于2003年对中国当时唯一的传统弓箭作坊"聚元号"进行调查，全面记录了传统角弓的制作工艺。③ 这一研究则接续了1942年艺术史家谭旦冏对成都长兴弓箭铺的田野调查④及2000年谢肃方对长兴弓箭铺后人的访谈。⑤ 仪德刚的最大贡献是将聚元号与长兴弓箭铺的弓箭进行工艺类比，并开启了对"南弓""北弓"类型学的比较试探。

此外，随着文物的不断出土，有关先秦射艺的考古学、历史学研究得以拓展。崔乐泉⑥、刘雨⑦、袁俊杰⑧、彭林⑨等学者不断深化射礼研究，并在弓矢礼器、射礼仪轨、礼经释义等方面进行了深入的考释，使两周射礼的原貌得以部分恢复，对重建古代文射体系具有突破性意义。

另外，在徐氏伉俪等箭坛前辈的支持与指导下，有关射艺的各种研讨会亦在各地积极举办。2009年，徐开才集结召开了第一届中国传统射箭研讨会。会议广邀国内外学者、弓箭制作者齐聚北京，系我国首次有关中华射艺的大型研讨会。此后射箭界相继举办了"中国传统射箭文化研讨会"（2010年，杭州），"'五彩射箭'国际民族传统射箭邀请赛暨全国射艺研讨会"（2011年、2012年，尖扎），"首届礼射国际学术研讨会"

---

① 马明达. 中国古代射书考 [J]. 暨南史学，2003（2）：1—41.

② 马明达，马廉祯. 追寻失落了的中华"射学"——读谢肃方《Chinese Archery》有感 [J]. 体育文化导刊，2004（6）：72.

③ 仪德刚，张柏春. 北京"聚元号"弓箭制作方法的调查 [J]. 中国科技史料，2003（4）：332—350.

④ 谭旦冏. 成都弓箭制作调查报告 [J]. "中央"研究院历史语言研究所集刊，1951（23）：199—243.

⑤ Stephen Selby. Interview with Ms. Wu Yonghua [J/OL]. [2000-04-01]. http://atarn.org/chinese/chengdu/changxing.htm.

⑥ 崔乐泉. "射侯"考略 [J]. 成都体育学院学报，1995（2）：15—19.

⑦ 刘雨. 射礼考 [M] //金文论集. 北京：紫禁城出版社，2008：15—26.

⑧ 袁俊杰. 两周射礼研究 [D]. 开封：河南大学，2010.

⑨ 彭林. 中国古代礼仪文明 [M]. 北京：中华书局，2004：150—165.

（2017 年，徐州）等大型学术会议。此类研讨会集学术、展演、比赛于一体，力求整合体育界、社科界、政府及民间射艺团体的广泛资源，共同致力于射艺文化复兴。

二是射艺赛事的蓬勃开展与竞赛规则的逐渐完善。2006 年以后，中华射艺赛事在各级政府的支持下强势复归。2014 年 8 月 7 日，中国射箭协会成立传统弓分会（以下简称"分会"），标志着传统射箭正式成为国家认可的体育项目。自此，中华射艺的赛事组织、规则制定、人才培养、国际交流等诸多事务均受国家体育总局的指导和监管，摆脱了无序发展的困境。徐氏伉俪更是身体力行，于 2015 年出版《射艺》一书。作为分会的指定教材，该书结合两人数十年的射箭经验及近十余年对传统射艺的研究，科学地规范了传统射艺的动作技术。① 2020 年 6 月，分会出台了《中国传统弓竞赛规则》，更使后续的比赛有法可循。此外，民间射箭爱好者借由论坛建立的人际网络积极襄助赛事，并在报名、选拔、训练等事宜上贡献力量，彰显了强大的基层活力。在近 15 年的赛事经验积累中，国内逐渐形成了三大最具代表性的赛事品牌：尖扎比赛、阜阳比赛、天水比赛。

（一）尖扎比赛

全名"青海尖扎'五彩射箭'国际民族传统射箭邀请赛"。从 2006 年开始，截至 2018 年，该赛事已举办五届，且每届都能吸引国内外上百支代表队参赛。其中，第五届比赛更是吸引了 170 支代表队共计 2254 名运动员。② 从规则来看，"五彩神箭"虽曰"传统射箭"比赛，但仍容纳了现代竞技弓种，只是规定使用"光弓"（即去除瞄准器、平衡杆、撒放设备等）。即便是传统弓组，也没有规定必须使用拇指射法。③ 依据当地传统，比赛采用三角形五彩靶计分。比赛过程中也允许选手按照当地习俗在

---

① 徐开才. 射艺［M］. 桂林：广西师范大学出版社，2015.
② 欧阳天宁，马廉祯. 近五年国内传统射箭赛事现状分析［J］. 辽宁体育科技，2020(3)：94−100.
③ 五彩神箭国际传统射箭竞赛规则（中文）［N/OL］. 尖扎新闻网，2012−08−13. http://www.jianzhanews.com/system/2012/08/13/010853577.shtml.

箭靶周围洒酒。鉴于尖扎县是国家级非物质文化遗产"南山射箭"的主要传承地，而南山射箭恰是河湟藏族文化的重要载体，其本身包含了仪式（祭弓）、游艺（唱"拉伊"）、竞技等多重文化因素，[①] 故而"五彩神箭"比赛提供了一种复合性发展中华射艺的可行路径。当地政府也有意将其打造成民族文化品牌，以期通过"旅游+体育"推动地方经济。

（二）阜阳比赛

阜阳全国射艺邀请赛自 2014 年开始举办，至 2017 年共办四届，最初冠名"阿利杯"，2018 年及 2019 年比赛名称略有变化，但形式仍无太大差别。这一赛事的组织特点是政府和企业联办。"阿利弓箭"是阜阳的传统弓箭品牌，在全国拥有较高知名度。赛事由当地文体旅游主管单位牵头主办，阿利弓箭冠名或协办，旨在实现"产业+赛事+文旅"结合共赢的效果。比赛分个人赛和团体赛，2019 年还加入现代反曲弓组，且未要求"光弓"。[②] 竞赛规则亦不似竞技射箭那般严格，对传统弓的弓型箭型、选手射箭动作、比赛服饰等均无特别要求，使比赛显出更强的游艺性质。

（三）天水比赛

天水"李广杯"国际传统射箭锦标赛自 2015 年开始举办，至 2019 年共办五届，系中国射箭协会、甘肃省体育局、天水市人民政府共同主办且力推的 C 类国际体育赛事。以 2019 年第五届赛事为例，共有 79 支代表队共计 566 名选手参赛。[③] 为保护文化与彰显传统，该赛事分"竹木弓组""传统筋角弓组""现代传统弓组""少年现代传统弓组"四个组别，且规定必须使用竹木箭，亦必须采用拇指射法。此外，该项赛事规定选手在着装上也不能随意，少数民族选手应穿民族服饰，每一参赛队均需准备统一

---

① 巴盖措. 青海乐都南山射箭习俗述略［J］. 青海师范大学民族师范学院学报，2012（1）：65-67.

② 阜阳在线网. 2019 阜阳市颍州区首届射箭精英邀请赛在 558 文创园圆满闭幕！［N/OL］. 新浪网，2019-12-10. https://k.sina.com.cn/article_1678820605_6410c4fd01900mosm.html.

③ 中国·天水秦州第五届"李广杯"国际传统射箭锦标赛开幕［N/OL］. 搜狐网，2019-09-12. https://www.sohu.com/a/340570061_120044211.

队服。① 比赛在发射方法、计分方法和犯规处罚方面都有严格规定，具有竞技体育的规范性，亦体现出中国射箭协会主办比赛的权威性。此外，赛事期间主办方还举办了传统弓箭学术研讨会，并展销天水地区的特色产品，实现了"产业＋赛事＋学术"的三结合。客观地说，该赛事已被初步打造成天水的城市名片之一。

三是高校射艺活动的全面开花与日趋多元。另一值得关注的成果即高校射艺活动的勃兴。客观而言，高校射艺活动的缘起应追溯到日本弓道教育家内藤敬先后于天津体育学院和北京师范大学珠海分校建立的"求实弓道馆"及"求真弓道馆"。作为日本的古武道，弓道在理论、技法、仪式等诸多方面都体现出中国渊源。《礼记·射义》被公认为弓道的基础文本。此外，和弓的形态虽异于欧亚大陆常见的复合角弓，但射手仍采用整个东亚地区通行的拇指射法。明治维新之后，近代化浪潮为日本古武道的革新创造了基础，弓道嬗变为集仪式、竞技、民俗等因素于一体的体育活动。自 20 世纪 50 年代起，弓道进入日本学校体育教育，且无论竞、训、赛均拥有成熟的运作模式。② 内藤敬长期从事弓道教育，退休后发愿将弓道传回其射艺母国，自 1996 年起，共培养中国学生两百余人。

笔者曾于 2008 年至 2011 年于北京师范大学－香港浸会大学联合国际学院就读，其间受教于求真弓道馆，对弓道社团生活有直接的体认。日本高校体育社团强调"共修"，旨在让学生迈入社会之前学习团体相处之道。相较于课堂提供的"知识教养"，社团提供的则是"行为教养"。③ 弓道的日常训练（稽古）包括礼仪、射法两项，其成果则通过段位考评检验。段位越高，对射手礼仪德行的要求就愈严。质言之，弓道的核心仍在"自我修炼"与"自我完成"，即儒家"以礼立身"的观照。受内藤敬的启发，射艺研习者李军阳先生于 2007 年开始筹备中华"射道"课程，并于 2010 年在珠海联合国际学院开设选修课，开启了高校射艺课程化建设的进程。

---

① 中国·天水秦州第二届"李广杯"国际传统射箭锦标赛竞赛规程［R/OL］. 中国射箭协会传统弓分会，2016－07－20.

② 五贺友继. 现代弓道起源及其技法［J］. 江苏建筑职业技术学院学报，2017（3）：63.

③ 内藤敬. 在中国 16 年的回顾与展望［M］//北京师范大学弓道部编辑委员会，联合国际学院弓道部编辑委员会. 一同迈向未来！珠海：自印本，2011：11.

"射道"汲取了日本弓道的社团主导型模式,但在射艺技法、身体仪式上仍倚重中国典籍,并探索出由"射义研读""射法八节""同修射礼"三大模块组成的射道课程,以期兼顾仪式性与竞技性的同时,与大学生道德修身教育紧密结合。[①]

2015年以来,西南大学、上海对外经贸大学、清华大学、延边大学等高校陆续开设中华射艺课程。这些高校的射艺活动各有特色。有些高校偏重竞技性(如上海对外经贸大学),有些高校偏重仪式性(如清华大学),有些高校偏重民族性(如延边大学)。据统计,目前大约有40所中学、50所大学设有射艺课程。[②] 2018年上海对外经贸大学承办的"全国大学生射箭(射艺)锦标赛"参赛人数已达到1055人,可见中华射艺在高校传播已颇有成效。

第二节　中华射艺的迟滞因素

中华射艺的复兴虽令人鼓舞,但并非没有遗憾。民族体育并非热门的奥运门类,文化属性决定了其不可能成为主流的竞技项目。从零开始的重构,使中华射艺这一文化复合体内部技术、器物、制度等领域的体系化建构还有待长期摸索。因中华射艺的复兴更多的是"自下而上"的文化自觉,其"下"有着复杂的社会结构,当复杂的人员作用于各种场域,重重矛盾也随之凸显。

一、文化认知模糊导致践行模式混乱

中华射艺集文化的复杂性与兼容性、历史的跨越性与延续性、表达的一元性与多元性于一体,它是融入"中华"的所有族群共同创造的,兼有多种职能属性的文化遗产。然而,功利主义与民族主义的倾向使中华射艺在复兴之初即凸显了某种失序,并严重阻碍了受众对其文化属性的认知。

[①] 李军阳. 射道课程学生手册 [M]. 珠海:自印本,2012.
[②] 秦兆雄. 试论中日"射"文化交流 [J]. 文化中国学刊,2020(1):43.

这种失序主要表现为射艺团体内部的价值分立。有一定知识素养的人群或可秉承一系列注重文化特质、保持文化品位的实践理念，与之相比，大多数人则抱着猎奇的娱乐心态。此外，射艺群体中有相当一部分现代竞技射箭练习者，其往往主张将竞技性即"射准"发挥到极致。这就是中华射艺复兴过程中最具代表性的三种态度，即"弘扬传统""娱乐消遣""体育竞技"。

若秉承良性互动，或置于理性的竞赛机制，中华射艺复兴过程中的主要矛盾反倒容易调和。吊诡的是，矛盾的焦点往往来自同一群体内部。换言之，在三个主要受众群之内，亦分别存在着思想对立。弘扬传统本无可厚非，但若过分标榜所谓"明射流"与"清射流"，对其中隐藏的汉族中心论不加辩证，转而诉诸"汉法、胡法之争""清射非正统""礼射正统论"等，则难免使受众陷入对立。因古今中外的射箭技术皆有相似的身体动作法则，在中华射艺技术体系的重构中适当借鉴现代竞技射箭的训练方法亦无可厚非。然而，若纯然西化，以至在时下的比赛中出现具有作弊嫌疑的操作——在传统弓搭箭点上设计"箭台"、在弓弦上安装"唇珠"，势必使中华射艺的发展陷入非驴非马的困境。

二、训练缺乏系统导致技术体系失范

无论"弘扬传统""娱乐消遣"还是"体育竞技"，都应以规范的技术为前提，而非其价值立场。对一切以身体练习、身体活动、身体竞技为主要特征的运动形式而言，规范的技术是其赖以传承的根本。规范的技术源于科学的训练，只有科学的训练才能维系身心的健康。射箭是集准确性、稳定性、竞争性、一致性、流畅性、力量性于一体的运动。特别是施射的过程，其是在身体对负压的控制下完成的，是在拮抗中寻求和谐，它对肌肉力量和耐力都有着极高的要求。[①]

无论中华射艺，抑或现代竞技射箭，均有着相似的技术要求。首先，盲目地张弓搭箭素来被认为是大忌。在现代竞技射箭中，初学者最少要进

[①] 范凯斌，王卫星，李宗浩. 射箭项目力量训练设计理论研究［J］. 北京体育大学学报，2010，33（1）：109-110，113.

行三个月的模拟拉弓动作,并辅以一系列针对性的身体素质练习。我国古代的射艺典籍记载了初学者必须进行百日的桩功练习,以及以"内卷前肩"为代表的一系列伸筋拔骨法。古今中外相似的训练法则旨在规避开弓时的负压状态对身体的不良影响,正如明代射艺大师高颖在《武经射学正宗》中强调的"妄自引弓"的危害。① 美国射箭研究专家 Brian J. Sorrells 也时常撰文警示射箭运动中因各种错误动作而导致的运动损伤。② 民间研习者缺乏系统的训练指导,他们多不关心技术动作的规范性。经观察,常见的技术病态无外乎射艺典籍中反复告诫的"耸肩""驼背""僵臂""弩气""骨节不齐""造作撒放"六点。在科学的运动训练学语境中,"耸肩""驼背"干扰直线用力,"僵臂"干扰弓弦回路,"弩气"影响神经系统的稳态,"骨节不齐"则身形错乱。长此以往,不但有碍运动水平的提高,更严重有损身心健康。

三、管理工作失洽导致竞赛机制失调

2014年分会成立后,中华射艺发展迅猛。然而,过分发展势必产生诸多问题。作为复兴中华射艺的核心,分会虽有明确的组织架构,却未焕发出应有的活力。按分会之构成,除设立主席、副主席、理事从事各级管理外,还专门设有传统弓制作研究部、竞赛外联部、历史文化部、器材研究部、教练裁判工作部,分门类推动中华射艺复兴的各项工作。由于分会缺乏常态化的理事会磋商制度,各省复兴射艺的实践活动陷入失序,以至无法统合为相协调的步调。器材研究部尚未就器材标准化进行厘定,致使五花八门的器材充斥市场;历史文化研究部没有制定出体现在地特色的赛制,致使当前的主流赛事更趋近于"传统弓箭的现代锦标"。如此一来,教练裁判工作部的工作只能附属其间——按照竞技射箭的模式统而论之。众所周知,单项协会是体育事业发展的主体要素,其效力失和、工作失

---

① 高颖. 武经射学正宗·中卷辨惑门[M]. 明崇祯十年登龙馆刊本.
② Brian J. Sorrells. Guide to the Longbow: Tips, Advice, and History for Target Shooting and Hunting [M]. Mechanicsburg: Stackpole Books, 2014, pp. 23—25.

恰，势必对运动项目的健康发展造成巨大的影响。①

未形成常态化、规范化的竞赛机制，是制约中华射艺发展的另一瓶颈。竞赛是推动单项运动发展的主要媒介，如果没有良性的竞赛机制，单项运动必不能实现健康的发展，体育组织也终将失去其存在的意义。② 固然尖扎、天水与阜阳形成了常态化的射艺竞赛，分会也提供了仲裁的支持，但除上述三大赛事较为规范外，其他赛事仍处于摸索阶段，一些小型赛事因缺乏适当的支持而难以持续。尤其是，因传统射艺竞赛在属性上均为业余赛事，尚未形成规范有序的职业竞训机制，故上述"常态化"仅为相对概念，即便是三大赛事也曾陷入时断时续的尴尬局面。由于缺乏统一组织和规划，每一次比赛的子项目设置都不尽相同，常因容纳过多的表演元素致使其严肃性大打折扣。业余化的竞赛管理及赛事组织使得中华射艺健康、整体、有序的发展步调受到阻碍。

四、理论体系缺失导致发展路径迷茫

射艺复兴之始，应首先突出其体育性、竞技性以形成良好的习射氛围，待发展步入正轨，则需大力提炼其"文化性"，将其引导至"弘扬传统文化，提高文化自信"的轨道中去。该路径本应成为中华射艺的复兴指南，但是，囿于受众对中华射艺文化属性的模糊认知，未来的发展仍呈现出一种不可知性，从而衍生出以下三个问题：（1）中华射艺的复兴该不该依附于竞技体育模式？（2）中华射艺的复兴该不该取法"日本弓道"的模式？（3）中华射艺的复兴该不该顺其自然？

以"竞技体育模式"观之，中华射艺者执迷于争金夺银的价值取向。为寻求竞技成绩的提高，他们所践行的中华射艺确切地说更像是披着传统外衣的锦标主义，其对传统本身缺乏了解与敬意。如此一来，在传统弓上加诸辅助射准器材等"作弊"式操作自然不足为奇。以"日本弓道模式"观之，中华射艺者显然沉沦于"道"的理想境界。为无限趋近于一种抽象

---

① 袁钢. 全国性单项体育协会改革的法治化路径［J］. 体育科学，2019，39（1）：20-26，46.

② 杨升平，丛湖平. 体育竞赛组织形成机制的认识逻辑——兼论民间体育竞赛组织的培育发展机制［J］. 上海体育学院学报，2018，42（4）：44-49.

化情境，他们所践行的中华射艺往往在服装、技术、陈设、环境上下足功夫。然而，在缺乏特定文化语境、严谨学术研究及科学训练方式的情况下，盲目复古必然会将中华射艺的发展引向一种造作的神圣。以"顺其自然"的态度观之，中华射艺者显然更接近于历史虚无主义。他们所投以的"宽容"并不建诸"理解"之上，而是另外一种"冷漠"乃至"反智"，这种心态较前两者更不利于射艺的复兴。以上争论尤其聚焦于基层。究其根本，乃是诸家所谓的"研判"均缺乏系统的理论支持。以"发帖讨论"为主要方式的线上射艺研究难以转化为扎实的学术成果，故不仅无法为以上争论寻求解决之道，反而复坠混乱之局。线上讨论者往往缺乏体育学、考古学、历史学、人类学等学术背景，难以形成一个有章可循的理论体系，更谈不上严谨周延的论证逻辑，以至流于意气攻讦，不利于健康学术生态的营建。而学院中人又时常囿于学术体制，缺乏与民间爱好者的交流互动，更乏书本之外的实证素养。反观谢肃方等西方研究者构建的亚洲传统射箭研究网，其中不少文章作者都非学院中人，然而其著述在引证规范性、理论系统性上并不亚于专业学者，且形成了一个良性互动的学术共同体。在缺乏规范学术研究、多元理论创新、广泛文化交流的情况下，对中华射艺属性的重构即不可能达成。

第三节　复兴中华传统射艺的建议

针对上文所论中华射艺复兴之路中出现的四类阻滞因素，笔者提出五点对策。第一，须在概念上明晰中华射艺的文化属性，建立合乎历史的技术及器物体系，并厘清传统射艺与现代竞技射箭之间的关系。第二，在学术研究的基础上规范中华射艺的竞训体制，使之符合专业的体育逻辑，摒除亦中亦西、体系混乱的业余模式。第三，充分优化协会职能，提高赛事组织的效能。第四，改良中华射艺竞赛的方式与理念，焕发其文化内涵。第五，在中华射艺技术层面、器物层面、管理层面、赛事层面等诸项事宜步入正轨以后，应统合各界力量，着力提炼其文化价值，使之成为走向世界的中华优秀传统文化之代表。

第五章　中华射艺的当代复兴：动向、困境与对策

一、明晰"兼容并蓄"的文化特质，打造"融汇古今"的复兴模式

中华文化经历了几千年的发展，历经洗礼而未曾中断，其强大生命力的根源在于中华文明与生俱来的兼容性与调摄性，也即"有容纳之量与消化之功"，面对文化的停滞与僵化，"常有内发的修正"。①

明晰了中华射艺的文化特质，其器用载体则不言自明。无论是中古时期的"长弰宽渊类角弓"、清代的"长弰加弦垫式角弓"、先秦的"韘"，还是清代的"筒形扳指"，都是中华射艺的重要组成部分。我们不必拘泥于"什么是中国弓、中国射法"，更不必执着于"汉族射艺正统论"。但是，"包容性"并不为历史虚无主义站台，而是根植于一系列客观的文化事实。② 复兴射艺的过程中无论选用何种器物与技术，都必须合乎历史规律。近年来，郝勤教授团队在体育考古学领域成果迭出，初步建立了中华射艺器物部分的类型学谱系。射艺的复兴首先应重视体育史学者的研究成果，并从中涵养合乎史实的认知。

传统与现代并不是一对水火不容的矛盾体，二者之间体现的是文化发展中过去、现在和未来的辩证联系。③ 中华射艺的复兴应着力探索与当代事实的互洽。此间，韩国提供了可供参照的范本。射箭运动在韩国有广泛的群众基础，韩国射箭队更长期称霸国际箭坛。韩国人将传统射箭称为"国弓"，将奥林匹克射箭称为"洋弓"。他们认为"国弓"代表着传统文化的繁荣兴盛，"洋弓"代表着传统文化按照国际标准所衡量出的高度。正是"国弓"的繁荣，铸就了韩国在国际箭坛的地位。韩国人对于射箭有着精深的理解，无论何种射箭形式，射手们都秉承共通的精神操守。其所奉行的圭臬，正是基于儒家文化的"弓道九戒训"。"唯有在这样的儒家思

---

① 许倬云. 万古江河：中国历史文化的转折与开展 [M]. 上海：上海文艺出版社，2006：5.
② 张立文. 传统学导论 [J]. 上海社会科学院学术季刊，1989（1）：101-113.
③ 陈筠泉，刘奔. 哲学与文化 [M]. 北京：中国社会科学出版社，1996：280.

想的正能量下,韩国射箭才能留下如此特别,如此深刻的印象,启人深思。"① 中华射艺的复兴可适当借鉴韩国经验,提炼出其"形式"所依附的精神底蕴,并使之成为沟通传统与现代的良性发展基础。至于是在民族性格中寻找,还是在儒家思想中提炼,抑或是在中华民族伟大复兴的历史使命中重构,有赖于今后学界、业界同仁的共同探索。

二、重构"合乎历史"的技术体系,提高"多元并进"的竞技水平

如前所述,射箭运动有其恒常的规范,现代术语称为"直线用力",中国传统语境则称为"五平三靠"。虽表述不同,但二者均指代专项技术的"一致性"与"协调性"。如今,业界与学界常抱憾中华射艺技术体系的断层及相关著作的缺失。但揆诸史实,中华射艺中最丰富、最精彩的研究恰出自技术领域,且不论古代繁多的射箭技巧类书籍,民国时期的相关研究亦非常丰富。例如张唯中《弓箭学大纲》堪称中华射艺技术领域的典范。该书梳理了中华射艺的渊源、训练方法与文化价值。最重要的是,作者独具匠心地设计了切实可行的初、中、高三级练法。② 另外,成都射德会成员曾鹏程于1936年写成《国粹体育拉弓射箭浅说》,从器材选择、训练方法、易犯错误等方面展开了较为科学的论述。③ 以上著作是传统体育理论科学化的首次重要尝试,其意义本不应被遗忘。今天谈射艺复兴,更应系统整理前人成果,并从中汲取养分,重构规范的技术体系。

此外,还应加强对非物质文化遗产的保护。据笔者团队的田野调查,当今尚有零星清代射艺传承者,如老北京弓箭行传人周晓初先生、武备文化研究者刘勇先生。清射体系是唯一延续至今,且伴随有大量图像资料的技艺。对清射体系的抢救挖掘,不仅能提供一个"实在的传统",更能够为我们研究历史上所有"大拉距技术"提供一个真实的参照。遗憾的是,囿于一些成见,其重要性并没有引起广泛重视。

---

① 元万中. 管窥韩国传统弓发展与其竞技射箭崛起的关联 [M] //马廉祯. 武学(第二辑)——中国传统射箭专辑. 广州:广东人民出版社,2017:290-296.
② 张唯中. 弓箭学大纲 [M]. 出版社不详,1934.
③ 曾鹏程. 国粹体育拉弓射箭浅说 [M]. 出版社不详,1936.

保护传统亦不能故步自封。关注多元文化的射箭形态将有助于自身技术体系的重构。因此，向延续了射艺传统的友邦汲取经验是十分必要的。既然 15 世纪前后的奥斯曼帝国、克里米亚汗国、明帝国、李氏朝鲜均使用着在类型学上被称为"小梢角弓"的器物，那么，当重构明代射艺时，是否可对土耳其和韩国的传统射箭技术进行研习？特定的器物模塑特定的身体。既然武备是统一的，就不得不关注可能存在的技术相似性。规范的技术不仅包括步射技术，更包括濒临失传却又至关重要的骑射技术。2014年以来，有识之士在复兴骑射的过程中投入了极大的热情。笔者认为，相较于步射，中华射艺技术体系中进步最大的是骑射。这与骑射兴起的背景密不可分。我国当代骑射发端于对传统骑射强国匈牙利、土耳其、日本技术体系的积极学习，亦源自对世界各种骑射赛制的积极引入。虚心学习的心态促进了中国骑射水平短时间内的飞跃。如今的国际骑射赛场均可见到高水平中国骑射手的风采。未来我国无论步射还是骑射的发展，都应加强对传统射箭强国的学习，并在广泛的国际场合中通过"以赛带训""竞训合一"的模式促进技术体系的完善与竞技水平的提高。

三、深化"精准高效"的协会职能，聚焦"立德树人"的教育宗旨

自 2014 年起，中国射箭协会传统弓分会对引领中华射艺的复兴做出了一些实质性的努力，如厘定了以 30 米、40 米、50 米、60 米为基准的竞赛模式，支持了青海、安徽、甘肃等地赛事，开展了三次高校射艺师资培训，组织了首届传统弓箭制作研讨会，因而获得了业界一定程度的认可。作为切实参与了分会各项事务的理事会成员，笔者对分会的实际运作较为了解。为优化协会职能，实现高效引领，并本着学者的问题意识，笔者拟对分会现存的一些问题提出优化策略。

一是建立定期的理事会会晤机制。赛事是促进项目发展的最主要平台，是扩大文化传播的最主要抓手。若没有常态化、特色化的赛事，中华射艺复兴的能效即无法检验。目前，大多数省份皆有零星的赛事，但这些赛事多源于射艺推广者的热诚及地方政府的诉求，尚缺乏系统规范的组织能力，因而无法实现循环化发展。鉴于这一情况，定期的理事会会晤机制

可有效统合各地区的组织活力。更为重要的是，通过化零为整，可为常态化的中华射艺"全国循环赛"的实现打下良好的基础，更有利于分会政策的上传下达，形成上下一体的发展合力。

二是焕发内部各部门的工作效力。如前所述，近几年来分会内部的各部门并没有形成良好的通力协作。为改变这一尴尬局面，历史文化研究部应着力挖掘中华射艺的文化底蕴，整合学术资源，尽可能产出高质量的学术作品，并通过多媒介广泛传播，不断深化中华射艺的内涵。鉴于弓箭是对安全性要求极高的体育用品，器材研究部与传统弓制作研究部应通力协作，在尊重传统的基础上，制定出合乎安全规范的器材标准。竞赛外联部应加强与外国弓箭协会的联系，并通过信息互通、赛事共享、人员互动等形式拓宽中华射艺的视野。教练裁判工作部应尽快组织全国性的裁判员、教练员培训，形成满足中华射艺自身发展的人才储备库，使中华射艺在竞赛机制上尽快走出对现代竞技射箭体系的依赖。

三是打造更具文化性、投射性的教材。教材是对知识体系标准化、科学化、具体化的阐释，做好教材建设至关重要。目前唯一受协会认可的教材即徐开才先生的《射艺》，该书的出版在传统技术体系尚处于重构阶段的当下有着重要的意义。然而我们也必须关注到，在保持体育性的同时，文化性才是中华射艺的核心要义。因此，教材的编纂不应止于技术层面的描述，更应推进到文化层面的阐发。总之，分会应打破行业区隔，以更加开放的胸怀促成体育、历史、考古等多领域学者共同论证，在彰显"文化性"的标准下统一进行教材编纂。客观地说，《射艺》远未形成预期的投射效力，原因在于没有健全教材投射的运行机制。未来的教材在体现文化性的同时，更应加大辐射面，促进从"焕发兴趣"到"主动学习"的衔接；形成从"技能学习"到"文化涵养"的深化，从而形成一套立德树人的教育模式。唯有如此，未来协会才能运用自身资源在各大中小学开展教材及师资统一的射艺课程，实现中华射艺的大范围推广。

四、挖掘"彰显传统"的民族特色，推动"人文优先"的竞赛理念

在实现赛事常态化之后，应着力体现传统特色，使中华射艺在竞赛机

制上逐渐淡化现代竞技体育的影响，避免因精华丧失而被他者同化。笔者认为，适合本土文化性格的比赛应摆脱对"量化""射准"的过分追求。多元的文化体验似乎更有利于中华射艺的整体弘扬。换言之，以"射准"量化优劣本没有错，但不能过分锦标主义。这不但违背了体育精神，更有违中华文化的特质。

在历史上，朝鲜半岛、日本、外蒙古长期与中华文明互动，并形成了西嶋定生所说的"受中华文化影响而成，一个完整、独立、自律的东亚世界"[①]。故而，向邻邦借鉴相关经验，对促进中华射艺的发展意义重大。日本人追求"无心"，即所谓"禅"的境界；韩国人奉持"弓道九戒训"，以期"克己复礼为仁"；蒙古人挽弓于苍穹，联结着尚武的集体记忆。中华射艺的复兴也应如此，遴选本土文化元素注入其间，突出历史性、弘扬传统性、彰显民族性。例如：就标靶而言，可选择传统色彩浓厚的"侯"，辅以适当的设计；就项目设置而言，在条件允许的情况下，应顺势弘扬失落已久的骑射，并在固有的立射比赛中增加传统性、趣味性更强的射飞靶、射"九射格"、开硬弓等竞技模式。

笔者认为，阜阳比赛模式应成为未来的范本。在固有竞技射准外，阜阳赛增加了"射虎小英雄争霸赛""巾帼英雄争霸赛""华夏武状元争霸赛""速射比赛"等多种形式。上述比赛均不过分关注锦标，而注重"广泛的参与"与"多元的体验"。例如："射虎小英雄争霸赛"并不采用计分环靶，而是要求8岁以下的儿童使用专用弓箭，凡一打（12支）箭中有一箭射中15米外约30厘米见方的小老虎图案即评为优胜。"巾帼英雄争霸赛"虽有射准要求，但更多地展现的是新时代女性的英姿。具体评判标准是，在30米外射击30厘米见方的牡丹花图案，一打箭内射中次数最多的选手被授予"巾帼英雄"称号，其余选手也皆被评为"优秀"。"华夏武状元争霸赛"由75米射稻草人、开硬弓两部分组成。在所有参赛选手中，只有第一轮比赛中有3支箭射中稻草人者可进入开硬弓环节。入围者将面临80磅、90磅、100磅三种规格的硬弓，取张弓最重者为最终的优胜，授予"华夏武状元"头衔。"速射比赛"不单要求射准，射手以10米为靶

---

① 西嶋定生. 中国古代国家与东亚世界［M］. 东京：东京大学出版会，1983：59.

距，在 20 秒内中靶多者为优胜。

阜阳赛焕发了勇敢自信的少儿品格，展示了独立潇洒的女性魅力，彰显了行健不息的男性气质。实践证明，不奉射准为圭臬的阜阳模式受到了参与者的极大好评。未来中华射艺的复兴应在此基础上继续挖掘更多的人文元素。

五、反思"拿来主义"的发展取向，凝练"惠及世界"的文化符号

在中华射艺复兴之始，着力焕发其体育性是必要的。在技术体系和竞赛模式趋于规范后，应抓住时机，促成其"体育性"向"文化性"的转变，最终实现民族传统体育的创造性转化与创新性发展。此间可在一定程度上借鉴日本弓道的发展模式，通过凝练精神内核，将中华射艺打造成中华民族重要的文化符号。

当然，不加甄别的拿来主义并不明智。应该思考的是，日本弓道的哪些方面对中华射艺发展有益。笔者认为，应向日本弓道学习的是一种对文化的整体思考，以及与之契合的发展模式。要言之，在文化的系统性上，中华射艺的发展不能仅仅建立在器物技术层，而更应关注具有独立内核的文化层与制度习俗层；在发展模式上，应将中华射艺着力打造成为一种身心并重、化民成俗的文化体验；在具体实现措施上，应具备四个充分条件：规范化的晋级标准、民俗化的身体仪式、高雅化的习射环境、本土化的理论体系。

不过，未来中华射艺的发展更应规避日本弓道的某些局限。自明治时代起，日本知识精英为抵御西方霸权话语的潜在威胁，发明了一系列与之相对峙的日本化概念。明治至昭和时代早期，空前高涨的民族主义倾向使日本知识精英一面警惕西方，一面排斥东方。恰如铃木大拙对抽象的、超越民族界限的"禅"的强调，巧妙地避开了日本雅正文化的中国起源，亦高明地绕过了西方精神体验的两希文明基础。在此过程中，日本知识精英将艺术形式从有闲阶级的纯粹爱好提高到了对终极真理的表达，通过宣称

日本高雅文化与"禅"之间的关系,力图将整个民族神化。^① 恰在此时,彰显日本民族无限精神力的"弓道"完成了建构,形成了今天的样态。质言之,弓道哲学是以"与历史无关"的特征重构的。在"民族圣象化"的浪潮中,弓道大师以铃木大拙的禅学为基础,完成了弓道的神化。

追溯日本弓道的形成历程是为了检视其内在发展逻辑中受民族主义神话宰制的一元现代性叙事。如果说早期西方对东方的理解裹挟了萨义德(Edward W. Said)所谓的"东方主义(Orientalism)",那么,日本弓道的建构实可看作日本民族取径东方主义的"西方主义(Occidentalism)",其间裹挟了对西方世界乃至中华文化的去人性化理解与报复性想象。21世纪以来,不断深入的全球化浪潮使无论"东方主义"还是"西方主义"均面临着多元现代性的质询。而此间寻求广泛理解与相互包容,并探索具有普遍性、永恒意义的文化模式必将成为今后人类社会发展的重要议题。

小 结

中华射艺的复兴至今已积累了约 20 年的经验与成果,遗憾的是学界与业界鲜少对此课题进行全局性的观察与反思。作为最早的一批民间射艺研习者,笔者既亲身参与了这一复兴历程,又有幸进入中国射箭协会传统弓分会,并最终忝列学林,更觉应负起学术责任,将此段经历转化为人类学式的田野调查材料,再辅以相关文献,对中华射艺复兴之动向做一提纲挈领式的梳理。

中华射艺的复兴实乃多方合力及大好时势所造就。首先,中华射艺包含了各种优秀的文化要素,其器物及射法是欧亚文明交流的产物,其礼仪与制度是儒家文明的集中彰显,其流风与思想更是泽被整个东北亚。若选择一项最能代表中国文化气度的民族传统体育项目,射艺当之无愧。随着国家对弘扬传统文化的诉求日益凸显,学术界、体育界及民间爱好者三方

---

① 唐纳德·S.洛佩兹. 佛之主事们——殖民主义下的佛教研究[M]. 中国人民大学国际学院西域历史语言研究所,译. 北京:中国人民大学出版社,2015:140.

合力，共同创造了射艺复兴的整体气象。但是，中华射艺毕竟经历了近百年的文化断层，复兴之路尚待探索，所遇问题必须直面。上文所论阻滞因素，无论文化层面、技术层面、管理层面还是学术层面，无外乎民间爱好者、学术界、体育界三方未能形成一个良性的共同体。民间爱好者由于视野所限，未能很好地接受学术界的既有成果，其原创知识与实践活动又未被学界和体育界充分重视；学术界则囿于学术话语及学术制度，未能将研究成果转化为体育界所需的对策方案或民间爱好者所需的前沿信息，即自身在研究旨趣上还未能紧跟射艺复兴的时代需求；体育界在此间本应做到通过规范竞训体制来协调和引领学界和民间发挥各自的力量，但由于整体发展方向不明，使具有可持续性和前瞻性的复兴规划难以落实。

体育界、学术界、民间爱好者三方需在妥善厘清自身定位的前提下，通过革新思维方式与实践模式构筑真正切合中华文化复兴命题的命运共同体。只有以上各方充分凝聚力量，总结历史经验，不断提升自我，方能让中华射艺在接续中华文明多元一体传统的基础上实现升华，直至成为人类共同的文化财富。

下篇 XIAPIAN
域外射艺文化

第六章　丝绸之路上的射箭文化传播暨"射艺之路"的形成

1877 年，德国人李希霍芬首次将贯通欧亚的古老商路冠名以"丝绸之路"，吸引了全球范围内历史、宗教、民族、考古等领域学者的持续关注，至今方兴未艾。① 丝绸之路不仅交通货物，更传播文明。由陆上丝绸之路又衍生出"海上丝绸之路""南丝绸之路""草原丝绸之路"等。这种超越了"丝绸"与"路"的文化地理空间构成了今天学术研究的基本论述单元。② 本章选用文献、文物、图像排比相结合的研究方法，以人类共有的射箭文化为研究对象，陈以器物、武技、礼俗三个论域，以期宣示"以人类射矢活动为基底，与丝绸之路的时空相交叠，以跨文化传播为主题的欧亚射文化传播之路"，即本章所谓"射艺之路"。

第一节　弯月弓韬背后的射武备传播

东周以降即有被称作"弓韬"的盛弓器，如《左传·僖公二十三年》："若不获命，其左执鞭弭，右属櫜鞬，以与君周旋。"③ 东吴韦昭在训释该条目中指出："櫜，矢房。鞬，弓弢也。"西晋杜预云："櫜以受箭，鞬以受弓。属，著也。"知"鞬"与"弢"皆备"盛弓"之用。④ "弢"与

---

① 马丽蓉. 百年来国际丝路学研究的脉络及中国丝路学振兴［J］. 新疆师范大学学报（哲学社会科学版），2018，43（2）：60—77.
② 布尔努瓦. 丝绸之路［M］. 耿昇，译. 北京：中国藏学出版社，2016：1—2.
③ 左丘明. 左传［M］. 上海：上海古籍出版社，2016：210.
④ 沈文倬. 说"箙"［J］. 浙江大学学报（人文社会科学版），2006，36（3）：176—177.

"韬"实为音转,均指"皮弓袋"。① 两汉以来考古所见画像砖石、墓葬壁画均出现过弓韬的形象,其形制大致有长筒形、三角形、刀把形和弯月形四种。其中,最为扑朔迷离的当属唐代的"弯月弓韬"。作为一种悬挂式弓囊,其多以虎皮、豹皮制成,故又有"豹韬""虎文帐"之称。"豹韬"与"虎文帐"皆形似弯月,故统称弯月弓韬。因有机质易分解,考古文物中弓囊几不可得,仅唐代壁画、石刻、陶俑、金银器中有所呈现。又因中原文化素无腰间悬弓矢习俗,且盛弓矢器多为木质背负式的"箙",而非皮质悬挂式的"囊",故考镜弯月弓韬之源流是射箭史上的重要议题。

唐墓壁画中的直观图像见章怀太子墓壁画《仪卫图》。画面中,众武士着圆领袍,束朱红抹额,扎蹀躞带,左悬弯月弓韬,右悬胡禄。阿史那忠墓壁画《侍者图》绘有手抱弯月弓韬的侍者(图6-1)。② 安国相王孺人唐氏、崔氏墓葬壁画亦绘有弯月弓韬,虎头的设计引人注目(图6-2)。③ 唐懿德太子墓壁画《仪卫出行图》绘有头戴黑色虚帽,穿着圆领袍的武士,其左侧腰间统一悬挂弯月弓韬兼以横刀。该墓亦出土了一件同样装束的骑猎俑,但弯月形弓韬的形象更加醒目(图6-3)。④ 此外,何家村唐代窖藏曾清理出一件带有浓郁波斯风格的高足银杯,杯身刻有清晰的骑射武士图像,武士纵马穿行于缠枝藤络间,腰间可见弯月弓韬,马蹄张开呈180度(图6-4)。⑤

---

① 程邦雄. 释"橐"[J]. 古汉语研究, 2003, 59 (2): 57—60.
② 昭陵博物馆. 昭陵唐墓壁画[M]. 北京: 文物出版社, 2006: 34, 187.
③ 史家珍, 吴业恒, 朱磊. 唐安国相王孺人唐氏、崔氏墓发掘简报[J]. 中原文物, 2005 (6): 19—36.
④ 陕西省博物馆, 乾县文教局唐墓发掘组. 唐懿德太子墓发掘简报[J]. 文物, 1972 (7): 26—32.
⑤ 齐东方, 申秦雁. 花舞大唐春——何家村遗宝精粹[M]. 北京: 文物出版社, 2003: 57.

第六章　丝绸之路上的射箭文化传播暨"射艺之路"的形成

图 6-1　阿史那忠墓侍者图

图 6-2　安国相王孺人墓壁画

图 6-3　懿德太子墓骑猎俑

图 6-4　何家村窖藏高足杯

中原最早的弯月弓韬图像见北周入华粟特人安伽墓。该墓围屏石榻图中有一手持长矛、腰挎弓韬、纵马猎兽的武士（图 6-5）。5—9 世纪，粟特人被称为"昭武九姓"，属于受波斯文化影响的东伊朗族群。石榻的构图体现出浓郁的波斯文化特色。首先，骑猎图常见于古代波斯艺术。该类图像多为乘骑武士手持弓、矛、剑等兵器对狮、羚、猪等猎物做激烈搏杀状，尤以马蹄之 180 度张开最为醒目。霍巍曾明示该类型图像在整个欧亚大陆的传播普遍性。[①] 其次，图中缠枝藤络纹样是古代波斯艺术中常见的生命树，常作为分割图像的对称轴。最后，与佩戴弯月弓韬武士相对称，

---

① 霍巍. 西域风格与唐风染化：中古时期吐蕃与粟特人的棺板装饰传统试析 [J]. 敦煌学辑刊，2007（1）：82-94.

恰有一个腰挎盛矢器"胡禄"的骑射武士与之呼应。经笔者考证，胡禄源于4世纪的萨珊波斯，且多与弯月弓韬配合使用。① 由此观之，中原最早的弯月弓韬图像带有浓厚的波斯风格。

图6-5 安伽墓围屏石榻

作为欧亚文明交汇的枢纽，中亚的边界是模糊的。其东大致为中国西北部，西至伊朗高原东部，南至咸海北岸，北到兴都库什山北麓。质言之，它是古代丝绸之路的中央通道。7世纪中期，弯月弓韬的形象在高昌出现。阿斯塔纳墓地206号墓中曾清理出一件骑马武士俑，腰间戴弯月弓韬（图6-6）。② 同期，撒马尔罕古城大使厅南墙壁画描绘有康国城主为庆祝波斯新年，率众祭祀神庙的盛景。构图中心的城主身上亦可见弯月弓韬（图6-7）。③ 6世纪中期，敦煌285窟壁画《五百强盗成佛图》④，克

---

① 贠琰. 唐代射箭装备"胡禄"源流再考[J]. 体育文化导刊, 2018, 191 (5): 130-135.
② 任萌. 天山东、中部地区突厥时期典型岩画分析[J]. 西域研究, 2012 (4): 56-66.
③ 康马泰. 唐风吹拂撒马尔罕：粟特艺术与中国、波斯、印度、拜占庭[M]. 毛铭, 译. 桂林：漓江出版社, 2016: 91.
④ 段文杰, 樊锦诗. 中国敦煌壁画全集[M]. 天津：天津人民美术出版社, 2006: 95.

孜尔 224 窟壁画《八王分舍利图》同时现了弯月弓韬的图像（图 6-8）。①画面中佩戴弯月弓韬的人物多为骑士，均身着重甲。

图 6-6　阿斯塔纳 206 号墓骑马武士俑（线描图）

图 6-7　撒马尔罕古城大使厅南墙壁画（线描图）

---

① 新疆维吾尔自治区文物管理委员会，拜城县克孜尔千佛洞文物保管所，北京大学考古系．中国石窟·克孜尔石窟（第一卷）[M]．北京：文物出版社，1989：46．

图 6-8　克孜尔 224 窟《八王分舍利图》

最早的弯月弓韬图像为克孜尔 14 窟壁画《智马本生图》。作为 5 世纪早期的西域佛教艺术,其背后的文化构造值得解析。首先,壁画中佩戴弯月弓韬的骑士身着大翻领对襟长袍,胸前左右各设一圆形护胸板甲,腰部扎以束甲绦绳,装束与《五百强盗成佛图》《八王分舍利图》中的骑士趋同,属明显的波斯武备风格。① 其次,骑士脚尖为僵直对地状。马尔夏克认为此波斯贵族文化之惯常,无镫乘骑被波斯人认为是优雅的举止。② 最后,在克孜尔洞窟"画家洞"的壁画中,克孜尔艺术的创作者仍是一身波斯风格装束。经格伦威德尔释读,得知其中一个画家名叫"米特拉丹达",此乃希腊化的波斯名字,应为东伊朗族群的吐火罗人,吐火罗人与波斯人共同接受了波斯文化的影响。③

几乎整个欧亚大陆的弯月弓韬图像都带有浓厚的波斯元素。加之考虑到制作弯月弓韬的重要介质豹皮盛行于古代波斯,且常与弯月弓韬搭配使用的胡禄源自 4 世纪的萨珊波斯,笔者认为,弯月弓韬应源于 3—4 世纪

---

① 满莹莹. 龟兹石窟波斯艺术元素与中外文化交流考论 [J]. 新疆师范大学学报(哲学社会科学版),2012,33(3):59-64.

② 马尔夏克. 突厥人、粟特人与娜娜女神 [M]. 毛铭,译. 桂林:漓江出版社,2016:143.

③ 羽田亨. 西域文明史概论 [M]. 耿世民,译. 北京:中华书局,2005:34-35,89.

的萨珊波斯帝国，然而，它却在兼容并蓄的唐代实现了勃兴。

第二节　"胡服骑射"背后的射武技传播

据《战国策·赵策》，赵武灵王于公元前302年颁布诏令，"胡服骑射"改革方兴，中原地区成建制的骑兵、弓骑兵肇始。显然，骑射之技源出游牧族群。那么，史籍所载教会赵人胡服骑射的林胡、楼烦等部为何人？其骑射之技又始于何时何地，经过了何种演变？骑射究竟始于何时何地已不可考，然而，若以"骑乘工具""骑乘服饰""骑射武器"三个向度审视，骑射之缘起、传播自有迹可循。

一、骑乘工具

驯马之技源出中亚，因其野马繁衍集中。今哈萨克斯坦柏台文化遗址（约前3500—前3000年）出土有大量马骨，辅以作为生产工具的马骨渔叉，兼有大量沉积的马粪。然而，彼时的马匹仅为食物来源，并无乘载之用。御术早于骑术，车兵早于骑兵，因骑乘的马具如马衔、马鞍、马镫具有复杂的物理构造，其发明与组合尚需时间。已知最早的双轮马车出自西西伯利亚辛塔什塔－彼德罗夫文化遗址（约前2000年），其地望大致为南乌拉尔山脉东麓，车里雅宾斯克以南、托博尔（Tobol）河与伊辛（Ishim）河之间的草原腹地。① 马车的传播以东西分向，西线由哈萨克草原经亚美尼亚高原或伊朗高原入西亚，复传入埃及，东线经河西走廊或西伯利亚－蒙古草原进入远东。② 公元前14世纪，无论埃及、亚述还是殷商皆已出现成熟的战车部队，亦出现了乘车的弓箭手（图6-9）。已知最早的乘骑证据出自南俄草原的阿尔泰－萨彦（Altay Sayan）地区（约前1500年）。③ 恰在此时，南俄草原上开始了著名的雅利安人大迁徙。其南

---

① 王海城. 中国马车的起源 [J]. 欧亚学刊, 2001, 辑刊: 1-75.
② 郭静云. 古代亚洲的驯马、乘马与游战族群 [J]. 中国社会科学, 2012 (6): 184-204.
③ 王明珂. 华夏边缘: 历史记忆与族群认同 [M]. 北京: 社会科学文献出版社, 2006: 88.

支侵入古代印度，驱逐了达罗毗荼人而渐次得势，西支侵入波斯，伊朗文明得以肇始。最早的骑射图像出自亚述浮雕（图6-10），其时无鞍、无镫。当时的亚述普遍使用双人骑乘法，前方骑手控制缰绳，后方骑手持弓射箭，以弥补缺乏合适的马具造成的稳定缺陷。萨尔贡二世时期（前721—前705），亚述人发明了适用的马鞍，骑兵逐渐替代战车成为军队的主力。①

图6-9　拉美西斯二世时期的埃及战车

图6-10　亚述骑射浮雕

---

① Noble D. Assyrian Chariotry and Cavalry [J]. State Archives of Assyria Bulletin, 1990, (4), pp. 61-68.

公元前9世纪，黑海北岸的斯基泰人越过高加索山，与亚述帝国发生冲突。前7世纪早期，斯基泰王伊斯卡帕入侵亚述。不久，亚述与斯基泰结盟，驱赶辛梅里安人。前7世纪晚期，斯基泰人倒戈，伙同巴比伦人、米底人推翻了亚述帝国。斯基泰人屡屡入侵西亚，他们的骑兵奔驰于高加索与叙利亚之间，寻找掠夺物，这是游牧民对南方古文明地区的第一次入侵。"斯基泰"最初是希腊人对黑海以北游牧民的称谓，词源可追溯至古伊朗语 skuda，意为"射手、弓手"。① 斯基泰人与进入波斯的雅利安人属同族，故格鲁塞说："马是斯基泰人须臾不可分离的伴侣，斯基泰人最爱用的武器是弓。"② 以乘骑和射术著称的斯基泰人在战车年代就拥有娴熟的骑射技术，并在长期迁徙、碰撞中与欧亚诸部进行文化交流。亚述帝国的骑兵战术很有可能受到斯基泰人的影响。同时，亚述人改良的马鞍也传到了斯基泰和其他草原民族。今内蒙古南山根遗址出土了远东地区最早将马用作骑乘的考古学证据。该遗址大致对应中原地区的春秋时期。在一件出土铜环上，考古人员发现了精美的骑马追兽立雕。南山根遗址出土文物的器型学谱系与黄河流域春秋时期的典型器物区别明显，故学术界认为其当属彼时"诸戎狄"的文化遗存。③

二、骑乘服饰

裤子的出现可佐证骑术之兴起。裤子又称"分腿式下装"，旨在兼顾骑乘的同时保护生殖器。约3000年前，欧亚大陆的衣冠还是以袍服、长衫及围裙为主，有裆分腿裤尚未出现。在裤子出现之前，要装备大规模的骑兵几无可能。

新疆洋海遗址 M157 出土羊的毛裤被认为是最早的骑马用裤装，碳十四测定在约公元前1261年至前1041年。该遗址 M21 亦出土了一件类似裤装，保存更加完好，碳十四测定在公元前1028年左右（图6-11）。

---

① 刘雪飞. 西方古典文献中的三种"斯基泰人"概念 [J]. 北方民族大学学报（哲学社会科学版），2014，115（1）：34-43.
② 勒内·格鲁塞. 草原帝国 [M]. 蓝琪，译. 北京：商务印书馆，1999：26.
③ 刘观民，徐光翼. 宁城南山根遗址发掘报告 [J]. 考古学报，1975，(1)：117-140.

M157还出土了复合弓和皮弓箭袋，M21亦可见随葬马具及护手用射鞲。① 该遗址位于火焰山南麓，属游牧特征明显的苏贝希文化早期。在人种构成上，既包括西方印欧人种，也包括东方蒙古人种；在文化因素上，既有西边早期斯基泰文化影响，也有东边南湾、四坝、仰韶等文化形态。② 在骑射方面，则与斯基泰文化更近。公元前9世纪的亚述浮雕，亚述弓箭手已装备了过膝的分腿式马裤。总之，以便利骑乘为目的而设计的分腿式裤子，于公元前9世纪传入近东，随后逐渐覆盖了整个欧亚大陆。对于赵武灵王引入之"胡服"，王国维做过细致的考释。首先，赵人模仿胡人，将貂尾、鸟羽插于头盔，并饰以金制附蝉（蝉状配饰），此所谓"惠文冠"，因赵惠文王继承了此种服制而得名。其次，引入胡人之蹀躞带，带间饰以黄金，配以金质钩子，此所谓"师比"。最后，改周代上衣下裳、宽袍大袖的服制。上着改良小褶，下着分腿裤，履胡人马靴。王国维未言明"褶"是广袖还是窄袖。广袖，射箭时按《仪礼·乡射礼》记载需"左袒"，以免弓弦打袖，这种方式显然不适合骑射。精通骑射的斯基泰人上着窄袖衣。毗邻胡人的秦国，其骑兵亦着窄袖。故笔者认为，赵国骑兵当着窄袖无疑。"袴"本为周代衣冠，后唐马缟《中华古今注》卷中"袴"条云："袴，盖古之裳也……名曰袴，但不缝口而已，庶人衣服也。"③ 王国维推测，"袴"乃用作内裤的襦袴，分腿而无裆。反穿于外替代不分腿的"裳"，此乃胡人之影响。④ 显而易见"袴"与洋海裤装极为相似，唯裁剪方式或有不同。

---

① 黎珂等. 裤子、骑马与游牧——新疆吐鲁番洋海墓地出土有裆裤子研究［J］. 西域研究，2015，(2)：48-62.
② 邵会秋. 新疆苏贝希文化研究［J］. 边疆考古研究，2012，(12)：193-216.
③ 马缟. 中华古今注［M］. 沈阳：辽宁教育出版社，1998：26.
④ 王国维. 胡服考［M］//观堂集林（外二种）. 石家庄：河北教育出版社，2003：528-533.

第六章　丝绸之路上的射箭文化传播暨"射艺之路"的形成

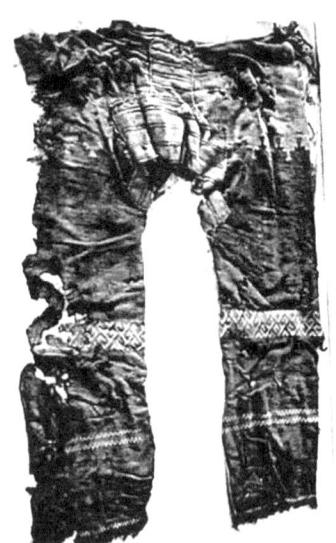

图6-11　洋海遗址 M21 出土的裤子

斯基泰人的足迹覆盖了从中欧到蒙古高原的广大地区。古籍中的"丁零"即一支活跃于贝加尔湖沿岸的游牧部族，属和斯基泰文化接近的塔加尔文化（Tagar）。马长寿认为，古籍中的"狄"，即"丁零"或"狄历"的音译。① 与赵国在河套发生冲突的"林胡"，即"澹林之胡"或"襜褴之胡"的简称。"澹林""襜褴"与"丁零""狄历"音近，皆取 Turk（狄）一词音译。Turk 很可能并非源于波斯人对中亚"蛮族"的他称，"狄"也并非诸夏对蛮夷的他称。相反，它们更可能是游牧民的自称。总之，无论是丁零还是林胡，其皆与斯基泰文化接近。赵国改制的胡服多饰以黄金，此实乃斯基泰艺术审美，不类中原尚玉风俗。故吉谢列夫认为："西部的斯基泰人，南乌拉尔的萨夫罗马特人，中亚细亚的马萨格特人，丁零人-萨彦-阿尔泰的迈埃米尔文和塔加尔诸部落，贝加尔湖沿岸、蒙古和鄂尔多斯的居民，都使用同样的兵器、马具和饰物，他们喜欢同样的艺术形象和意境……辽阔的草原地带，还在那时就已经用物质文化和艺术思想的统一性，联结了东欧和北亚。"② 在公元前 7 世纪塔加尔文化出现

---

① 马长寿. 北狄与匈奴 [M]. 上海：上海三联书店，1962：1-20.
② 吉谢列夫. 南西伯利亚古代史（上册）[M]. 乌鲁木齐：新疆社会科学院民族研究所，1981：151-152.

之后，整个草原丝绸之路已经完全被游牧民打通，欧亚大陆两端的文化交流更加频繁。

三、骑乘武器

早期箭镞与骑射的关系尚不明确，本节骑射武器单指骑射所用"筋角木反曲复合弓"（简称角弓）。角弓最早出现于拉美西斯二世时期，因上弦后呈三角形，史称"埃及三角弓"。后亚述帝国沿袭了这一形制，唯弓弰部分出现些许翻卷。同期，斯基泰人也发展了自己的弓型，即"三连弧蛇型弓"。

新疆鄯善洋海遗址出土有大量的角弓，保存最为完好的IIIM18：6为复合材料的三连弧蛇形。内胎为绣线菊木，两侧内粘有牛角片，外缠牛筋加固。弓弰呈三角形翻卷向外，顶端有弦耳，向下可见凹形导弦槽，弓弦以牛筋结成，出土时呈完整上弦状态。经碳十四测定，制作年代约为公元前800年。洋海角弓的特点为：三连弧蛇型，弓弰翻卷，弓弰、弓渊、弓弣一体相连尚未分离。[1] 且末扎滚鲁克墓地出土有同类型器物，断代上限为春秋早期，下限为战国中期。[2] 吐鲁番胜金店南郊的古墓群也出土有两件同类型器物（其中一件为残品），断代约公元前3世纪中叶至前2世纪末之间。[3] 从墓葬结构分析，扎滚鲁克墓地、胜金店墓地与以洋海墓地为代表的古代吐鲁番地区苏贝希文化有着强烈的共性。同类器物亦可见于重要的私人旧藏。射箭史专家谢肃方珍藏有吐鲁番地区出土的角弓残件，可与上述文物做同一类型的比较研究。这些残件断代尚未明确，按谢肃方考释，当在公元前1000年至前400年之间。[4]

郭物认为："洋海墓地、察吾乎墓地、小河墓地乃斯基泰东方之源。"[5] 谢肃方指出，相比黑海北部出土的同类型器物，洋海角弓是最早

---

[1] 李肖. 新疆鄯善洋海墓地发掘报告［J］. 考古学报，2011（1）：99-166.
[2] 王博. 新疆且末扎滚鲁克一号墓地发掘报告［J］. 考古学报，2003（1）：89-136.
[3] 李肖. 新疆吐鲁番胜金店墓地2号墓发掘简报［J］. 文物，2013（3）：20-24.
[4] Karpowicz, A. & Selby, S. Scythian Bow from Xinjiang［J/OL］, Journal of the Society of Archer-Antiquaries, 2010,（53），http://www.atarn.org/chinese/cn_arc_indx.htm.
[5] 郭物. 欧亚草原东部的考古发现与斯基泰的早期历史文化［J］. 考古，2012（4）：56-69.

的斯基泰角弓。由此可知,第一,从黑海北部到天山东部,畅通无碍的交通使斯基泰角弓得以广泛存在;第二,若东欧未能发现早于洋海的同类型器物,那么结合上文洋海出土的羊毛裤子的年代,本书亦佐证了"斯基泰东方之源"与以洋海遗址为代表的苏贝希文化之间的渊源。

文物所示斯基泰角弓均在110厘米左右,其短小精致不免令人费解,试以运动训练学论之。骑射由三个基本动作单元构成:向前的"分鬃射",向左右的"对镫射",向后的"抹鞦射"。其中,"对镫射"要求射手必须具备左右开弓的能力。"抹鞦射"要求射手能够迅速完成回身射击的"帕提亚之箭"。鉴于此,可知短弓之优势,其背后是"轻骑武备"的理念。囿于考古学证据,尚不能判断赵人"胡服骑射"所用之弓形。自殷商时期起,诸夏即有本土的单体木弓,但由于体积过于庞大,并不利于骑射。赵人若承袭了更适合骑射的北狄胡人弓型,采用斯基泰角弓实有可能。

虽然公元前9世纪的亚述出现了最早的骑射浮雕,然骑射未必源出亚述。伟大发明的产生必是因缘和合的结果。柏台人最早完成了对野马的驯服,西西伯利亚先民最早发明了马车,吐鲁番盆地的洋海人发明了最早的裤子与最适合骑射的角弓。笔者认为:至少在公元前10世纪,作为斯基泰东方之源的洋海人已熟练掌握了骑射之技。此后的几百年间,斯技沿着草原丝绸之路逐渐向东西两个方向传播,于公元前4世纪晚期被华夏族群以"胡服骑射"命名之。

第三节 "一弓四矢"葬俗背后的射礼俗传播

在儒家看来,"礼"乃圣王所作,是用以规范社会生活的种种仪式。"俗"本义为"习",是地方长期形成的惯习。礼俗并称见于《周礼·天宫·大宰》:"六曰礼俗,以驭其民。"[①] 其意为:通过在民间制定并推广"冠、昏、丧、祭、乡、相见"六种日常礼仪,以化民成俗,优化秩序,达成国家礼制的基层回应。通过多年的汉匈战争,汉帝国实现了对外态势

---

① 周礼·仪礼·礼经[M]. 长沙:岳麓书社,1989:5.

的全面扭转。公元前 60 年,汉宣帝置西域都护府,以郑吉为首任长官,坐镇乌垒,西域尽臣。汉帝国的崛起,使华夏世界的皇帝统御宇内,扩大"中华"的施政理想得以推行。随后,除新莽、光武初期因政局动荡出现短暂权力真空外,汉帝国基本维持了西域经略。有效的治理加之天子的德化,开启了中华文明的远播。作为中华文明内核的"礼俗",开始借由高度文明化的射艺,深入到西域各国的社会生活中。

今和田民丰县城北缘残存有一片古代废墟都市遗址。因其大致位于尼雅河下游尾闾地带,又称"尼雅遗址"。1959 年与 1995 年,考古工作者曾对该遗址进行了两次考古发掘。其中以 1995 年中日尼雅联合考察队的发掘成果最为丰富,并震动了国际考古界。是年,考古工作者在对该遗址 95MN1 东汉古墓群的抢救性发掘中,清理出土了大量保存完好的角弓。该类型角弓(简称尼雅角弓)在形制上明显区别于斯基泰三连弧蛇形弓。具体表现为:第一,尼雅角弓长度均不低于 130 厘米,弓体各部分已经分离,在制作上采取了分段插接的工艺;第二,尼雅角弓弓渊(弓臂)宽阔,弓弣(握把)微凹,长弰明显。第三,有别于斯基泰角弓弓胎两边都贴角片、外缠牛筋的原始工艺,尼雅角弓形成了"木胎居中、牛角贴内、筋层铺外"的筋、角、木最优结合态,如此结合态此后成为欧亚各地角弓制作工艺的基准。初步统计,尼雅角弓可见于 95MN1 古墓群中的 M1、M3、M4、M8 四处墓葬。除属同一类型学谱系外,上述四处墓葬随葬弓矢的细节差异引起了笔者的关注。就装饰的风格而言,M1、M3、M8 明显具有同质性特征。查 M1、M3、M8 随葬角弓的弓身,皆通体缠绕以红色为主,白、黄、赭为辅的绢条。再查以随葬箭矢情况,M1、M3、M8 皆示以四支非尖头圆镞木箭。M4 则明显区别于上述墓葬,乃一素弓配五根尖镞木箭。①

M4 所示的差异化特征实乃墓主人等级身份不同所致。以"一弓四矢"入葬的 M1、M3、M8 随葬品极为丰富,最引人注目的是大量精美织锦的出土。与其形成鲜明对比的恰是 M4,随葬品极为简单,仅少数日常

---

① 于志勇. 新疆民丰县尼雅遗址 95MNI 号墓地 M8 发掘简报[J]. 文物,2001(1):4—40.

器皿,当为普通劳动者的墓葬。显然,M1、M3、M8"一弓四矢"的随葬弓矢现象非随意为之,其所对应的是东汉时期贵族的丧葬礼制。[①] 笔者认为,该葬俗受两周射礼的影响。首先,随葬的圆镞木箭明显非实用木箭,而更像某种特殊场合中使用的道具。经查古代所有射箭活动,唯两周射礼配置四矢。按《礼射·乡射礼》,礼射时两人为一耦,每次发四矢,起射时搭一矢,余三矢插入腰间。其次,通体缠绕以红色为主,辅以白、黄、赭色绢条的角弓是一种符号建构,其所象征的是两周时期被漆成朱红色的"彤弓"。彤弓是周天子赏赐诸侯的礼器,"天子雕弓,诸侯彤弓,大夫黑弓,礼也"(《荀子·大略》)。大量中华化的葬俗出现在西域,表明在原始印欧-吐火罗人建立的绿洲古国内,其贵族阶层已建构了对中华世界外臣身份的文化认同。

[①] 张弛. 尼雅 95MNIM8 随葬弓矢研究——兼论东汉丧葬礼仪对古代尼雅的影响[J]. 西域研究,2014(3):7-12.

第七章　全球史视角下丝绸之路考古所见两种角弓考释

古代的射之所以成为"六艺"之一，是因为在其领域内存在彼此独立而又密切相关的五个范畴：作为狩猎、军事、竞技、娱乐道具的弓箭，以狩猎或战争攻击为目的的射箭行为，作为游戏或体育竞技的射箭比赛；作为礼乐教化载体的射礼，作为衍生娱乐活动的投壶、弹弓。① 作为一种文化的复合体，射不仅仅是一种"技艺"，还拥有丰富的文化内涵。② 然而，目前的射箭史研究却存在着两个问题。首先，学者们惯常从本体的外延即价值功能的面向展开研究，却往往忽视了对人类从事射箭活动最基本的媒介即"器物"的微观探索。其次，方法论的局限已成为掣肘射箭史研究的瓶颈，过分依赖文献的范式并不能通达事物的全貌。鉴于此，本章采用文献、文物、图像排比相结合的研究方法，并融入多年从事射箭竞训所掌握的训练学规律与弓箭制作的田野调查资料，选取丝绸之路考古中两种角弓为研究对象，旨在为射箭史的研究提供一个新的范式。

第一节　"筋角木反曲复合弓"的再释

筋角木反曲复合弓（composite bow，以下简称"角弓"）以木质作为内胎，粘贴牛、羊类角质，辅以牛筋、生丝捆缚，下弦时呈反向弯曲状物

---

① 宗争. 射何以成道——游戏文化机制的符号学研究［J］. 成都体育学院学报，2017，43（2）：37-41.
② 李承伟，向宇宏. 对普通高校开设传统射箭课程的哲学思考［J］. 北京体育大学学报，2016，39（12）：82-87.

理结构。就形制而言，角弓分为弓渊、弓弣、弓弰、弓弭四部分。弓渊俗称"弓臂"，乃连接弓弰与弓弣的弧形主体部分，以弹性优良的木质胎体内粘角片，外铺牛筋，再整体包裹防潮物质结合而成。弓弣俗称"握把"，乃持弓手握弓部位，多以硬木为之。弓弰俗称"弓梢"，为插接在弓渊上并附有弦口的木质梢头，多选用柘木或榉木。弓弭为粘在弓弰两侧的装饰性贴片，以骨、角为之。制弓用胶多选用猪鳔或鱼鳔。此外，弓体四部分的连接处常捆缚生丝加固，再刷上桐油或大漆以防潮。[1] 由于汉字记录系统的先进性，成书于先秦时期的手工业典籍《考工记》详细记载了角弓的制作工艺，并对制作角弓的基本原材料"六材"——干、筋、角、胶、丝、漆进行了逐一介绍。《考工记》从古至今都是工匠制作弓箭的指导范本，但若想进一步追溯角弓的源流，探讨角弓器型演变背后的文化交流，则需要聚焦文物进行深入考释。

第二节　弓弰翻卷的连弧蛇形角弓

一、洋海角弓、且末角弓、胜金店角弓、谢肃方收藏角弓

2003年春，吐鲁番文物局会同新疆文物考古所，对鄯善县吐峪沟乡的古墓群进行抢救性发掘。因其地望位于火焰山南麓的洋海夏村，故取名为"洋海墓地"。该遗址属苏贝希文化早期阶段，游牧文明的特征较为明显，并发现了大量的古代角弓[2]，初步统计，可见于IM20、IM189、IIM14、IIIM1、IIIM18、IIIM39等墓葬。其中，保存最为完好的角弓编号为IIIM18：6，该弓长117.4厘米，宽2.6厘米，为复合材料制作的三连弧蛇形。弓体内胎为绣线菊木，两边内贴牛角片，外缠牛筋加固。弓弰呈三角形向外翻卷，挂弦处有弦耳，向下可见凹形导弦槽。弓弦用牛筋合

---

[1] 谭旦冏. 成都弓箭制作调查报告[J]. "中央"研究院历史语言研究所集刊，1951，(23)：204-216.

[2] 邵会秋. 新疆苏贝希文化研究[J]. 边疆考古研究，2012 (12)：193-219.

成，出土时呈完整上弦状态（图7-1）。①吕恩国等指出，洋海墓地出土的角弓为公元前8世纪左右，是青铜时代至早期铁器时代的遗留物。②洋海角弓的类型学特点表现为蜿蜒的三连弧蛇形、翻卷的弓弰，弓弰、弓渊、弓弣一体相连，尚未分离。1996年秋，新疆维吾尔自治区博物馆考古部联合巴音郭勒州文管所、且末县文管所对位于且末县托格拉克勒克乡的扎滚鲁克一号墓地进行了抢救性挖掘。在发掘过程中，考古人员清理出一张与洋海角弓器型相同的角弓M64：13。该弓为木、骨角质结构的连弧形，用牛筋缠缚，涂胶。弓长107厘米，径与宽皆为2.5厘米，出土时呈脱弦状态（图7-2）。扎滚鲁克墓地与洋海墓地有很高的文化相似性，其时代上限为春秋早期，下限为战国中期。③

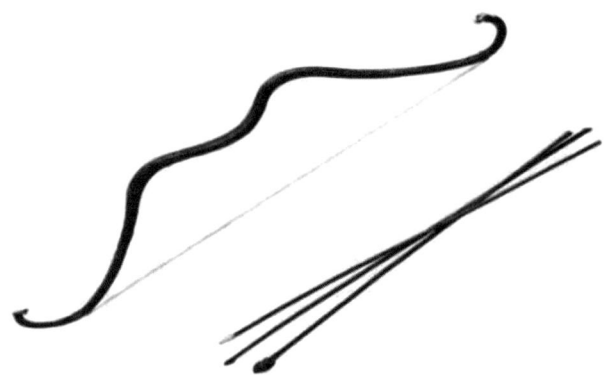

图7-1　洋海墓地 IIIM18：6 角弓

---

① 李肖，吕恩国，张永兵. 新疆鄯善洋海墓地发掘报告[J]. 考古学报，2011（1）：99-166.
② 吕恩国，王龙，郭物. 洋海墓地分期与断代研究[J]. 吐鲁番学研究，2011（1）：1-18.
③ 王博. 新疆且末扎滚鲁克一号墓地发掘报告[J]. 考古学报，2003（1）：89-136.

第七章　全球史视角下丝绸之路考古所见两种角弓考释

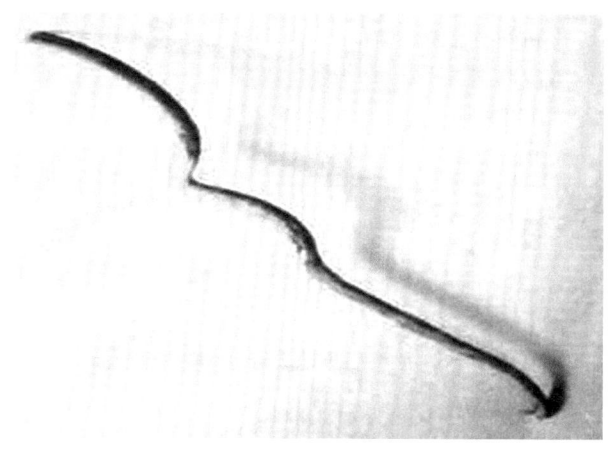

图 7-2　扎滚鲁克一号墓地 M64：13 角弓

同类器型器物也出现在西汉时期的西域遗址。2007 年秋，吐鲁番学研究院考古所对吐鲁番市胜金乡胜金店村南郊的古墓群进行了抢救性发掘。在该墓群 2 号墓的发掘过程中，考古人员清理出两件角弓（其中一件为残件）。保存完好的 M2：5 长 112.8 厘米，直径 2.2 厘米，为绣线菊木弓胎，贴牛角片，外附牛筋后刷胶。弓弰呈翻卷倒钩状，可见导弦槽。从墓葬形制与出土文物分析，胜金店墓地与洋海墓地有着很多相同点（图 7-3）。[1] 同类型器物亦可见于私人藏品。谢肃方珍藏有几块吐鲁番地区出土的角弓残件，可与洋海角弓、且末角弓、胜金店角弓做同一类型的比较研究（图 7-4）。[2] 谢肃方藏品断代约为公元前 1000 年至前 400 年间。这种弓也是筋角木复合结构，呈一体三连弧蛇形。

---

[1] 李肖. 新疆吐鲁番胜金店墓地 2 号墓发掘简报 [J]. 文物，2013（3）：20—24.
[2] Adam Karpowicz, Stephen Selby. Scythian Bow from Xinjiang [J]. Journal of the Society of Archer-Antiquaries，vol. 53.

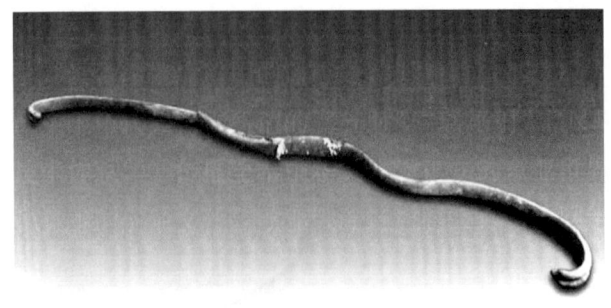

图 7-3　胜金店墓地 2 号墓 M2：5 角弓

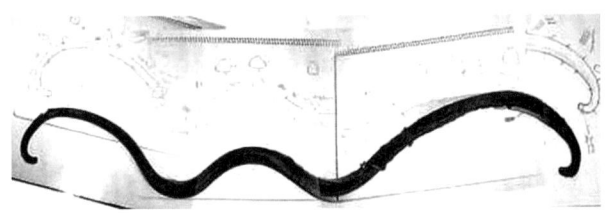

图 7-4　谢肃方先生珍藏的三连弧角弓

二、洋海等遗址出土角弓的考释

既然扎滚鲁克墓地、胜金店墓地都与更早的洋海墓地有着文化的关联，那么厘清洋海墓地的渊源对推进本研究便显得尤为重要。郭物认为，察吾乎墓地、洋海墓地、小河墓地为斯基泰东方之源。[①] 在综合对比洋海墓地、察吾乎墓地、额敏霍吉尔特墓地、焉不拉克墓地的出土文物之后，吕恩国指出，其属前斯基泰时期典型器物。[②] 巧合的是，笔者此前已在艾尔米塔省博物馆藏品中，特别是黑海北部斯基泰遗址出土的金器上找到了同类型的弓箭元素（图 7-5、图 7-6）。谢肃方则指出，不同于黑海斯基泰遗址出土的单体弓，洋海的遗物乃斯基泰角弓的标准形制。可见，从黑海北部到天山东部，斯基泰角弓广泛存在。

[①] 郭物. 欧亚草原东部的考古发现与斯基泰的早期历史文化 [J]. 考古，2012（4）：56-69.

[②] 吕恩国. 吐鲁番史前考古的新进展 [J]. 吐鲁番学研究，2005（1）：240-245.

第七章　全球史视角下丝绸之路考古所见两种角弓考释

图 7-5　刻有斯基泰弓箭手的金制贴片

图 7-6　刻有斯基泰弓箭手的金制容器

显然，斯基泰人是这些弓箭的主人。他们是公元前 9 世纪至前 1 世纪活跃于南俄草原的印欧语系东伊朗语族游牧族群。西至黑海以北，东至伊犁河下游均可见其踪迹，3 世纪后半叶为哥特人灭亡。但是，古代并不存在一个所谓的"斯基泰族"或"斯基泰国家"。[1] 所谓斯基泰，是被一个被希罗多德称为"王族斯基泰"（Royal Scyths）的权力核心部落用其族

---

[1] Sinor, D (ed.). The Cambridge History of Early Inner Asia [M]. Cambridge: Cambridge University Press, 1990, pp. 97-110.

群名称统合起来的横贯欧亚大陆北部的松散共同体[①],是一个中心相对清晰,外延相对模糊的政治体概念。"斯基泰人"最初是古希腊人对生活于黑海以北的游牧族群的称谓。希腊语称 skuthes,词源可追溯至古伊朗语 skuda,意思是"射手、弓手"。早期斯基泰人给古希腊人和其他近东诸族的印象就是"优秀的弓箭手"。斯基泰人为何会使用这样一种形制的角弓?其又是从哪里传入斯基泰地域的?

已知最早的角弓产生于拉美西斯二世(前1279—前1213 在位)时期。因尼罗河流域缺乏足够长度且具备一定弹性模量的动物角质,所以古埃及人只能选取有限长度的羚羊角片嵌于弓渊。古埃及角弓上弦后呈三角形,故俗称"埃及三角弓"。在大英博物馆的藏品中,我们得以清晰目睹该弓形(图7-7)。公元前10世纪,亚述帝国在两河流域崛起。在扩张的道路上,亚述帝国分别征服了西亚与埃及,最终成为亚洲西部的霸主。战争与迁徙往往是文化传播最直接的媒介,而传播最快的文化莫过于武备。在保存下来的亚述浮雕上,我们找到了弓箭的踪迹。与埃及三角弓相同的是,亚述角弓上弦状态呈三角形,满弓状态为完美圆弧。与埃及三角弓不同的是,亚述角弓翻卷的弓弰十分醒目(图7-8、图7-9)。翻卷的弓弰是角弓"亚洲化"的象征,这种变化可以通过运动训练学解释:在弓体长度不变的情况下,翻卷的弓弰可使满弓状态的拉距比使用正常弓弰拓展1~2寸,从而增强了弓的蓄能。简单地说,是增加了弓弦长度。

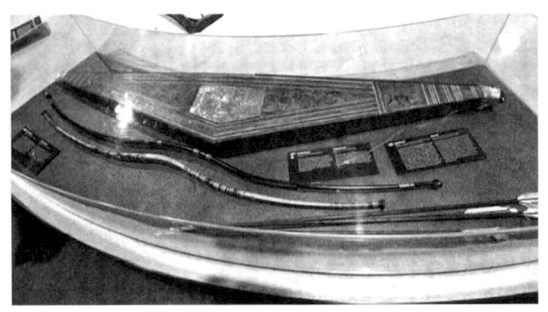

图7-7 古埃及角弓

---

① 刘雪飞. 西方古典文献中的三种"斯基泰人"概念[J]. 北方民族大学学报(哲学社会科学版),2014(1):34-43.

第七章　全球史视角下丝绸之路考古所见两种角弓考释

图 7-8　亚述角弓上弦状态

图 7-9　亚述角弓满弓状态

公元前 8 世纪末期，斯基泰人自"打耳班关隘（Derbent）"越过高加索与亚述帝国发生冲突。前 7 世纪早期，斯基泰王伊斯卡帕入侵亚述，但折戟途中。随后，斯基泰人与亚述人结盟，进攻辛梅里安人。前 7 世纪晚期，斯基泰人倒戈，与巴比伦人、米底人共同推翻了亚述帝国。正如格鲁塞所说，斯基泰人入侵威胁西亚近 70 年，它们的骑兵奔驰于高加索到叙利亚之间寻找掠夺物，标志着北方草原上的游牧民对南方古文明地区的第一次入侵。[①] 亚述帝国与斯基泰人的密切互动是不言而喻的。显然，翻卷的弓弰这一"亚洲化"的特点是经由更早的亚述文明传到斯基泰区域的。但令人疑惑的是：为何斯基泰人只接受了"翻卷的弓弰"这一设计理念，

---

① 勒内·格鲁塞. 草原帝国 [M]. 蓝琪, 译. 北京：商务印书馆，2015：32.

179

却没有从整体上接受古埃及-亚述的三角形制式？

宫崎市定认为，亚述帝国以强大的战车部队进行扩张，他们从东面的草原输入马匹，不断地充实自身的军事实力。① 这里的东方正是古代的斯基泰草原。在古代世界中，斯基泰人被公认为首先大规模使用马匹作为骑乘，并发明了利于骑乘的裤子。② 内亚地区的考古发掘中曾多次出土裤子，其中洋海墓地发现的羊毛裤 M21：19 经碳十四测定为公元前 10 世纪的遗物。③ 斯基泰角弓的长度均在 110 厘米左右，基于骑乘运动的训练学逻辑，短小凌厉的三连弧形设计体现了轻骑武备的施用理念，使斯基泰人能更加便捷地在马背上使用弓箭。公元前 4 世纪末，斯基泰人的弓马骑射通过林胡、楼烦等部族传入中国，赵武灵王开启了"胡服骑射"，弓骑兵开始进入中华文明的军事系统。

此外，在动物崇拜观念上产生了以北山羊、鹿、鹰及大型哺乳猛兽等动物图案为代表的动物纹艺术。当这种艺术形式与实用主义相结合，便形成了著名的斯基泰艺术。斯基泰人在马具、武器、生活用品上镶嵌了大量动物元素的金属附件，其中有一种动物显示以四蹄向内蹲踞状，配以夸张的角，这就是西伯利亚北山羊。这种艺术倾向可以从游牧民族的生活方式中得到解释：斯基泰人无固定居住地，对于定居文明常见的建筑上的雕塑、浅浮雕与绘画等艺术都不甚了解，他们的奢侈只限于服饰的华丽与个人的修饰，以及各种武备和马具等物品的装饰。三连弧形设计正是斯基泰艺术的表达形式。有别于古埃及人只能选取有限长度的羚羊角片嵌于弓渊，斯基泰人找到了足够长度且弹性模量优越的角质。《新疆鄯善洋海墓地发掘报告》与《新疆吐鲁番胜金店墓地 2 号墓发掘简报》均写明出土复合弓贴有"牛角片"。笔者基于多年的弓箭制作田野调查，认为羊角也有可能用于制弓。首先，可用来制弓的牛角只有亚热带湿润地区的水牛角，这对斯基泰人来说显然是不现实的。其次，北亚游牧民多以羊角制弓，其中弹性模量最为卓越的是西伯利亚北山羊角。这种取材传统似乎一直延续

---

① 宫崎市定. 亚洲史概说 [M]. 谢辰，译. 北京：民主与建设出版社，2017：32.
② 芮传明. 胡人与文明交流纵横谈 [M]. 北京：商务印书馆，2016：18.
③ 黎珂等. 裤子、骑马与游牧——新疆吐鲁番洋海墓地出土有裆裤子研究 [J]. 西域研究，2015（2）：48-62.

到蒙古帝国时期。南宋时期游历过蒙古的彭大雅曾敏锐地关注到这一现象，并在其带有情报性的游记《黑鞑事略》中特别指出："（蒙古部）其军器又柳叶甲……有顽羊角弓，角面连靶一共三尺。"[①] 彭大雅所谓顽羊，即游牧民对北山羊的俗称。最后，北山羊广泛分布于斯基泰人生活的中亚腹地，特殊的地理环境构成了斯基泰人北山羊崇拜的渊源，故北山羊崇拜的因素不得不考虑到。笔者认为：三连弧弓形正是依据整根北山羊角的弯曲弧度制作而成的，以尽可能地符合斯基泰人的动物崇拜心理（图7-10）。

图 7-10　西伯利亚北山羊

第三节　弓渊宽阔、弓弣微凹的插接型长弰角弓

公元前126年，张骞由东向西凿空西域，汉帝国由此主动加入并联结了公元前2世纪的世界体系。当时的世界版图中，以于阗、尼雅为中心向北不远，南北丝绸之路交汇于喀什噶尔，经喀什噶尔可西达康居。向西，可经由瓦罕走廊进入犍陀罗与印度。向东，经楼兰可达汉帝国前哨敦煌。向南，可进入青藏高原的象雄王国。不同于斯基泰角弓有清晰的使用族

---

① 彭大雅. 黑鞑事略［M］. 北京：中华书局，1985：73.

群,尼雅角弓因丝绸之路的贯通、物资的流动、文化的融合而在西域诸部族中通用,代表了一种世界性的共同的物质文化。

有别于斯基泰角弓木胎两边都贴角片、外缠牛筋加固的原始工艺,尼雅角弓形成了"角层贴于内、木胎居于中、筋层铺于外"的最优结合样态,将三种材料的弹性模量发挥到了极致。宽阔的弓渊便于筋层铺得更加舒展厚实,插接型的长弰则是基于力学原理的创造性发明。角弓的储能部分主要是筋、角、木紧密结合的弓渊,插接的工艺使弓渊、弓弰的结合处犹如一个支点,长弰的设计使挂弦口远离此支点。如此一来,弓弰如同撬动重物的杠杆,起到了改变力矩的作用。在开弓时,杠杆的原理使射手获得了一个省力比,因拉力曲线变得平稳,最终促使引弓控弦时的拉感更加柔和。

关于弓雅角弓之源流,林梅村认为,它与图拉真纪念柱上帕提亚战士使用的复合弓如出一辙。该类角弓在两河流域贝格霍兹古墓(Baghuz)亦有出土,时代约为2世纪末,是帕提亚人(Parthian)的武备。[1] 笔者在大英博物馆藏品中发现了一件标注与贝格霍兹出土的角弓相似的骨质弓弭。该文物出土于伊拉克,断代在1世纪至3世纪。从弓弭的器型可以看出,属长弰插接类弓形。西方学界称这种在两河流域出土的角弓为"伊尔兹弓",是典型的帕提亚文化器物。贝格霍兹古墓出土的伊尔兹弓长147厘米,弓身缠有一层牛筋,弓渊呈弧形,有学者认为这也属于一种斯基泰器型(Scythian type)。[2] 帕提亚帝国汉文献称"安息",是公元前247年至公元224年统治波斯的强大帝国。帕提亚帝国创立者阿尔沙克一世(约前247—前211)时期的银币显示,波斯已出现了与斯基泰弓如出一辙的角弓(图7-11)。到了弗拉特斯二世(前132年—前126年在位)时期,帕提亚帝国银币上的角弓器型与阿尔沙克一世银币上的角弓已明显不同,弓弰变长,弓弣略微内凹,与尼雅、营盘、于阗出土的角弓相似(图7-12)。[3] 此外,意大利都灵夫人宫古艺术博物馆中保存着一件帕提亚时期

---

[1] 林梅村. 丝绸之路考古十五讲[M]. 北京:北京大学出版社,2006:124.

[2] Andrew Hall, Jack Farrell. Bows and Arrows from Miran, China [J]. Journal of the Society of Archer-Antiquaries, 2008 (51):89-98.

[3] 王三三,邵兆颖. 帕提亚人的斯基泰渊源——文献与考古学证据[J]. 世界历史,2014(2):100-115,160.

第七章 全球史视角下丝绸之路考古所见两种角弓考释

的骑射残碑，从满弓时弓弰出现上扬的走势看，应属与尼雅等地同一类型的长弰类角弓的满弓样态（图 7-13）。鉴于该类型的角弓图像尚未在早于帕提亚帝国的文化圈中发现，也没有更早的考古证据，笔者认为此类弓形起源于帕提亚帝国，其产生年代可能为公元前 2 世纪，为帕提亚人对斯基泰角弓的改良成果。此后，帕提亚角弓随着丝绸之路逐渐向东传播：1—2 世纪，传到了汉帝国治下的西域诸国；3 世纪末传入中原，嘉峪关地区曾出土一件断为两截的西晋明器木弓，属同一类型，但已呈现出中原化的趋势，龙凤的纹样被刻画在弓渊外侧。① 4 世纪末，同类型器物出现在了东北亚地区高句丽壁画（图 7-14）。② 大英博物馆藏品显示，5 世纪中叶，入侵贵霜的嚈哒人又将这种弓型带入南亚（图 7-15）。可见，经由丝绸之路，这种类型的长弰角弓在 1 世纪后就长期存在于亚洲诸国，成为使用最为广泛的弓型。

图 7-11　阿尔沙克一世银币

图 7-12　弗拉特斯二世银币

图 7-13　帕提亚骑射残碑

图 7-14　高句丽壁画

---

① Andrew Hall, Jack Farrell. Bows and Arrows from Miran, China [J]. Journal of the Society of Archer-Antiquaries, 2008 (51): 89-98.
② 吴广孝. 集安高句丽壁画 [M]. 济南：山东画报出版社，2006：87.

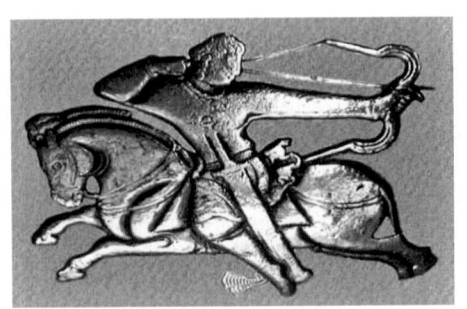

图 7-15　嚈哒银碗浮雕

综上所述，尼雅角弓、营盘角弓、于阗角弓应起源于公元前 2 世纪的帕提亚帝国。随着丝绸之路的贯通，欧亚各文明之间既交通货物，亦传播技术与思想。交流频率与交流速度的激增使起源于帕提亚帝国的角弓在整个欧亚大陆流传。这其中，中华文明赋予了其最重要的文化内涵，使这一原本用于战争的武器有了超越性的文化意义。

第八章　欧亚大陆考古专题研究

第一节　胡禄出现时间考

"胡禄"是唐人对一种梯形束脖式筒形箭囊的称谓,箭囊是盛装箭矢的重要器具,因此,胡禄是唐代军事训练、仪卫出行、狩猎游艺的重要射箭武备。胡禄箭囊文物并不多见,其形态多出现于唐代的壁画、石刻、石椁、陶俑、金银器皿上等。

"胡禄"因其名被冠以"胡"字,学界对其源流的考据众说纷纭。有学者考证为唐初经西域传入中原;有学者认为起源于西域龟兹;也有学者认为起源于中亚撒马尔罕附近的边吉坎特;更多的学者采用一种宽泛的概念,即胡禄源自外来文明,由西域的马背民族传至中原,并在崇尚胡风的唐代被普遍装备;亦有学者认为源自古代草原突厥文化。

考证胡禄的源流不仅要梳理出现时间的先后顺序,更需要对不同地域、不同时期出现的胡禄进行深度的文化元素解析,如:什么人在使用胡禄,为何使用胡禄,考古发掘中的胡禄图像到底隐喻了什么,从此地传向彼地的胡禄是否有变化、因何变化,考古发掘中的胡禄图像是否隐藏了共同的文化基因等。

一、胡禄最早出现在中原地区的时间:南北朝晚期

"胡禄"为外来词汇,乃突厥语 Qurluq 的音译。[①] 胡禄虽为突厥语的音

---

① 岑仲勉. 隋唐史(上册)[M]. 北京:中华书局,1983:222.

译，但胡禄是否源于突厥，还须谨慎考证。如若厘清"胡"字在南北朝至唐这个区间中的语境，或能为本研究提供更多有价值的信息。

有别于西周以降中原文明对"南蛮""北狄""东夷""西戎"的称谓，唐代"胡"字则不具备贬义。这一时期"胡"字主要用以指代西方人，特别是波斯人。虽然有时也将天竺人、大食人以及罗马人统称为"胡人"，但与"胡"字对应的梵文是"sulī"，"sulī"则来源于东伊朗粟特人衍生出来的"Sūlika"。"Sūlika"在字义上指代东伊朗粟特人，引申为"伊朗人"。① 更值得注意的是，"胡人"与"突厥人"在体质人类学中的分野是明确的。唐人颜师古在注《汉书·西域传》"乌孙"条目时云："乌孙于西域诸戎其形最异，今之胡人青眼、赤须，状类猕猴者，本其种。"② 颜师古所称"胡人"，是指以今撒马尔罕为中心的索格底亚那地方人种，即伊兰（伊朗）人种。③ 由此可见，南北朝至唐被冠以"胡"字的事物表明波斯文明西风东渐。

隋朝时期，胡禄的形象在太原斛律彻墓的武士俑腰间出现④。但综合目前的考古发掘情况，中原地区最早的胡禄图像出现在北周安伽墓。在安伽墓室的石榻上，腰挎胡禄骑马猎兽的武士形象清晰可见。

作为中原最早出现的胡禄图像，安伽墓石榻背后的文化意蕴值得仔细探讨。从墓志得知，安伽为粟特人后裔。粟特在汉为"昭武九姓"。粟特人属东伊朗人种，语言属印欧语系东伊朗语支。石榻画面中充满异域风情的对襟翻领长袍、琵琶、箜篌等，使整个构图呈现出浓厚的萨珊波斯艺术美感。主要体现在：

第一，狩猎图像在萨珊银器乃至萨珊艺术中是主要题材，其中表现最多的是帝王骑马射猎的场景。⑤ 在这一图像类型中的弓箭皆为长弰；骑射者脚尖尽可能朝向地面探直；坐骑与猎物都呈现高速奔跑的动感，双蹄张开至180度。

---

① 薛爱华. 撒马尔罕的金桃：唐代舶来品研究［M］. 吴玉贵，译. 北京：社会科学文献出版社，2016：34.
② 班固. 汉书［M］. 长春：吉林人民出版社，2011：2601.
③ 羽田亨. 西域文明史概论［M］. 耿世民，译. 北京：中华书局，2005：84.
④ 朱华，畅红霞. 太原隋斛律彻墓清理简报［J］. 文物，1992（10）：1-14.
⑤ 许新国. 郭里木吐蕃墓葬棺板画研究［J］. 中国藏学，2005（1）：56-69.

第二，图像中有两处茂盛的树纹，乃萨珊波斯艺术中常见的"生命树"纹样，笔者认为很可能是葡萄树。在萨珊波斯王朝的工艺品上，经常可见男女神像周围环绕着果实累累的缠枝植物，其中以葡萄居多。[①]

第三，石榻上明显可见圣火坛图景。火坛周围弹拨箜篌、手持琵琶的天人与神祇带有明显的拜火教的文化特征。该教被誉为波斯文明的脉搏，认为火是善神的儿子，象征着神的绝对和至善。因此，礼拜圣火是教徒的首要义务。[②] 南北朝时期拜火教传入丝绸之路北道的焉耆、高昌，约魏到齐、周时传入中国。

综上所述，安伽墓石榻上的胡禄图像具有浓厚的萨珊波斯风情。然要做出胡禄源自萨珊波斯的推断，还需检视更多的线索，以更为宏观的视野考察整个欧亚大陆考古发掘中的胡禄。

二、胡禄最早出现在突厥-蒙古地区的时间：6 世纪

北亚草原的突厥系与蒙古系游牧民族常被统合为一个文化共同体。二者的相似之处在于：具有游牧与狩猎的基本社会形态，基于天神"Tengri（腾格里）"的崇拜，萨满为沟通天国与人间的灵媒，十进制的社会组织构架（杰克·威泽弗德）。突厥-蒙古的地缘结构大致相当于广义蒙古高原的范畴，即东至兴安岭，西至阿尔泰山，北至贝加尔湖，南至阿尔泰山与天山之间的楔形三角地带，在华北与大同盆地、燕云北缘相接。[③]

室韦部落被认为是蒙古人的祖先，在大致与唐同期的谢尔塔拉室韦墓葬 5 号墓中（约 7—9 世纪）出土了用桦树皮制作的胡禄，可惜器身已经残破。在蒙古国国家博物馆里，陈列着 13 世纪用桦树皮制作的胡禄，同时期胡禄亦可见于谢肃方先生的个人收藏。

更早的突厥时期，胡禄的图像广泛分布于以阿尔泰山为中心的突厥文化岩画上，如吉木萨尔西台子突厥岩画（图 8-1）、哈密折腰沟岩画（图

[①] 诸葛铠. "忍冬纹"与"生命之树"[J]. 中国书画，2007（8）：90-99.
[②] 韩伟. 北周安伽墓围屏石榻之相关问题浅见 [J]. 文物，2001（1）：90-101.
[③] 杉山正明. 游牧民的世界史 [M]. 黄美蓉，译. 北京：中国工商联合出版社，2016：24-25.

8-2)、阔克霍拉岩画等,其对应时代约为南北朝至隋唐时期。①

图 8-1　吉木萨尔西台子突厥岩画

图 8-2　哈密折腰沟突厥岩画

以开发铁矿而崛起的突厥之所以能够迅速建立起横贯欧亚的草原帝国,得益于其延续了匈奴的游牧民传统,即联结西域的绿洲都市国家,广泛获取咨讯、商贸、军需等战略资源。真正为突厥帝国提供统治支持的,正是东伊朗地区的粟特商人。在突厥的庇护下,粟特人建立了从萨珊波斯到华北的商贸路线,他们为突厥人充当政治、商业、外交、咨询顾问。室点密可汗(?—576)在位时期,西突厥获得了索格底亚那,不久又从萨珊波斯手中夺取了巴克特里亚。巴克特里亚与索格底亚那被认为是波斯文明发源地,代表波斯文明的拜火教便发源于巴克特里亚。这种统治大致维系到统

---

① 任萌. 天山东、中部地区突厥时期典型岩画分析[J]. 西域研究,2012(4):56-66.

叶护可汗（618—630）时期，故突厥社会中的波斯元素更是显而易见。

三、胡禄最早出现在中亚的时间：5 世纪

与如今的行政区划不同，文化地理学上的中亚亦可称为"中央欧亚"。东至中国西北部，西至伊朗高原东部，南至咸海北岸，北至兴都库什山北麓。这一区域对文化史的贡献极大，东西文明的所有对话都基于此展开。①

从敦煌晚唐 156 窟壁画《张议潮统军出行图》、西魏 285 窟壁画《五百强盗成佛图》中均可找到胡禄的图像。7 世纪早期，胡禄的图像出现在撒马尔罕古城遗址大使厅北墙壁画《唐高宗猎豹图》中。约与西魏 285 窟（开凿于 538—539 年）同期，库车克孜尔洞窟 224 窟壁画《八王分舍利图》也出现了胡禄的图像。以上壁画中佩戴胡禄的人物多以骑兵的身份出现，以《五百强盗成佛图》为例，画面中的人物与战马皆身披重甲，呈冲锋前的蓄势待发状。②

在库车克孜尔洞窟 114 窟壁画《智马本生图》上（图 8-3），我们找到了时间更早的胡禄形象（约 4 世纪末至 5 世纪末）。③ 值得关注的是壁画所体现的波斯文化元素。

图 8-3　克孜尔洞窟 114 窟壁画《智马本生图》（线描图）

---

① F.B.于格，E.于格. 海市蜃楼中的帝国：丝绸之路上的人神与神话 [M]. 耿昇，译. 北京：中国藏学出版社，2013.
② 许新国. 新发现的都兰吐蕃墓出土漆器 [J]. 西部考古（第二辑），2007：232-242.
③ 王援朝. 胡禄源流考 [J]. 中国历史文物，2009（6）：63-69.

前秦大将吕光约于382—383年征服库车（龟兹），这大致与开凿114窟的时间一致。库车受波斯文化影响，如现已证明起源于波斯的锁子甲，也有风靡于古代波斯的葡萄酒酿制技艺。《智马本生图》中的人物身穿腰部收紧、大翻领的对襟服装与高筒靴，脚尖呈垂直对地状，体现出浓郁的波斯文化特征。①

具有浓郁波斯风格的克孜尔壁画艺术一直传播到了西伯利亚地区。勒内·格鲁塞指出，克孜尔骑士的形象可以在米努辛斯克附近的卡拉攸斯谷底的苏拉克岩画中看到，亦可以在额尔齐斯河上游的谢米巴拉金斯克石柱上看到，库车是整个中亚波斯萨珊化影响的中心。根据此线索，笔者在西伯利亚地区米努辛斯克突厥岩画上找到了胡禄的形象（图8-4），其年代约为5—7世纪。以往来于欧亚大陆的粟特人为媒介，突厥地区的胡禄应从中亚的龟兹等地传入。

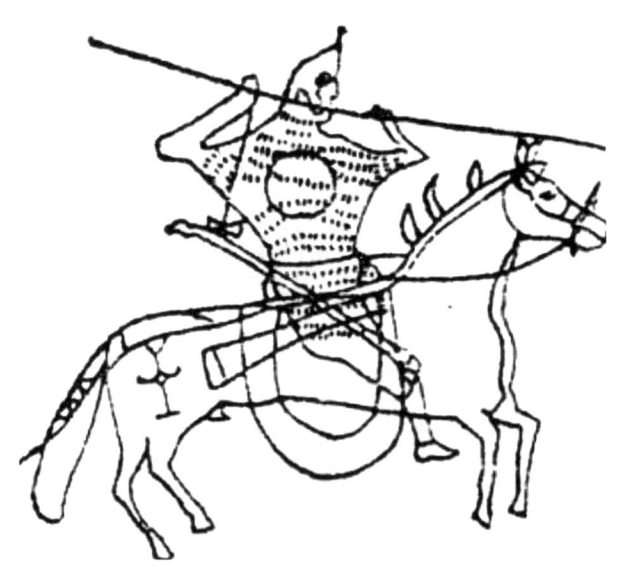

图8-4 米努辛斯克突厥岩画（线描图）

---

① 满莹莹. 龟兹石窟波斯艺术元素与中外文化交流考论[J]. 新疆师范大学学报（哲学社会科学版），2012，33（3）：59-64.

四、胡禄最早出现在萨珊波斯的时间：4 世纪中期

几乎整个欧亚大陆的胡禄图像都充斥着浓郁的波斯文化元素。然除非以实物作为支撑，我们还不能轻易做出胡禄起源于波斯的论断。令人鼓舞的是，大英博物馆馆藏的沙普尔二世银盘清晰地呈现了 4 世纪中期的胡禄图像。银盘所彰显的图案代表了广泛分布于欧亚大陆的一种狩猎艺术表达形式，上文所提到的北周安伽墓石榻便归属这一艺术形式。与欧亚大陆东部梯形束脖状的形制不同，沙普尔二世的箭囊呈直筒状。笔者认为，直筒式才是胡禄的最初形状。

以往的研究囿于形制差异，认为胡禄起源于他处，这恰恰忽视了胡禄在传播中的变迁。众所周知，东西文明的相互传播必经由中亚。此地宛如水源流通的管道，介于发源地与下游之间。当文明传播至中亚的时候，由于特定的地域结构与人文特性，传播的文明或多或少地会发生改变。在这片区域内，无数的绿洲城邦在不同的时间、不同的地点上因自然环境、民族迁徙、战争等因素上演着"湮没－新生"的交替循环。为适应残酷的生活，中亚居民有一种相当警觉的特性。投射到政治上，他们长期摇摆于欧亚大陆的强势方之间，投射到武备上，胡禄由"直筒式"到"梯形束脖式"的变迁便应运而生了。变迁后的形制犹如早期的电话筒，具有收集声波的作用，这对长期迁徙的中亚居民来说尤为重要。以空胡禄卧于地，可用作睡枕，探听四面八方的人马行动声。[①] 唐代李靖所著《卫公兵法·部伍营阵》记载："令人枕空胡禄卧，有人马行三十里外，东西南北皆响见于胡禄中，名曰地听。"[②] 综上所述，直筒式与梯形束脖式的差异并非两种不同事物的差异，实则是起源于波斯的胡禄作为一种事物在不同场域的变迁。

---

① 李怡. 西安地区唐墓壁画中卫士常服考辨 [J]. 文博，2003 (3)：61－64.
② 程素红. 中国历代兵书集成：1 卷 [M]. 北京：团结出版社，1999：141.

第二节 "骑射"定义的重申与再释

"骑射"在古代称为"弓马""马射",当今国际传统射箭界统称为"horseback archery"或"mounted archery"。在冷兵器时代,整个欧亚大陆均可见骑射的形态。学界以往对骑射史的研究多集中于"胡服骑射""国语骑射""武举制"等主题,关注点往往不在骑射本身,而偏重于政治史或文化史的阐释。有鉴于此,本节将研究对象"骑射"置于整个欧亚大陆的背景下,利用中国知网考古报告专题数据库、丝绸之路多媒体系列资源库、大英博物馆馆藏文物数据库、俄罗斯艾尔米塔什博物馆馆藏文物数据库等资源,提炼整理了与"骑射"有关的文物信息,结合历史文献学、考古学类型学、体育史学、文化人类学领域的多种研究方法,从多重维度对骑射形成的时间地域进行探析。

一、作为"军事武艺"的骑射技术

通常意义上的骑射专指"骑术"与"射术"的结合态,常以马背射箭(horseback archery)的方式呈现。人类军事史上固然也出现过骑乘骆驼、大象的骑射形态,但绝大多数情况下,马匹是骑射手首选的骑乘工具。最新研究表明,中国骑兵之肇始应在春秋时期,长期与戎狄毗邻的秦国和晋国最早拥有骑射手。[①] 但成建制的弓骑兵军团仍是公元前4世纪末赵武灵王的改革成果。赵人长期与精骑射的林胡、楼烦等游牧族群对抗,吸收了对方的衣冠与战术特色,最终开启了"胡服骑射"的政治改革。自此以后,骑射开始在中原普及。若因循这一认知逻辑,则骑射显然指代一种军事武艺。基于此,笔者曾提出一个相对完善的概念界定,即"以马匹作为主要驱动力,为满足射手在大规模狩猎、战争、演武中精度射击需要而产生的武备形态"[②]。事实上这是对作为一种身体技术的"骑射"最直接的

[①] 王博. 先秦骑兵起源新研 [J]. 学术探索. 2020 (3):108-113.
[②] 负琰. 中华射艺的演进形态与文化构造 [D]. 成都:成都体育学院,2019:170.

现象描述，因其更多地关注了一种"身体武装化"的诉求，而非其背后牵连的人类生产生活方式的宏观社会语境。"骑射技术"与后文所要论述的"骑射行为"，或可认为是部分与整体之关系。

骑射技术的本土研究多散见于诸家对我国武举制度的论释。较为翔实者如徐友根的《武举制度史略》[1]、国家体委武术研究院编写的《中国武术史》[2]。两部专著均较为系统地呈现了由唐至清的武举考试流变，并对其中有关"马射"的内容进行了梳理。近年来颇有深度的研究见美籍华人 Justin Ma 与 Jie Tian 合著之 *The Way of Archery：A 1637 Chinese Military Training Manual*（《射道：1637 年的中国武射系统》，笔者注）。该书以明代射艺典籍《武经射学正宗》为蓝本，结合运动训练学理论，以图文并茂的形式详细阐释了包括骑射在内的诸多传统射箭技术环节。

二、作为"文化选择"的骑射行为

射箭文化的发展史亦伴随着人类文明的演进，故骑射之萌芽、发展、嬗变都基于一种复杂的文化合力。若以此为观察点，骑射实可看作一种文化人类学意义下的"文化选择"（cultural selection），它联系了人类群体基于特殊生存空间所维系的环境协调、经济活动、心理基础、权力关系、动物行为等因素。因循这个逻辑，文化意义上的"骑射"或可界定为：结合射术与骑术，为适应特定生存环境而形成的"社会资源—人—动物—社会组织"相互依存的专化行为（specialization）。[3]

对于人类的"骑射行为"，学术界亦有零星讨论。最早亦最经典的论述见 1940 年出版的两部内亚史巨著——勒内·格鲁塞（René Grousset）的《草原帝国》、欧文·拉铁摩尔（Owen Lattimore）的《中国的亚洲内陆边疆》。格鲁塞在书中深入分析了早期游牧文化，即兵器、马具、动物风格艺术品的产生渊源及相互关系。对于草原战士强大的骑射袭击能力，

---

[1] 徐友根. 武举制度史略［M］. 苏州：苏州大学出版社，1997：25−26.
[2] 国家体委武术研究院. 中国武术史［M］. 北京：人民体育出版社，1997：199−200.
[3] 王明珂. 游牧者的抉择——面对汉帝国的北方游牧部族［M］. 上海：上海人民出版社，2018：12−15.

格鲁塞提出："是他们土生土长草原上的各种条件所决定的。"① 拉铁摩尔则聚焦于游牧经济的一般形态，提出了"财富和权力将由草原资源的开发程度来决定"的观点，进一步建构了草原社会适应经济需要的几个步骤。针对游牧民最具威慑力的技术，骑射实则是"一套适合于这个社会的重要技术，一种技术只有在适合一个社会的需要时，才能显现出其重要性。骑射是社会与技术的相互影响，而不是技术造成了社会，也不仅仅是为了战争而发明了技术"②。

近年来，我国学者在"骑射行为"的研究方面亦有突破传统军事史的论述。李硕《南北战争三百年：中国4—6世纪的军事与政权》聚焦战争而不囿于战争，更注重战争本身与各行为主体的关系。对于骑射，李硕强调其不仅是战术问题，更是游牧社会生活方式及游牧民族身份认同的重要媒介。相较于格鲁塞与拉铁摩尔，李硕补充了产生骑射的权力关系基础："草原上缺乏中央集权，游牧社会无法产生严密的纪律。只有严密的纪律才能催生出肉搏作战，游牧社会只能选择更具机动性且伤亡概率较小的骑射。"③

第三节　骑射形成时间地域考

考证骑射的源流固然困难，但若回到前文所述"社会资源—人—动物—社会组织"相互依存的文化选择的基本事实，并将研究对象拆分为"乘骑役用属性出现时间地域考""胡服出现时间地域考""骑射武备出现时间地域考"三个构成性媒介相互参照，则骑射的产生之源、传播之径、训练之法自有迹可循。

---

① 格鲁塞. 草原帝国 [M]. 蓝琪, 译. 北京：商务印书馆, 1998：15.
② 拉铁摩尔. 中国的亚洲内陆边疆 [M]. 唐晓峰, 译. 南京：江苏人民出版社, 2017：46-47.
③ 李硕. 南北战争三百年：中国4—6世纪的军事与政权 [M]. 上海：上海人民出版社, 2018：21-22.

第八章 欧亚大陆考古所见 "胡禄" 源流考

一、乘骑役用属性出现时间地域考

探赜欧亚大陆场域内马匹用作"乘骑"的役用属性的时间节点,可为不同地区骑射形态的出现提供一个时间的上限。有关乘骑的史料与考古图像常同时出现骑射的信息,或可由此检索到有关骑射源流的重要线索。

考古发掘证明,人类最早驯养马匹的遗迹位于中亚,系公元前3500—前3000年新石器时代晚期的波泰(Botai)遗址。其地望位于今哈萨克斯坦,属温带内陆草原气候,从地理和生态上构成了食草动物的集中区域。20世纪七八十年代,欧洲考古工作者曾对该遗址展开过15次调查,共发掘出30多万件马骨遗骸。该遗址又可见深厚的马粪堆积层,证明了人类已具备了驯养马匹的能力。然而,波泰文化尚处于渔猎社会时段,囿于总体生产力水平,整个聚落尚未掌握骑马的技能。[1] 乘骑的役用属性需等待生产力水平发展到可以制作马衔、马鞭、马络等一系列复杂器物时才能体现。波泰文化时期的马仅为食物来源,人们对其"役用性"并未有充分的认识。

在游牧社会人类学研究中,马具有广泛的作用。第一,马在食草动物中最具备服从雄性头领的习性,故而经过驯服的马最具备忠诚的品质。第二,在不断迁徙的游牧社会中,马强大的机动性不仅满足了对广域草场资源的占有,更能为转场提供用作保障的肉(食)、乳(饮)、皮(装)、粪(燃)。第三,据笔者对内蒙古牧区多年的田野调查,对马、羊的放牧是整个畜牧业中最为便捷的,因马和羊均有辨识归途的能力。阿拉善牧区的牧民普遍谈及"马会认家",也即汉文献中"老马识途"的意思。第四,在面对被称作"zud"(音"阻德",指因积雪而造成的牧群无法啃食草场的极端情况)的自然灾害,马群可用前蹄破开冰雪层,为牧群进入草场创造条件。这种综合利用价值对游牧民具有重要的生存及社会文化意义,以至于马匹的数量与质量被认为是牧民身份的象征。

最早用于移动的媒介是双轮马车。人类掌握骑马的技能远远晚于对马车的驾驭。这主要囿于三个因素。首先,配合乘骑的马具如马衔、马璎、

---

[1] 郭静云. 古代亚洲的驯马、乘马与游战族群[J]. 中国社会科学,2012(6):184-204.

马鞭、马鞍、马镫是多种复杂的物理构造，尚需漫长的时间作为积累。其次，乘骑具有鲜明的体育性特征，建构一套规范、安全的乘骑技术，并发展出一套配合骑乘的驯马方法，在生产力水平有限的阶段需要无数人的经验。最后，制约乘骑产生的最大障碍是如何在马背上保护生殖器，在缺乏合适下装的情况下，骑乘无疑是一种自讨苦吃的行为。

目前考古学证据表明，最早的双轮马车出自辛塔什塔－彼得罗夫卡文化（Sintashta－Petrovka Culture）遗址，绝对年代为公元前2026年左右。该遗址属"安德罗诺沃文化（Andronovo Culture）"形成期，分布于南乌拉尔山脉东麓，车里雅宾斯克以南、托博尔河与伊辛河之间的草原上。考古工作者在该遗址的14座古墓中均发现了双轮马车遗迹。[①] 马车的传播似乎以东西双向同时进行，欧亚大陆三大文明体系赫梯、埃及、殷商在公元前14世纪皆出现了武装化的马车集群。最早产生乘骑的区域目前尚缺乏有力的考古学证据，但学术界一般认为，骑术应肇始于公元前2000年的中亚。王明珂进一步锁定骑术最早产生于哈萨克斯坦、外蒙古、中国新疆交界的"阿尔泰－萨彦岭"地区（历史地理学上亦称"图瓦"或"唐努乌梁海"），并指出这里的游牧族群在公元前1500年左右即掌握了骑术。[②]

在公元前9世纪的亚述浮雕上，骑手示以无镫无鞍的初级乘骑形态。为保持行进中的稳定性，亚述人还发展了"双人骑乘法"，即二人共骑一匹马，前方的士兵负责控持缰，后方的士兵负责射箭。史料记载，亚述军团常采用一种包围战术，而这种战术极其类似于蒙古帝国时期的骑兵使用策略。亚述人常动用战车和骑射手包抄到敌军后翼，将敌军驱赶到己方步弓手、标枪手的射程之内予以围剿。由此可见，此时骑射手在战场上仅是辅助。萨尔贡二世时代（公元前721—前705）亚述人发明了垫式马鞍，使大规模的骑兵军团兴起并逐渐代替了以往的战车军团。亚述骑兵装备了弓箭和长矛，同时具备远距离射击和近身冲刺的战术功能，促使亚述帝国

[①] Anthony D. W, Vinogradov N. B. Birth of the Chariot [J]. Archaeology, 1995（2），pp. 36-41.

[②] 王明珂. 华夏边缘：历史记忆与族群认同 [M]. 北京：社会科学文献出版社，2006：88.

在公元前 8 世纪成为西亚霸主。①

公元前 9 世纪，一个被称为斯基泰的族群自"打耳班关隘"直入高加索入侵亚述领地。时隔百年后，斯基泰人在伊斯卡帕大王的率领下掀起了对亚述的又一波袭击。此役过后，斯基泰人与亚述人结成同盟，对辛梅里安人形成钳形攻势。然而，斯基泰人最终倒戈，颠覆了亚述。格鲁塞指出，斯基泰的骑兵奔驰于高加索到叙利亚之间进行劫掠，实乃游牧民对城邦国家入侵的肇始，亦指出马是斯基泰人最重要的伴侣，弓是斯基泰人最爱的兵器。

这一事实说明，斯基泰人似乎在早于亚述的赫梯时代即深谙骑射，并存在与近东诸国互动的可能。公元前 9 世纪的亚述乘骑形态极有可能受到了斯基泰的文化刺激。此间意蕴或可看作人类文明史上最早的"胡服骑射"。宫崎市定曾敏锐地指出："亚述以强大的车骑进行拓展，他们从东面的草原输入马匹。"② 宫崎市定虽未言明"东面的草原"指代何处，但历史上亚述以东恰是斯基泰人的活动区域。

与近东情况不同，远东地区乘骑役用属性的出现时间长期扑朔迷离。此间缘由乃诸家惯常以构造于黑海沿岸的"西部的因素"检视初期的草原文化，忽略了亦有可能存在的"东部的传统"。冷战结束后，学术界就此多有反思。斯基泰文化的"东方起源论"正有力冲击着惯常的思维定势。③

就骑术而言，狄宇宙（Nicola. Di Cosmo）认为中国西辽河流域公元前 11—前 8 世纪的夏家店上层文化即用马做乘骑。此说源自其对中国北方游牧社会所建构的三段演进论（即以墓葬金属器型演进命名的"青铜—黑铁—黄金"三段论），是基于游牧社会肇始初期的统治形式，即部落首领统治之形成提出的一种合理性推论。④ 乌恩以考古发掘事实佐证了狄宇宙之说。综合夏家店上层文化中精致的马镳、马衔，乌恩明确指出彼时已

---

① Noble D. Assyrian Chariotry and Cavalry [J]. State Archives of Assyria Bulletin, 1990 (4), pp. 61-68.
② 宫崎市定. 亚洲史概说 [M]. 谢辰, 译. 北京: 民主与建设出版社, 2017: 32.
③ 林俊雄. スキタイと匈奴, 遊牧の文明 [M]. 東京: 講談社, 2017: 130.
④ Cosmo N. D. Ancient China and Its Enemies [M]. Cambridge: Cambridge University Press, 2004, pp. 65-66.

出现了乘骑形态，西方学者所谓"斯基泰三要素"在夏家店上层文化中即已显现。① 若乌恩提供的证据仅仅是作为乘骑的马具，宁城南山根遗址则出土了夏家店上层文化中有关乘骑的直观佐证：一件骑马追兔搏斗铜环M3：6。该器物清晰地反映了远东地区最早、最直观的乘骑形态，所属墓葬年代大致为西周末至春秋初（约公元前8世纪），被认为是"诸戎狄"的文化遗存（图8-5）。②

图8-5　宁城南山根遗址 M3：6 骑马追兔搏斗铜环

与夏家店上层文化形成紧密关系的是黄河北部的诸夏。公元前8—前7世纪，盘踞于今陕、晋之北的夏家店上层文化人群，即汉文献冠之"赤狄""白狄"的游牧武装化集团开始向东南方向移动，在太行山一线与晋国发生冲突。晋文公重耳与晋惠公夷吾之母狐姬即白狄人。重耳流亡期间，居狄十二年，定深受狄人骑射风俗影响。公元前637年重耳与楚成王会谈，《左传》形容重耳"其左执鞭弭，右属櫜鞬，以与君周旋"。所谓"櫜鞬"，指马上用于盛放弓矢的皮质囊袋，"弭"是角弓弰头的骨质贴片，这显然是一名骑士的装扮。1985年即有学者指出在晋文公伐邲之役中，晋军中就可能拥有武装化的骑马人群。③

---

① 乌恩. 论夏家店上层文化在欧亚大陆草原古代文化中的重要地位[J]. 边疆考古研究，2002（0）：152-168.
② 中国科学院考古研究所内蒙古工作队. 宁城南山根遗址发掘报告[J]. 考古学报，1975（1）：117-140.
③ 王晓天. "畴骑"——中国史上最早的骑兵[J]. 湖南师范大学学报（哲学社会科学版），1985（5）：59.

由此可见，诸夏最早的武装化骑马人群或出现于公元前 7 世纪中期，且恰好以骑射手的形态呈现。故笔者认为，我国"胡服骑射"的渊源当上溯至公元前 7 世纪中期的晋国，鄙论又有北方青铜器研究巨擘郭素新、田广金之辅证。二人在《北方文化与草原文明》一文中提出，囿于公元前 1500 年的气候干冷化，原本适宜农业的北亚地区开始出现畜牧业因素，形成半农半牧的产业形态。急剧的气候恶化使半农半牧的族群逐渐向陕、晋之北南移，出现了所谓"李家崖文化"。西周晚期至春秋早期骑马术出现，诸夏的边缘地带出现了以骑射见长的武士。[①] 三家分晋后，赵承晋北土，亦继承了晋人胡服骑射的余绪。公元前 4 世纪末，骑射经由林胡、楼烦再次影响诸夏。经郭素新、田广金考证，这两个族群更有可能是"毛庆沟文化"类型。公元前 306 年，赵武灵王西北拓土达榆中，迫使当地的游牧族群向其献马。在获得马匹之后，公元前 302 年"胡服骑射"的改革拉开了序幕，大规模的骑射军团开始登上中国历史的舞台。

公元前 10 世纪末，秦人祖先非子曾于渭水流域为周孝王牧马。此地西接河西走廊，故秦人从地理因素上有了与斯基泰文化圈互动的可能。考古发掘显示，公元前 6 世纪凤翔秦公一号大墓中陪葬的马匹与内蒙古、宁夏地区古遗址出土的马匹基因完全一致，同类基因几乎遍布中亚草原—南西伯利亚—阿勒泰—河套平原一系的考古遗址，呈现出明显的自西向东的传播趋势。[②] 半农半牧的秦人既然可以引入适合骑乘作战的中亚马，那么引入游牧族群的骑射作战方式也不无可能。再结合《韩非子》所载秦穆公赠予重耳"畴骑二千"的记载，似可推断秦晋几乎同时拥有骑兵。因考古资料阙如，此处仅提出一种秦人"或早于赵人实现胡服骑射"的可能性，且将在下一小节"胡服出现时间地域考"中继续论及有关秦墓考古的其他相关因素。

综上所述，乘骑最早出现在公元前 1500 年左右。公元前 9 世纪，近东的亚述人掌握了乘骑，且出现了骑射。在远东，夏家店上层文化族群最

[①] 田广金，郭素新. 北方文化与草原文明 [M] //内蒙古文物考古研究所. 内蒙古文物考古文集（第二辑）. 北京：中国大百科全书出版社，1997：11-12.
[②] 蔡大伟. 陕西凤翔秦公一号大墓车马坑马骨遗骸古 DNA 研究 [J]. 考古与文物，2018（3）：109-111.

早掌握了乘骑，以南山根遗址骑马追兔搏斗铜环 M3：6 为参照，具体时间节点当为公元前 9—前 8 世纪。截至目前，暂无夏家店上层文化中有关骑射形态的考古学证据。多方研究表明，公元前 7 世纪中期，晋国在诸夏中最早掌握了乘骑，且以骑射的形态出现。综合审视文献、地理考古两方面因素，晋人的乘骑与骑射显然受到了北方夏家店上层文化族群"狄"的影响。公元前 302 年，赵武灵王以政令形式将"胡服骑射"国家化，诸夏开始形成建制的弓骑兵军团。公元前 9 世纪亚述的乘骑显然受到了黑海沿岸斯基泰人的影响。斯基泰人虽以骑马和射箭见长，若要论证骑射与斯基泰确有渊源，还需综合检索公元前 9 世纪之前的中亚考古因素。

二、胡服出现时间地域考

既然无法从欧亚大陆出现乘骑的先后顺序厘清骑射的确切产生时间，那么就需要辅以另外的因素交互相参。在达成骑射的关键要素中，服饰无疑至关重要。《战国策·赵策》之所以将"胡服"与"骑射"并举，正是源于二者强烈的共生关系。因此，考证便于骑射的"胡服"在欧亚大陆产生的时间节点，将为探索骑射的源流提供一个重要的参照。

乘骑的服饰须满足两个前提条件。首先，须有一套分腿式下装（俗称"裤子"），便于跨越马背，同时在裆部进行加厚设计以保护骑手的生殖器官。其次，须有一套紧凑式上装实现轻装简行，以便在乘骑过程中降低对控马的干扰且便于在马上使用武器。上述服饰组合即构成了文献中所谓的"胡服"。约公元前 3000 年，古埃及文明和苏美尔文明均产生了"围腰护腿袍服"的衣冠制度，中原王朝类似的"上衣下裳"制可追溯至公元前 13 世纪左右的商代中期。这样的组合未有"分腿""护裆""紧凑"的特质，显而易见并不利于乘骑。在相当长一段历史时期内，从古典战争中分化出骑射手绝无可能。赵武灵王最主要的举措就是变"交领右衽、宽袍大袖"的诸夏服制为胡人轻捷的衣冠。周代诸侯国之间的战争皆遵循礼法，不仅发起战争需师出有名，战斗过程也要尽可能地结成车、步方阵。但是，游牧民骑射的作战方式与游牧部落分散的组织结构是契合的，分枝化的社会结构（segmentary structure）难以组织规模较大的集团军，其首领和部下之间没有严格的礼制观念，故游牧民在与诸夏作战中难以采用相同的步车阵列与其正面抗衡，转而灵活运用骑射战术，以袭扰和劫掠为目的。若要在备边的军事行动中战胜胡人，则必须采取更为机动的胡人战术，而学习胡人机动战术之根本，恰在于对胡服的引入。

对于"胡服"，王国维曾有细致的考释。首先，赵人以貂尾、鸟羽插入头盔，并在盔上镶嵌金制的"蝉附"，王国维指出此即文献中所谓的"惠文冠"。其次，赵人以嵌有金质附件的皮质腰带束身，并结以金质带钩。这种束带与中古时期北朝风格的"蹀躞带"几无二致，唯赵武灵王时期以"师比"冠名。镶金属斯基泰古老风俗。格鲁塞指出："他们（斯基泰人）既无固定住地，又无地产，对于只需要现实主义的雕塑、浅浮雕与绘画都不甚了解。他们的奢侈只限于服装的华丽和个人的修饰，以及各种武备和马具等物品的装饰方面。"① 最后，履胡人马靴，易诸夏宽松的"上衣下裳"为小褶、紧身的上装与分腿无裆的"袴"。"褶"本为中原服饰，即短上衣。广袖的制式并不利于射箭，因宽大的袖式极易干扰弓弦的回弹。也正因此，周人射礼皆需"左袒"，即将左侧持弓躯体袒露出袖。鉴于此，赵人采用了"小褶"，即"窄袖"。此外，"褶"的另一解释即为"左衽之袍"，后亦代指骑服中的上装，显然是胡服传入中原后的衍生义，即原有的服制已为窄袖骑服所替代。所谓"袴"，王国维认为乃分腿而无裆的裤装，赵人用以替代裙裾式的裳。② 明晰了胡服的变化，可使之与考古文物形成二重证据，并进一步锁定胡服的考古学呈现，以及谁最早发明了这种服饰。

截至目前，燕赵考古中未有关于胡服的直接证据，但同为诸夏边缘，且同与戎狄毗邻的秦国却提供了旁证。秦始皇陵骑兵俑亦身穿紧凑的窄袖上装、紧身裤装与短靴（图8-6）。塔儿坡秦墓28057号墓曾出土一对秦国骑兵俑M28057：5与M28057：6。两俑均为泥质灰陶，且形制基本相同，通高22.3~22.6厘米，上身着交领紧身窄袖上装，在袖口部位可见"挽结"的裁剪方式，下着紧身裤装，足履短靴（图8-7）。经判定，该

---

① 勒内•格鲁塞. 草原帝国［M］. 蓝琪，译. 北京：商务印书馆，1999：33.
② 王国维. 胡服考［M］//观堂集林（外二种）. 石家庄：河北教育出版社，2003：528-533.

墓葬年代为秦惠文王至秦武王时期（前337—前311年）。① 鉴于胡服骑射始于公元前302年，该墓葬至少提供了秦人乘骑不晚于赵人的考古学证据，亦为我们审视胡服提供了考古学参照。

图8-6　兵马俑中的秦国骑兵

图8-7　塔儿坡秦墓M28057：5，M28057：6骑兵俑

墓葬年代约公元前5世纪的南西伯利亚巴泽雷克（Pazyryk）古冢五

---

① 咸阳市文物考古研究所. 咸阳石油钢管钢绳厂秦墓清理简报［J］. 考古与文物，1996（5）：9.

号墓出土的软式马鞍，被认为是赵武灵王采用的制式，且又进一步传至秦国。① 这种软式马鞍如毯状，由两个枕头一般的皮革垫子缝合而成，前后部分较宽厚（图8-8）。巧合的是，秦始皇陵骑兵俑所配马鞍亦为软式，且前后部分明显较宽，从形制上与巴泽雷克马鞍趋同。既然诸夏与巴泽雷克文化在马鞍制式上呈现出类型学的一致性，那么同作为饰物的乘骑衣冠又将如何？查巴泽雷克古冢五号墓出土的毛毡壁挂画，画面中的骑士须发卷曲、深目高鼻，穿着紧身且"挽结"的窄袖，收窄裤装与上述秦陵、塔儿坡所见制式如出一辙。更重要的是，该骑士显然是一名骑射手，因腰间明显可见装着弓、箭的矢箙（图8-9）。② 鉴于赵国、秦国、巴泽雷文化三者在有关乘骑因素上的渊源，笔者认为三者之间在胡服的选择上同源的可能性较大。

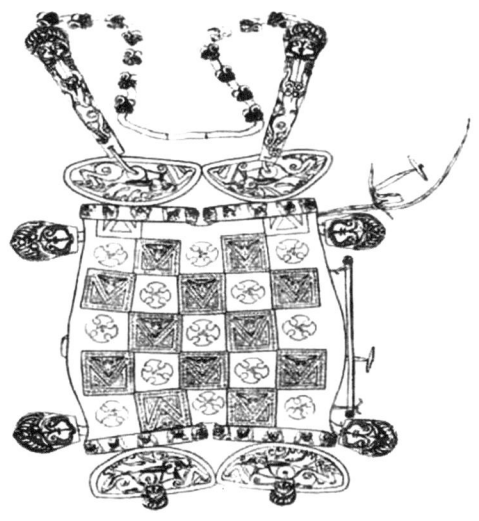

图8-8 巴泽雷克墓地 M5 出土的马鞍

---

① Goodrich C. S. Riding Astride and the Saddle in Ancient China [J]. Harvard Journal of Asiatic Studies，1984（2）：294-295.
② 杨建华，包曙光. 俄罗斯图瓦和阿尔泰地区的早期游牧文化 [J]. 西域研究，2014（2）：75-92.

图 8-9　巴泽雷克墓地 M5 出土的毛毡壁挂（局部）

巴泽雷克古墓的绝对年代不超过公元前 5 世纪。收集更早时期的胡服信息是推进研究的关键。今新疆维吾尔自治区洋海墓地位于博格达山南北两侧，属吐鲁番盆地青铜时代末期至铁器时代早期苏贝希文化类型。因处于中亚的交流节点，洋海墓地的文化背景明显呈现出多元化特征，墓葬中既可见印欧人种，又可见蒙古利亚人种；其随葬品既有西北部斯基泰游牧文化的因素，又有东部南湾、四坝、仰韶定居文化的形态。[①] 然就骑射的角度来看，洋海墓地的遗物明显与游牧特征浓厚的斯基泰文化渊源更近。

值得关注的是，洋海墓地 IM157、IM21 出土了今有据可查的最早的乘骑用裤装。其中，IM157：14 羊毛裤碳十四测定的年份为公元前 1261—前 1041 年。IM157 亦出土了复合弓套装，或隐喻了羊毛裤与弓箭套装之间存在着某种关联。IM157：14 羊毛裤出土时已成残片，IM21：19 羊毛裤则完整地保存下来。该裤装以四片黄色几何纹缂毛织物缝制，在中央外侧织有加厚的阶梯式裤裆片，裤腿长 102 厘米，宽 24 厘米，碳十四素测定在公元前 1028 年左右。[②] 此外，IM21 墓主人上衣着装亦体现

[①] 邵会秋. 新疆苏贝希文化研究 [J]. 边疆考古研究，2012（12）：193-216.
[②] 黎珂等. 裤子、骑马与游牧——新疆吐鲁番洋海墓地出土有裆裤子研究 [J]. 西域研究，2015（2）：48-62.

为如秦陵骑兵俑、塔儿坡秦墓骑兵俑、巴泽雷克壁挂骑士般"挽结"的窄袖（图8-10、图8-11）。①

图8-10 洋海墓地 IM21：19 羊毛裤

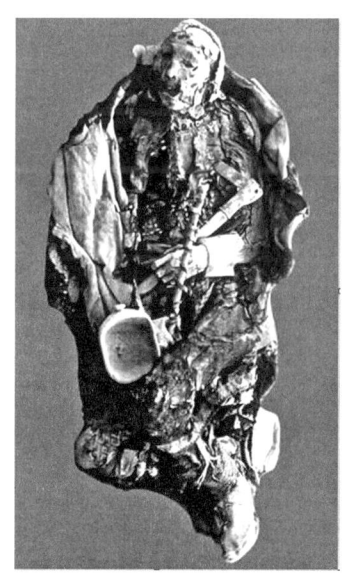

图8-11 洋海墓地 IM21 墓主人着装

---

① 李肖，吕恩国，张永兵. 新疆鄯善洋海墓地发掘报告[J]. 考古学报，2011（1）：99-166.

如前所述，就有关骑射的考古学因素审视，洋海墓地的遗物与游牧特征浓厚的斯基泰文化渊源更近。查 IM21、IM157 等多个墓葬出土的木乃伊的体质人类学特征，证明确有一支高加索特征的族群迁徙至此。在对新疆地区青铜时代晚期至铁器时代早期遗址如洋海、察吾乎、额敏霍吉尔特、焉不拉克等墓地进行考察之后，吕恩国指出其中部分文物属前斯基泰时期典型器物，且墓主人为高加索人种的一小群人辗转迁居而来。① 巧合的是，上文援引巴泽雷克墓亦显示出这样的考古学特征。质言之，以游牧见长的斯基泰族群在早期欧亚大陆交流史上是重要的媒介。按上文援引王国维之考释，赵人所穿胡服以金为饰，与诸夏以玉为彰的审美迥然不同。诸夏北部的先秦考古中出现了大量斯基泰风格，以青铜、金银制成被称为"鄂尔多斯式"的小件金属器，意味着欧亚大陆东西方在审美、技术、物质领域的互动肇始于一个更为久远的历史时期。其繁荣的时段约公元前 2000 年至殷周，此即早期"金属之路"的形成。② 胡服的兴起与传播，极有可能是比丝绸之路更为古老的金属之路形成的结果。

综上所述，按王国维考释之胡服的形态，整个欧亚大陆呈现出考古类型学的趋同。公元前 4 世纪的赵地虽考古资料阙如，但秦地考古不仅呈现了最直观的胡服形态，亦提供了秦人早于赵人开展骑射的可能性。与诸夏区域相比，阿尔泰－萨彦岭地区巴泽雷克古冢呈现了更早时段（公元前 5 世纪）的胡服信息。约公元前 13—前 11 世纪，从高加索迁徙至吐鲁番地区的斯基泰族群发明了人类历史上有据可查的最早的胡服。参照"金属之路"的形成，胡服在不同时段、不同区域的出现亦有可能是早期欧亚大陆交流的结果，正如吉谢列夫所言："西部的斯基泰人，南乌拉尔地区的萨夫罗马特人，中亚细亚的马萨格特人，丁零人—萨彦—阿尔泰的迈埃米尔文和塔加尔诸部，贝加尔湖沿岸、蒙古和鄂尔多斯的居民，都使用同样的兵器、马具和饰物，他们喜欢同样的艺术形象和意境。辽阔的草原地带，在那时就已经用物质文化和艺术思想的统一性，联结了起来。"③

---

① 吕恩国. 吐鲁番史前考古的新进展［J］. 吐鲁番学研究，2005（1）：240-245.
② 杨建华，邵会秋. 欧亚草原东部金属之路的形成［J］. 文物，2017（6）：60-74.
③ 吉谢列夫. 南西伯利亚古代史（上册）［M］. 乌鲁木齐：新疆社会科学院民族研究所，1981：151-152.

三、骑射武备出现时间地域考

早期弓箭多为单体竹、木制作的长弓。受制于弹性模量、体积、自重、控弦手法等,单体材质制作的弓箭(简称"单体弓")并不利于骑射。有关弓箭的人类学研究也提供了清晰的文化事实,即使用单体弓的族群皆以步射为主。然而,绝不能将使用单体弓的族群视作射箭文化发展史上的"初民"。如前所述,乘骑时代肇始于约公元前15世纪畜牧业较为发达的中亚,受益于得天独厚的环境,制作"筋、角、木反曲复合弓"(简称"角弓")的原材料在此地极易获得。更为重要的是,该区域干旱半干旱的内陆环境非常有利于角弓的贮藏。故乘骑时代以来,配合骑手的射武备当属角弓。

最早的角弓至少在古埃及中王国到新王国的过渡期(约公元前16世纪)即已出现。古埃及弓匠选取具有一定弹性模量的羚羊角片嵌入内侧弓体,制成了上弦后形状酷似三角形的角弓,并用于车战(图8-12)。[①] 随着近东诸国的互动,亚述继承了古埃及制式,并适当加大了弓弰的反翘卷曲弧度。以运动训练学审视之,这一设计使弓体在长度不变的情况下延展了弓弦长度,便于获得一个更大的拉距(draw length)。约在同一时期,与亚述人形成南北对峙的斯基泰人也发展了一种造型别致的"三连弧蛇形角弓"。[②] 该类型角弓的特点可从馆藏于艾尔米塔省博物馆的斯基泰风格金属器物上窥之一二(图8-13)。遗憾的是,在斯基泰王庭即黑海北部的考古发掘中并未发现实物,反而在中国新疆地区的考古发掘中屡有发现。

---

① Mcleod W. E. An Unpublished Egyptian Composite Bow in the Brooklyn Museum [J]. American Journal of Archaeology,1958 (4),pp. 397—401.

② 负琰,陈雨石,郝勤. 射箭全球史试探:丝绸之路考古所见两种角弓考释 [J]. 武汉体育学院学报,2020 (4):67—73.

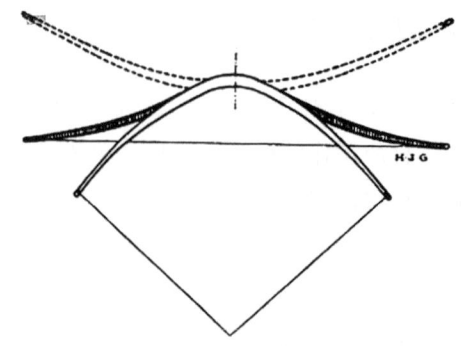

图 8-12　古埃及三角弓的典型形态

图 8-13　斯基泰金器上的弓箭手浮雕（约公元前 350—前 300 年）

在洋海墓地，考古人员清理出大量保存完好的斯基泰风格的"三连弧蛇形角弓"。因最早时段的标本 IM157：11 出土时仅存一节筋、角、木材质，残长 21.2 厘米的弓弰和弓弦（图 8-14），故选取保存状态完好的 IIIM18：6 为标准参照，其长度不超过 120 厘米，有蜿蜒如蛇的三连弧设计。作为握把的"弓弣"、作为弓臂的"弓渊"与作为梢头的"弓弰"呈连体状。内胎选用绣线菊木制作，内胎两侧均黏附动物角片，弓弰翻卷弧度明显，沿弓弰内侧中央可见弦槽。初步统计，该类型角弓可见于 IM157、IM20、IM189、IIM14、IIIM1、IIIM18、IIIM39 等多个墓葬。

"三连弧蛇形角弓"并不孤见于洋海墓地，同类型器物还可见于新疆境内扎滚鲁克古墓群、胜金店古墓群、车师国遗址等。据考古断代研究，洋海角弓的绝对年代为公元前 13—前 3 世纪。① 参照同为 IM157 出土的羊毛裤 IM157：14 的碳十四测定区间（公元前 1261—前 1041），IM157：11 角弓的绝对年代下限自然不晚于公元前 1041 年。

图 8－14　洋海墓地 IM157：11 角弓残件

IM21 墓同时出土了用于乘骑的辔头 IM21：1（图 8－15）。鉴于 IM21 羊毛裤碳十四测定在公元前 1028 年左右，则此辔头的绝对年代定不晚于此时段。又鉴于 IM157 出土的羊毛裤碳十四测定在公元前 1261—前 1041 年，IM157 角弓的绝对年代下限亦不晚于公元前 1041 年。综合所有证据，洋海墓葬 I 期中角弓、裤子、马具同时产生的时间下限或可定在公元前 11 世纪晚期。

图 8－15　洋海墓地 IM21：1 皮质辔头

---

① 吕恩国，王龙，郭物. 洋海墓地分期与断代研究［J］. 吐鲁番学研究，2011（1）：1－18.

角弓、裤子、马具是骑射的构成性媒介。马具与裤子的意义毋庸多言，角弓之于骑射的重要性却鲜有人关注。综合洋海墓地、扎滚鲁克古墓群、胜金店古墓群、车师国遗址出土三连弧角弓的信息，其长度均为110~120厘米。基于骑射的技术特征，短小轻便的弓形正是轻骑武备的施用取向。中国典籍中将骑射射法概括为三种形式：行进中向前方发矢的分鬃射、向左右方向发矢的对镫射、向背后发矢的抹鞦射（明代顾煜《射书》）。细致审视每种射法，在分鬃射中，射手在向前发矢的瞬间必须计算好出弓的角度与速度，以尽可能降低对马匹头部的干扰；在对镫射中，射手必须全方位把握战机，掌握随时向左右方换手发矢的能力；被称抹鞦射的回身射则更加复杂，非极高的技术性、敏捷性、协调性不能实现。因此，就器物与技术的匹配性而言，短小的三连弧角弓更突出地体现了轻骑武备的理念。此外，据笔者团队对土耳其、匈牙利、韩国、蒙古等地现存骑射形态的田野调查，发现骑射用弓的最佳长度多在 135 厘米以下。日本虽也有被称为"流镝马"的骑射，但因和弓长度达 220 厘米左右，射手仅能完成对镫射（且一般只朝左射），无法实现分鬃射和抹鞦射，实战性大打折扣。三连弧蛇形角弓与其说是斯基泰族群的匠心独运，毋宁说是人类骑射的必然选择。

综上所述，最早的骑射武备即三连弧蛇形角弓的产生年代下限当在公元前 11 世纪晚期。三连弧蛇形角弓之所以成为骑射的武备，是由运动训练学中器物与技术的二元契洽性决定的，体现了轻骑武备的实用主义诉求。西域考古中大量出现的保存完好的胡服与角弓，与塔克拉玛干沙漠高盐沙土的埋藏环境密不可分。与之相比，中原地区的墓葬多不利于以有机质为材料的角弓的贮藏。因资料阙如，暂不清楚赵武灵王所采用的弓形。若考虑到"胡服骑射"之"胡服"有浓厚的斯基泰元素，且影响赵人胡服骑射的"林胡"据马长寿考证亦是斯基泰草原文化影响下的亚型[1]，赵人沿袭斯基泰三连弧蛇形角弓亦有可能。

---

[1] 马长寿. 北狄与匈奴［M］. 上海：上海三联书店，1962：1—20.

参考文献

一、期刊类

巴盖措. 青海乐都南山射箭习俗述略［J］. 青海师范大学民族师范学院学报，2012（1）.

蔡大伟. 陕西凤翔秦公一号大墓车马坑马骨遗骸古 DNA 研究［J］. 考古与文物，2018（3）.

长陵发掘委员会工作队. 定陵试掘简报（续）［J］. 考古，1959（7）.

陈爱平. 汉代饮酒习俗述论［J］. 民俗研究，1995（2）.

陈独秀. 敬告青年［J］. 青年杂志，1915（1）.

陈梦佳. 射与郊［J］. 清华学报，1941，13（1）.

陈槃. 春秋"公矢鱼于棠"说［J］. "中央"研究院历史语言研究所集刊，1950（22）.

陈绍文. 青岛女国术家栾秀云女士射箭之姿势［J］. 北洋画报，1934，24（1186）.

陈志刚. 秦汉至明清时期北部中国华夷观念演变的几个特点［J］. 学习与探索，2016，252（7）.

程邦雄. 释"彠"［J］. 古汉语研究，2003，59（2）.

崔乐泉. "射侯"考略［J］. 成都体育学院学报，1995（2）.

崔乐泉. 从汉画看汉代的射箭活动［J］. 考古与文物，1999（2）.

戴国斌. 从狩猎之射到文化之射［J］. 体育科学，2009，29（11）.

淡猛. 战国彩绘箭箙矫形与修复［J］. 江汉考古，2014（1）.

第七届全国运动会竞赛规程［J］. 全运会特辑，1948.

杜朝晖. 从"胡禄"说起——兼论古代藏矢之器的源流演变［J］. 中国典

籍与文化，2007（4）.

范凯斌，王卫星，李宗浩. 射箭项目力量训练设计理论研究［J］. 北京体育大学学报，2010，33（1）.

傅道彬. 乡人、乡乐与"诗可以群"的理论意义［J］. 中国社会科学，2006（2）.

葛华延. 契丹族的祭天、尚左与祭东考略［J］. 北方文物，1999（2）.

郭宝均. 殷周的青铜武器［J］. 考古，1961（2）.

郭超颖.《仪礼·乡射礼》司马就位考［J］. 东方论坛，2016（2）.

郭静云. 古代亚洲的驯马、乘马与游战族群［J］. 中国社会科学，2012（6）.

郭康松. 射柳源流考［J］. 湖北大学学报（哲学社会科学版），1994（2）.

郭物. 欧亚草原东部的考古发现与斯基泰的早期历史文化［J］. 考古，2012（4）.

国术比赛规则：射箭比赛规则［J］. 体育研究与通讯，1933（3）.

韩江苏. 从殷墟花东H3卜辞排谱看商代弹侯礼［J］. 殷都学刊，2009，30（1）.

韩江苏. 殷墟花东H3卜辞中迟弓、恒弓、疾弓考［J］. 中原文物，2011（3）.

韩伟. 北周安伽墓围屏石榻之相关问题浅见［J］. 文物，2001（1）.

黑维强. 论敦煌社会经济文献中的外来词［J］. 敦煌学辑刊，2008（3）.

胡鸿. 十六国的华夏化："史相"与"史实"之间［J］. 中国史研究，2015（1）.

胡新生. 西周时期三类不同性质的射礼及其演变［J］. 文史哲，2003（1）.

湖南省博物馆. 长沙浏城桥一号墓［J］. 考古学报，1972（1）.

黄曲. 浅论"韘"及"韘形佩"［J］. 考古与文物，2011（2）.

季培刚. 近代中国"武术"词义转变考［J］. 南京体育学院学报，2015（1）.

季永海. 论清代"国语骑射"教育［J］. 满语研究，2011，52（1）.

贾兰坡，等. 山西峙峪旧石器时代遗址发掘报告［J］. 考古学报，1972（1）.

姜楠. 射礼源流考［J］. 天津师范大学学报，1993，6（6）.

荆州地区博物馆. 湖北江陵藤店一号墓发掘简报［J］. 文物，1973（9）.

井中伟，魏凯. 商周时期的"扳指"［J］. 边疆考古研究，2015（2）.

康中乾. 论中国古代哲学情境反思的思维方式［J］. 中国哲学史，2018（3）.

黎珂，等. 裤子、骑马与游牧——新疆吐鲁番洋海墓地出土有裆裤子研究［J］. 西域研究，2015（2）.

李臣，郑勤. 南京国民政府时期第一次国术国考及其影响［J］. 甘肃社会科学，2016（3）.

李承伟，向宇宏. 对普通高校开设传统射箭课程的哲学思考［J］. 北京体育大学学报，2016，39（12）.

李春桃. 说"夬""鞣"——从"夬"字考释谈到文物中扳指的命名［J］. 吉林大学社会科学学报，2017（1）.

李娜. "'康乾盛世'再思考"学术研讨会综述［J］. 中国史研究动态，2010（07）.

李小进，赵光圣. 中国竞技武术本源问题的再认识——兼论中国武术的现代化转型与发展［J］. 中国体育科技，2018，54（1）.

李肖. 新疆鄯善洋海墓地发掘报告［J］. 考古学报，2011（1）.

李肖. 新疆吐鲁番胜金店墓地2号墓发掘简报［J］. 文物，2013（3）.

李学勤. 柞伯簋铭考释［J］. 文物，1998（11）.

李亚栋. 阿斯塔那古墓群发掘简况及墓葬编号——以可移动文物普查与国保档案为中心［J］. 丝绸之路研究辑刊，2017（1）.

李怡. 西安地区唐墓壁画中卫士常服考辨［J］. 文博，2003（3）.

李遇春. 尼雅遗址的重要发现［J］. 新疆社会科学，1988（4）.

连劭名. 殷墟卜辞中的"箙"［J］. 文物春秋，2002（1）.

梁志忠. 清代东北满族"国语骑射"的保存与衰微［J］. 满族研究，1987（3）.

刘观民，徐光翼. 宁城南山根遗址发掘报告［J］. 考古学报，1975（1）.

刘国祥，白劲松. 谢尔塔拉墓地重现原蒙古人文化［J］. 科学世界，2006（7）.

刘朴. 对汉代弓射技艺的研究：从汉画像石资料看汉代弓箭练习的各种动作［J］. 山东体育学院学报，2008，24（10）.

刘朴. 对汉代画像石中射箭技艺的考察［J］. 体育科学，2008，28（4）.

刘雪飞. 西方古典文献中的三种"斯基泰人"概念［J］. 北方民族大学学

报（哲学社会科学版），2014，115（1）.

吕恩国，王龙，郭物. 洋海墓地分期与断代研究［J］. 吐鲁番学研究，2011（1）.

罗志田. 异化的保守者：梁漱溟与"东方文化派"［J］. 社会科学战线，2016（3）.

马丽蓉. 百年来国际丝路学研究的脉络及中国丝路学振兴［J］. 新疆师范大学学报（哲学社会科学版），2018，43（2）.

马曼丽. 从汉简看汉代西北边塞守御制度［J］. 中国边疆史地研究，1992（1）.

马明达，马廉祯. 寻找失落了的中华"射学"——读谢肃方《Chinese Archery》有感［J］. 体育文化导刊，2004（6）.

马明达. 中国古代射书考［J］. 暨南史学，2003（0）.

满莹莹. 龟兹石窟波斯艺术元素与中外文化交流考论［J］. 新疆师范大学学报（哲学社会科学版），2012，33（3）.

缪哲. 以图证史的陷阱［J］. 读书，2005（2）.

内田宏美. 唐代室韦墓葬和森林草原地带——以"角弓"的分析为中心［J］. 唐史论丛，2010（1）.

骑士. 女子体育与弓箭［J］. 方舟，1937（36）.

秦兆雄. 试论中日"射"文化交流［J］. 文化中国学刊，2020（1）.

全运会公布国术比赛规则［J］. 勤奋体育月报，1935（11）.

任萌. 天山东、中部地区突厥时期典型岩画分析［J］. 西域研究，2012（4）.

陕西省博物馆，乾县文教局唐墓发掘组. 唐懿德太子墓发掘简报［J］. 文物，1972（7）.

陕西省秦俑考古队. 秦始皇陵一号铜车马清理简报［J］. 文物，1991（1）.

邵会秋. 新疆苏贝希文化研究［J］. 边疆考古研究，2012（12）.

申屠政. 弓箭国手［J］. 时代漫画，1935（23）.

沈林. 从"国语骑射"到水师建设——兼谈广州八旗水师盛衰［J］. 满族研究，2012，106（1）.

沈文倬. 说"箙"［J］. 浙江大学学报（人文社会科学版），2006，36（3）.

石荣传. 两汉韘式玉佩分期研究［J］. 四川文物，2009（4）.

石璋如. 小屯殷代的成套兵器［J］. "中央"研究院历史语言研究所集刊，1950（22）.

史家珍，吴业恒，朱磊. 唐安国相王孺人唐氏、崔氏墓发掘简报［J］. 中原文物，2005（6）.

始皇陵秦俑坑考古发掘队. 临潼县秦俑坑试掘第一号简报［J］. 文物，1975（11）.

宋华. 南阳汉画像石（砖）中的射箭活动［J］. 中原文物，2013（4）.

孙静. 试论乾隆帝对"国语骑射"之维护［J］. 大连民族学院学报，2006，33（4）.

谭白明. 曾侯乙墓弋射用器初探——关于曾侯乙墓出土金属弹簧与"案座纺锤形器的考释"［J］. 文物，1993（6）.

谭旦冏. 成都弓箭制作调查报告［J］. "中央"研究院历史语言研究所集刊，1951（23）.

梯亚阔诺夫. 边吉坎特的壁画和中亚的绘画［J］. 美术研究，1958（2）.

王博. 先秦骑兵起源新研［J］. 学术探索. 2020（3）.

王博. 新疆且末扎滚鲁克一号墓地发掘报告［J］. 考古学报，2003（1）.

王颢霖. 对中国近代体育学术史分期的讨论［J］. 体育科学，2014（10）.

王建玲. 投壶——古代寓教于乐的博戏［J］. 文博，2008（3）.

王龙正等. 柞伯簋与大射礼及西周教育制度［J］. 文物，1998（9）.

王三三，邵兆颖. 帕提亚人的斯基泰渊源——文献与考古学证据［J］. 世界历史，2014（2）.

王晓龙，刘世梁. 北宋时期河北路弓箭社研究［J］. 河北大学学报（哲学社会科学版），2017，42（2）.

王晓天. "畴骑"——中国史上最早的骑兵［J］. 湖南师范大学学报（哲学社会科学版），1985（5）.

王幼平. 试论环境与华北晚期旧石器文化［J］. 北京大学学报（哲学社会科学版），1990，27（1）.

王援朝. 胡禄源流考［J］. 中国历史文物，2009（6）.

王政. 元杂剧《丽春堂》《蕤丸记》与契丹女真人射柳风俗考［J］. 民族文学研究，2013，（1）.

王钟翰. "国语骑射"与满族的发展［J］. 故宫博物院院刊. 1982（2）.

咸阳市文物考古研究所. 咸阳石油钢管钢绳厂秦墓清理简报［J］. 考古与文物，1996（5）.

熊志冲. 中国古代射柳活动综考［J］. 成都体育学院学报，1987（3）.

徐诚堂. 第二届国术国考研究［J］. 体育文化导刊，2016（11）.

徐汝聪. 楚韘［J］. 江汉考古，2014（5）.

许晓东. 韘、韘式佩与扳指［J］. 故宫博物院院刊，2012（1）.

许新国. 郭里木吐蕃墓葬棺板画研究［J］. 中国藏学，2005（1）.

许新国. 新发现的都兰吐蕃墓出土漆器［J］. 西部考古（第二辑），2007.

薛英群. 居延汉简中的"秋射"与"署"［J］. 史林，1988（1）.

杨泓. 扳指与火药袋：艺术品的前世今生［J］. 紫禁城，2008（2）.

杨建华，包曙光. 俄罗斯图瓦和阿尔泰地区的早期游牧文化［J］. 西域研究，2014（2）.

杨建华，邵会秋. 欧亚草原东部金属之路的形成［J］. 文物，2017（6）.

杨升平，丛湖平. 体育竞赛组织形成机制的认识逻辑——兼论民间体育竞赛组织的培育发展机制［J］. 上海体育学院学报，2018，42（4）.

仪德刚. 清代满族弓箭的制作及管理［J］. 广西民族学院学报（自然科学版），2004，10（3）.

于学斌. 北方民族的桦树皮文化：历史学考古学民族学的汇通［J］. 满语研究，2006（1）.

于志勇. 新疆民丰县尼雅遗址 95MNI 号墓地 M8 发掘简报［J］. 文物，2001（1）.

袁钢. 全国性单项体育协会改革的法治化路径［J］. 体育科学，2019，39（1）.

袁俊杰. 论《宾之初筵》与燕射礼［J］. 史学月刊，2011（11）.

袁俊杰. 论令鼎与大蒐礼［J］. 中原文物，2015（6）.

袁俊杰. 论令鼎与燕射礼［J］. 中原文化研究，2014，2（1）.

袁艳玲. 楚地出土平头镞初探［J］. 江汉考古，2008（3）.

张昂霄. 雍乾时期闽粤地区的"正音运动"与"大一统"［J］. 东北师大学报（哲学社会科学版），2016，279（1）.

张波，姚颂平．中国体育史学的方法论研究［J］．天津体育学院学报，2013，28（1）．

张弛．尼雅95MNIM8随葬弓矢研究——兼论东汉丧葬礼仪对古代尼雅的影响［J］．西域研究，2014，（3）．

张灏．中国近代思想史的转型时代［J］．二十一世纪，1999（52）．

张金金．浅论福州八旗驻防"国语骑射"的保持［J］．黑龙江史志，2014（3）．

张君贤，戴国斌．君与君不与：射礼竞赛国家治理的文化逻辑［J］．北京体育大学学报，2018，41（7）．

张元锋，李真真．射柳运动变迁研究［J］．体育文化导刊，2016（2）．

赵燕姣，吴伟华．金文所见昭王南征路线考［J］．中国历史地理论丛，2018，33（2）．

中国社会科学院考古研究所二里头工作队．河南偃师二里头遗址发掘简报［J］．考古，1965（5）．

周初明．古代射箭手部动作考略［J］．东方博物，2007，22（1）．

周剑石．从跨湖桥出发，中国漆器八千年（上）［J］．中国生漆，2015，34（3）．

周金玲，李文瑛．新疆尉犁县营盘墓地1995年发掘简报［J］．文物，2002（6）．

周银霞，李永平．敦煌西晋墓出土"李广骑射"彩绘砖及相关问题［J］．丝绸之路研究集刊，2019（1）．

朱凤瀚．作册般鼋探析［J］．中国历史文物，2005（1）．

朱汉民．玄学的身心之学［J］．北京大学学报（哲学社会科学版），2011，48（4）．

朱华，畅红霞．太原隋斛律彻墓清理简报［J］．文物，1992（10）．

朱镇豪．从新出甲骨金文考述晚商射礼［J］．中国历史文物，2006（1）．

诸葛铠．"忍冬纹"与"生命之树"［J］．中国书画，2007（8）．

宗争．射何以成道——游戏文化机制的符号学研究［J］．成都体育学院学报，2017，43（2）．

二、专著类

阿伦·古特曼. 从仪式到纪录：现代体育的本质 [M]. 花勇民，译. 北京：北京体育大学出版社，2012.

岸野雄三. 体育史学 [M]. 白澄生，等译. 国家体委百科全书体育卷编写组编印，1982.

奥根·赫利格尔. 弓与禅 [M]. 冬至，译. 天津：百花文艺出版社，2006.

布尔努瓦. 丝绸之路 [M]. 耿昇，译. 北京：中国藏学出版社，2016.

岑仲勉. 隋唐史（上册）[M]. 北京：中华书局，1983.

陈筠泉，刘奔. 哲学与文化 [M]. 北京：中国社会科学出版社，1996.

陈丽华. 常州博物馆50周年典藏丛书·玉器画像砖 [M]. 北京：文物出版社，2008.

陈戍国. 先秦礼制研究 [M]. 长沙：湖南教育出版社，1991.

陈炜湛. 甲骨文田猎刻辞研究 [M]. 南宁：广西教育出版社，1995.

陈寅恪. 隋唐制度渊源略论稿 唐代政治史述论稿 [M]. 北京：商务印书馆，2011.

荻生徂徕. 射书类聚国字解 [M]. 京都水玉堂刻本，1786.

段文杰，樊锦诗. 中国敦煌壁画全集 [M]. 天津：天津人民美术出版社，2006.

恩格斯. 家庭、私有制和国家的起源 [M] //马克思恩格斯选集（第四卷）. 北京：人民出版社，1995.

F. B. 于格，E. 于格. 海市蜃楼中的帝国：丝绸之路上的人神与神话 [M]. 耿昇，译. 北京：中国藏学出版社，2013.

菲利普·柯尔库夫. 新社会学 [M]. 北京：社会科学文献出版社，2000.

傅海波，崔瑞德. 剑桥中国辽西夏金元史 [M]. 北京：中国社会科学出版社，1998.

傅斯年. 民族与古代中国史 [M]. 北京：北京出版社，2018.

冈田英弘，神田信夫，松村润. 紫禁城的荣光 [M]. 王帅，译. 北京：社会科学文献出版社，2017.

高文. 四川汉代画像砖 [M]. 上海：上海人民美术出版社，1987.

高颖. 武经射学正宗·中卷辨惑门［M］. 明崇祯十年登龙馆刊本.

葛兆光. 宅兹中国——重建有关"中国"的历史论述［M］. 北京：中华书局，2017.

宫本一夫. 从神话到历史：神话时代夏王朝［M］. 吴菲，译. 桂林：广西师范大学出版社，2017.

宫崎市定. 东洋的近世——中国的文艺复兴［M］. 张学锋，等译. 北京：中信出版集团，2018.

宫崎市定. 亚洲史概说［M］. 谢辰，译. 北京：民主与建设出版社，2017.

宫崎市定. 中国史［M］. 焦堃，瞿柘如，译. 杭州：浙江人民出版社，2015.

郭沫若著作编辑出版委员会. 郭沫若全集·卜辞通纂：659－663［M］. 北京：科学出版社，1983.

国家体委武术研究院. 中国武术史［M］. 北京：人民体育出版社，1997.

韩春鸣. 聚元号弓箭［M］. 北京：北京美术摄影出版社，2014.

韩昇. 东亚世界形成史论［M］. 北京：中国方正出版社，2015.

郝勤. 体育史［M］. 北京：人民体育出版社，2006.

胡适. 新思潮的意义［M］//欧阳哲生. 胡适文集（第三册）. 北京：北京大学出版社.

黄仁宇. 赫逊河畔谈中国历史［M］. 北京：生活·读书·新知三联书店，2000：3.

吉谢列夫. 南西伯利亚古代史（上册）［M］. 乌鲁木齐：新疆社会科学院民族研究所，1981.

康马泰. 唐风吹拂撒马尔罕：粟特艺术与中国、波斯、印度、拜占庭［M］. 毛铭，译. 桂林：漓江出版社，2016.

堀敏一. 中国通史——问题史试探［M］. 邹爽爽，译. 北京：社会科学文献出版社，2015.

库恩. 科学革命的结构［M］. 北京：北京大学出版社，2012.

拉施特. 史集（第一册·第一分册）［M］. 余大钧，周建奇，译. 北京：商务印书馆，1997.

拉铁摩尔. 中国的亚洲内陆边疆［M］. 唐晓峰，译. 南京：江苏人民出版社，2017.

勒内·格鲁塞. 草原帝国［M］. 蓝琪，译. 北京：商务印书馆，2015.

李军阳. 射道课程学生手册［M］. 珠海：自印本，2012.

李瑞哲. 龟兹石窟佛教艺术研究［M］. 北京：科学出版社，2020.

李硕. 南北战争三百年：中国4-6世纪的军事与政权［M］. 上海：上海人民出版社，2018.

李学勤. 比较考古学随笔［M］. 桂林：广西师范大学出版社，1997.

梁诗正等. 钦定西清古鉴［M］. 上海：上海云华居庐，1926.

林梅村. 丝绸之路考古十五讲［M］. 北京：北京大学出版社，2006.

刘雨. 射礼考［M］//金文论集. 北京：紫禁城出版社，2008.

刘志远. 四川汉代画像砖艺术［M］. 北京：中国古典艺术出版社，1958.

鲁保罗. 西域的历史与文明［M］. 耿昇，译. 乌鲁木齐：新疆人民出版社，2012.

罗时铭. 中国体育通史·第三卷［M］. 北京：人民体育出版社，2008.

罗西章. 北吕周人墓地［M］. 西安：西北大学出版社，1995.

马长寿. 北狄与匈奴［M］. 上海：上海三联书店，1962.

马廉祯. 武学——中国传统射箭专辑［M］. 广州：广东人民出版社，2017.

马林诺夫斯基. 文化论［M］. 费孝通等，译. 北京：中国民间文艺出版社，1987.

毛泽东. 毛泽东选集［M］. 北京：人民出版社，1991.

南京市博物馆. 金与玉：公元14—17世纪中国贵族首饰［M］. 上海：文汇出版社，2004.

内藤湖南. 中国史通论［M］. 夏应元，钱婉约，译. 北京：九州出版社，2018.

内藤敬. 轻松学弓道［M］. 北京：人民体育出版社，2006.

彭林. 中国古代礼仪文明［M］. 北京：中华书局，2004.

齐东方，申秦雁. 花舞大唐春——何家村遗宝精粹［M］. 北京：文物出版社，2003.

钱穆. 中国文化史导论［M］. 北京：九州出版社，2011.

阮元. 十三经注疏［M］. 北京：中华书局，1980.

芮传明. 胡人与文明交流纵横谈［M］. 北京：商务印书馆，2016.

杉山正明. 蒙古颠覆世界史［M］. 周俊宇，译. 北京：生活·读书·新知三联书店，2016.

杉山正明. 游牧民的世界史［M］. 黄美蓉，译. 北京：中国工商联合出版社，2016.

上海博物馆. 文明对比手册［M］. 上海：上海古籍出版社，2017.

檀上宽. 永乐帝——华夷秩序的完成［M］. 王晓峰，译. 北京：社会科学文献出版社，2015.

唐豪. 清代射艺丛书［M］. 上海：现代印书馆，1940.

唐兰. 西周青铜器铭文分代史征［M］. 北京：中华书局，1986.

唐纳德·S. 洛佩兹. 佛之主事们——殖民主义下的佛教研究［M］. 中国人民大学国际学院西域历史语言研究所，译. 北京：中国人民大学出版社，2015.

田广金，郭素新. 北方文化与草原文明［M］//内蒙古文物考古研究所. 内蒙古文物考古文集（第二辑）. 北京：中国大百科全书出版社，1997.

王国维. 胡服考［M］//观堂集林（外二种）. 石家庄：河北教育出版社，2003.

王晖. 商周文化比较研究［M］. 北京：人民出版社，2001.

王明珂. 华夏边缘：历史记忆与族群认同［M］. 北京：社会科学文献出版社，2006.

王明珂. 游牧者的抉择——面对汉帝国的北方游牧部族［M］. 上海：上海人民出版社，2018.

王淑云. 清代北巡御道和塞北行营［M］. 北京：中国环境科学出版社，1989.

魏伟. 近现代西方思想家的体育观［M］. 北京：中国社会科学出版社，2016.

沃尔夫冈·贝林格. 运动通史：从古希腊到21世纪［M］. 丁娜，译. 北京：北京大学出版社，2015.

吴广孝. 集安高句丽壁画 [M]. 济南：山东画报出版社，2006.

西嶋定生. 秦汉帝国 [M]. 顾姗姗，译. 北京：社会科学文献出版社，2003.

夏鼐，王仲殊. 考古学 [M]. 北京：中国大百科全书出版社，2014.

萧启庆. 世界征服者实录：蒙古秘史 [M]. 北京：文化艺术出版社，2010.

小谷仲男. 大月氏：寻找中亚谜一样的民族 [M]. 王仲涛，译. 北京：商务印书馆，2017.

谢肃方. 百步穿杨——亚洲传统射艺 [M]. 香港：香港海防博物馆，2003.

新疆维吾尔自治区文物管理委员会，拜城县克孜尔千佛洞文物保管所，北京大学考古系. 中国石窟·克孜尔石窟（第一卷）[M]. 北京：文物出版社，1989.

徐开才. 射艺 [M]. 桂林：广西师范大学出版社，2015.

徐启宪. 清宫武备 [M] //故宫博物院文物珍品大系. 香港：商务印书馆，2008.

徐友根. 武举制度史略 [M]. 苏州：苏州大学出版社，1997.

许倬云. 万古江河：中国历史文化的转折与开展 [M]. 上海：上海文艺出版社，2006.

薛爱华. 撒马尔罕的金桃：唐代舶来品研究 [M]. 吴玉贵，译. 北京：社会科学文献出版社，2016.

杨宽. 古史新探 [M]. 北京：中华书局，1965.

杨树达. 积微居甲文说·卜辞琐记 [M]. 北京：中国科学院，1951.

游鉴明. 超越性别身体：近代华东地区的女子体育（1895—1937）[M]. 北京：北京大学出版社，2012.

张光直，李光谟. 李济考古学论文集 [M]. 北京：文物出版社，1990.

张唯中. 弓箭学大纲 [M]. 台北：逸文出版社，2016.

张之江. 中央国术馆成立大会宣言 [M] //中央国术馆. 张之江先生国术言论集. 南京：大陆印书馆，1931.

昭陵博物馆. 昭陵唐墓壁画 [M]. 北京：文物出版社，2006.

中古兵书集成编委会. 中古兵书集成（第三册·武经总要）[M]. 北京：解放军出版社，1988.

《中国墓室壁画全集》编辑委员会. 中国墓室壁画全集 2：隋唐五代 [M]. 石家庄：河北教育出版社，2011.

中国社会科学院考古研究所. 殷墟花园庄东地甲骨 [M]. 昆明：云南人民出版社，2003.

周纬. 中国兵器史稿 [M]. 北京：生活·读书·新知三联书店，1957.

朱力. 社会学原理 [M]. 北京：社会科学文献出版社，2003.

三、外文文献

Adam Swobod. The Art of Shooting a Short Reflexed Bow with a Thumb Ring [M]. Printed by Adam. 2012.

Andrew Hall，Jack Farrell，Bows and Arrows from Miran，China，Journal of The Society of Archer-Antiquaries，vol. 51，2008.

Anthony D. W，Vinogradov N. B. Birth of the chariot [J]. Archaeology，1995.

Bede Dwyer. Early Archers' Rings. Journal of the Society of Archer-Antiquaries，vol（40），1997.

Brian J. Sorrells. Guide to the Longbow：Tips，Advice，and History for Target Shooting and Hunting [M]. Mechanicsburg：Stackpole Books，2014.

Conrad S. What is Global History? [M]. Princeton：Princeton University Press，2016.

Cosmo N. D. Ancient China and its Enemies [M]. Cambridge：Cambridge University Press，2004.

Fog A. Cultural selection [M]. Norwell：Kluwer Academic Publishers，1999.

Ford，A. H，The Theory and Practice of Archery [M]. London：Longmans，Greens，and Co. 1887.

Goodrich C. S. Riding Astride and the Saddle in Ancient China [J]. Harvard Journal of Asiatic Studies, 1984 (2).

Jie Tian, Justin Ma. The Way of Archery: A 1637 Chinese Military Training Manual [M]. Atglen: Schiffer Publishing Ltd, 2015.

Karpowicz A, Selby S. Scythian Bow from Xinjiang [J]. Journal of the Society of Archer-Antiquaries, 2010 (53).

Mcleod W. E. An Unpublished Egyptian Composite Bow in the Brooklyn Museum [J]. American Journal of Archaeology, 1958 (4).

Noble D. Assyrian Chariotry and Cavalry [J]. State Archives of Assyria Bulletin, 1990, (4): 61-68. Sinor, D (ed.). The Cambridge History of Early Inner Asia [M], Cambridge University Press. 1990.

Peter Dekker. Using the Mamchu Thumb Ring. S. P. T. A.'s newsletter Tabs, Autunme 2011.

Selby. S. Chinese Archery [M]. Hong Kong: Hong Kong University Press, 2000.

Sir Ralph Payne-Gallwey. The Projectile Throwing Engines of the Ancients [M]. London: Longmans, 1907.

Sung Won Kim. Eastphalia Revisited: The Potential Contribution of Eastphalia to Post-Westphalian Possibilities [J]. Pacific Focus, 2018, 33 (3).

渡边信一郎. 中国古代的王权与天下秩序 [M]. 东京: 校仓书房, 2003.

驹井和爱. 中国考古学论丛 [M]. 东京: 庆友社, 1974.

林俊雄. 草原王权的诞生: 斯基泰与匈奴, 早期游牧国家的文明 [M]. 东京: 讲谈社, 2017.

林巳奈夫. 中国殷周时代的兵器 [M]. 东京: 京都大学人文科学研究所, 1972.

西嶋定生. 中国古代国家与东亚世界 [M]. 东京: 东京大学出版会, 1983.

四、学位论文、报刊

邓飞龙. 两汉骑兵问题研究［D］. 长沙：湖南师范大学，2017.

邓文静. 清代皇家活动与承德城市的兴起［D］. 成都：四川大学，2006.

妇女组射箭结果［N］. 申报，1935－10－15（20）.

关锐. 满族骑射文化变迁研究［D］. 哈尔滨：黑龙江大学，2018.

国术运动大会全部成绩昨揭晓［N］. 申报，1939－04－11（7）.

国术职员［N］. 申报，1933－10－10（59）.

河南四老叟［N］. 申报，1933－10－12（20）.

蒋来希. 两周至汉代韘及韘形佩［D］. 济南：山东大学，2016.

靳运洁. 辽代国家祭祀礼俗研究［D］. 天津：天津师范大学，2016.

兰娟. 先秦制器思想研究［D］. 天津：南开大学，2014.

老人射箭大比赛［N］. 申报，1933－10－15（19）.

廖德志. 战国楚墓出土弓箭及相关问题［D］. 南京：南京大学，2017.

刘珂艳. 元代纺织品纹样研究［D］. 上海：东华大学，2014.

刘忠涛. 浅析中国北方民族箭镞形制［D］. 呼和浩特：内蒙古大学，2012.

鲁国术考试第二日详情：射箭素描［N］. 大公报，1934－04－24（6）.

女子射远决赛优胜结果［N］. 申报，1935－10－15（20）.

全国射箭比赛在京举行［N］. 人民日报，1959－05－24（2）.

全国射箭表演赛昨举行［N］. 人民日报，1956－07－16（4）.

全运会裁判员发表［N］. 申报，1935－09－18（13）.

射德会昨较射金特章，邓锡侯有演说［N］. 新新新闻，1933－04－10（11）.

射箭比赛北人包办［N］. 申报，1935－10－15（20）.

王银婷. 唐宋时期射箭运动研究［D］. 苏州：苏州大学，2014.

邢成才. 商代后期中原地区的战车研究［D］. 郑州：郑州大学，2012.

叶有琛. 周代玉瑞文化考论［D］. 福州：福建师范大学，2007.

仪德刚. 中国传统弓箭制作工艺调查研究及相关力学知识分析［D］. 合肥：中国科学技术大学，2004.

袁俊杰. 两周射礼研究［D］. 开封：河南大学，2010.

张建. 火器与清朝内陆亚洲边疆之形成 [D]. 天津：南开大学，2012.

张文安. 周秦两汉神仙信仰研究 [D]. 郑州：郑州大学，2005.

张秀丽. 射箭动作综合测试及技术评价指标的研究 [D]. 北京：北京体育大学，2008.

附　录

殷商军团的控弦革命：扳指的
发明与战车弓箭手的诞生

我国有史料记载的各种射箭活动中均可见"扳指"。商周至宋元，扳指被称为"韘"与"决"，明时称"指机"，至清时统称"扳指"。经学、礼学、金石学、训诂学著作并不乏对扳指的记录。乾嘉以降，近代学林亦不乏对扳指的发微。然而，上述文本多聚焦于"音韵训诂"与"礼制器用"。扳指是怎样产生的？它究竟为文明的演进输入了怎样的动能？上述问题的最终厘定不仅对射箭史的研究意义重大，更能够以一种"通约化路径"的形式，对体育史学、考古学、文化人类学的相关领域有所启迪，进而成为一种为广域文明史共用的重要注脚。

一、关于研究对象"扳指"的再释

所谓扳指，乃射箭时套在拇指上辅助开弓的重要器物。冷兵器时代，东起日本列岛，西至波斯高原，北起蒙古草原，南至印度河流域均可见人们使用扳指。作为谱系学的统称，"扳指"并非严谨的称谓。在西方，学者多称此类名物为"thumb ring"。目前，我国尚缺乏对扳指一类名物的类型学通论。唯笔者[①]初步建构了一个历时的"控弦法"演进形态，并以"控弦器"指涉此类名物。综合考虑认知的广泛性及使用术语的最大辐射性，此处仍以"扳指"作为研究对象的称谓。

关于扳指的功能，以杨泓[②]、黄曲[③]为代表的学者着重阐释为"保护

[①] 负琰. 中华射艺的演进形态与文化构造[D]. 成都：成都体育学院，2019.
[②] 杨泓. 扳指与火药袋——艺术品的前世今生[J]. 紫禁城，2008，4（2）：198−203.
[③] 黄曲. 浅论"韘"及"韘形佩"[J]. 考古与文物，2011，4（2）：55−62，75.

手指"；以谢肃方①、拜德·德怀尔②、井中伟③为代表的学者则聚焦于"驾御强弓"。上述研究还原了部分史实，为后续讨论奠定了基础。然笔者认为，"保护手指"抑或"驾御强弓"固然是扳指功能的重要解释项，但是它们并不能够完全指涉扳指的元功能，扳指的诞生另有原因。

二、从"捏箭法"到"复合捏箭法"：前扳指时代的控弦形态阐释

（一）"捏箭法"的文化阐释

所谓"捏箭法"，即射手搭箭于弓体左侧，以拇指、食指捏箭尾，箭尾抵住弓弦，以拇指、食指指力引弓，以指腹所受摩擦力极限为撒放时机的控弦方式。

在我国，捏箭法大致产生于旧石器时代晚期至新石器时代中早期。过往的射箭史研究皆援引 30000 年前的峙峪石镞，但对"中国最早的箭镞"究竟对应了何种射箭情境，则语焉不详。对史前的射箭行为应配置多元的阐释策略。在"周口店第一地点—峙峪系"一线，小石片、刮削器占据了全部的文化特色。④ 华北晚期旧石器文化又称"细石叶文化"，即出现剥离石核、细磨后形制纵长的剥片。⑤ 与南方族群依赖植物采集不同，该区域的人民习惯狩猎。然而，把狩猎行为看作"一贯的成熟模式"实有不妥。相当长的时期内，人类对"动物性"并未谙熟。旧石器时代晚期人类追逐猎物的"游动"与文明时代的"游牧"迥然有别。综合遗址中大量有蹄类动物残骨、小型石叶石器及石球，王幼平认为："峙峪人的狩猎技术较早期使用石球为投掷武器的阶段更为进步，因而能够大批地捕获到草原

---

① Selby S. Chinese Archery [M]. Hong Kong：Hong Kong University Press，2000：32.
② Dwyer B. Scythian－style Bows Discovered in Xinjiang [EB/OL]. [2004－3－19]. https：//atarn. org/chinese/scythian_bows. htm.
③ 井中伟，魏凯. 商周时期的"扳指"[J]. 边疆考古研究，2015，4（2）：195－210.
④ 杜水生，刘复良. 华北北部小石器文化成因分析 [J]. 考古学研究，2008（7）：233－243.
⑤ 王益人. 贾兰坡与华北两大旧石器传统 [J]. 人类学学报，2002，21（3）：171－177.

有蹄类，成为专业的'猎马人'。"① 然而，一个关键问题始终未得到解释：峙峪人如何猎取有蹄类动物。

对该时段觅食者来说，辨析不同木质的弹性模量是困难的。此外，在新石器时代产生得以刳木的锛子类石器之前，要制作平衡、对称且能量转化率高的纺锤流线型弓体几无可能。此时弓箭的制作更可能是"弦木为弧，剡木为矢"，即"棒式弓"。按其物理结构，要获得较高的效率，必然要缩短弓体。在刳木工艺产生前，棒式弓不仅难以获得较大的拉距（draw length），更束缚了弹性，进而导致撒放后弓体强烈震动。为消解震动带来的不适，须以夸张的体势迅速完成张弓、放箭。此非技术的无序，乃一种有效疏导。此情境下，捏箭法最为契合。如今，布须曼人尚保持着采集狩猎的生活模式。从他们的射矢活动中可得见这一技术（图1）。②

图1 布须曼人的捏箭法

那么，是否如陈说，该时段的人类凭借弓箭这一"伟大发明"直接获

---

① 王幼平. 试论环境与华北晚期旧石器文化［J］. 北京大学学报（哲学社会科学版），1990，27（1）：115−122.
② 劳伦斯·凡·德·普司特. 荒漠之心：神秘的非洲部落探寻之旅［M］. 周灵芝，译. 桂林：广西师范大学出版社，2021：262.

取猎物？笔者认为：应然与实然之间存在着鸿沟。觅食者的移动结构使其狩猎行为更趋近"集群式驱赶"，从中只能导出捏箭法的形态。

30000 年前的更新世末期，随着气候变冷，以猛犸象为主的大型有蹄类动物逐渐南迁。对诸如猛犸象、披毛犀、野牛、野马等大型猎物来说，弓箭绝非致命性武器。使用长弓狩猎需整合一系列手段：科学的训练、适用的装备、对物候与动物性的认识、有序协作及对自然最灵敏的触觉。[1] 此外，饭食与食谱不同。前者指一顿的食餐，后者则是稳定的消费方式。在实现农业与动物驯化的新石器时代之前，食草动物、鸟类、禽类才是人类主要的肉食来源，且狩猎所获肉食资源仅占总食谱比重的 20%～40%，其余皆取自水生食物与植物资源。[2] 大型动物虽也进入了食谱，但人类更倾向于从其身上获取生产原材料。

狩猎活动中，弓箭的作用实然有限。"弓猎"的对象仅为小型禽类，获取大型动物则更多地依靠陷阱、兽夹及复杂的队群协作。晚近时段尚如此，捏箭法时段又将如何？峙峪遗址仅发现一件人类枕骨，其余皆为石器与动物烧骨化石。它们多埋藏于沟壑处砂层底部，呈击碎状（图 2）。[3] 据层位分析，此系狩猎营地的可能性更大。然而动物绝非死于弓猎，更可能是被驱赶坠崖而亡。驱赶动物跌落悬崖系史前最有效的狩猎方式。全球史视野下，博丁斯库尔（Boarding School）、加尔湖（Gull Lake）等史前狩猎遗址皆反映了相同的信息。20 世纪初，印第安人依然保存着该狩猎传统。1970 年以来，过程考古学以"中程理论"为桥梁，深入利用民族志材料分析遗址的文化过程机理，形成了一系列针对性的研究。[4] 北美考古学者曾结合民族志考古复原了加尔湖狩猎的场景——手持飞去来器、石弹、

---

[1] Sorrells B J. Guide to the Longbow: Tips, Advice, and History for Target Shooting and Hunting [M]. Mechanicsburg: Stackpole Books, 2014, p. 87.

[2] Lee R B, Devore I. Problems in the Study of Hunters and Gatherers [C] //Lee R B, Devore I eds. Man the Hunter [C]. New York: Routledge, 2009, pp. 3–12.

[3] 贾兰坡等. 山西峙峪旧石器时代遗址发掘报告 [J]. 考古学报, 1972 (1): 39–58, 135–136.

[4] Bettinger R L. Hunter–gathers: Archaeological and Evolutionary Theory [M]. New York: Plenum, 1991, p. 67.

弓箭的队群如何完成对野牛的驱猎（图3）。①

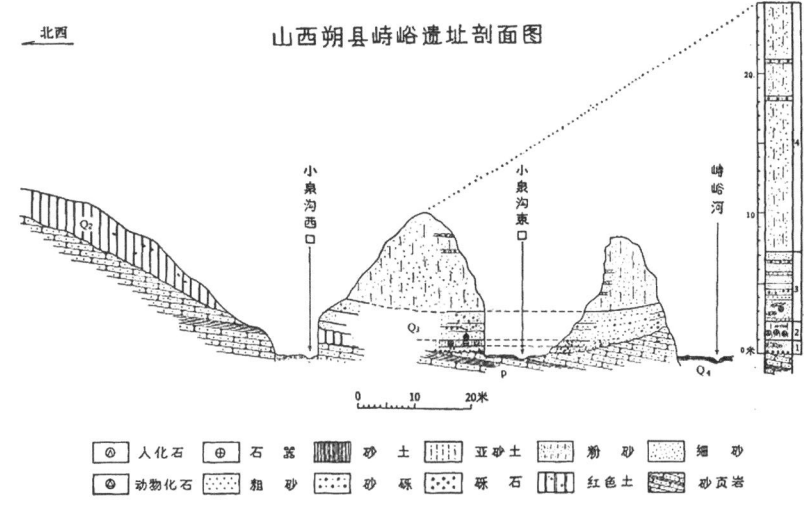

图 2　峙峪遗址剖面图

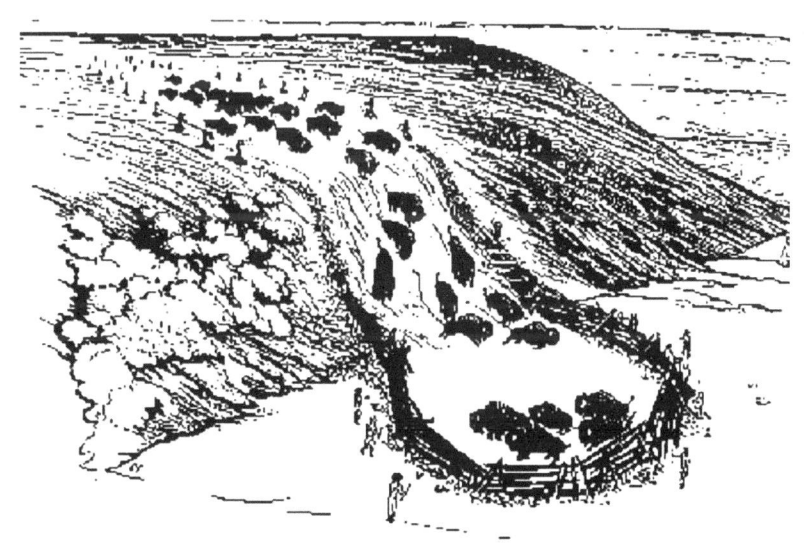

图 3　加尔湖狩猎场景复原图

驱赶猎物坠崖过程中，弓箭的作用并不在于射击，而是最大化地提高

---

① 科林·伦福儒，保罗·巴恩. 考古学——理论、方法与实践[M]. 陈淳，译. 上海：上海古籍出版社，2015：268.

驱赶效率。这一导向要求尽可能提高弓箭的发射频率。因此，捏箭法产生的年代绝不能被笼统地看作"荒蛮阶段"，其背后亦隐喻了属地社群对自然的精妙设计。须切实理解文化生态，建构科学的阐释策略。

（二）"复合捏箭法"的文化阐释

所谓"复合捏箭法"，即射手维持捏箭法的同时，辅以中指、无名指勾弦的控弦方式。因手部结合了捏箭尾、勾弦两个动作，故克服了指腹所受摩擦力的限制，亦获得了更为延展的拉距。笔者认为"复合捏箭法"始于成熟的环壕聚落的形成，终于公元前13世纪。其文化主动力是阶级分化所导致的武装化动向的持续增强。

在我国，该时段大致对应新石器时代中期至商代早期。约10000年前，新石器时代肇始，各地相继产生了打制石器、刳木、漆绘等工艺，使用弓箭的水平亦有所提高。当环壕聚落最终形成，弓箭成为文明符号。中原最早的环壕聚落为仰韶文化姜寨遗址，绝对年代约为公元前4500年。不久以后，大汶口文化尉迟寺遗址[①]、长江流域大溪—屈家岭文化城头山遗址均出现了成熟的环壕聚落。[②] 环壕聚落的功能最初与防御无关，主要应用于定居农业所需的分界、排水与防涝。后来，以姜寨为代表的社会产生了两分化组织结构（dual organization），即人类学中所谓的"半族"的外婚制形式。当生产资料、生产盈余被父权制垄断，社会逐渐产生了分化。[③] 这一进程为集团间冲突的产生创造了条件，环壕的军事防御性得以产生。

环壕聚落产生后，箭镞明显向"大型化""精工化"转型。屈家岭文化黑家院遗址已出现打制精良的有铤三边形石镞。如标本 TN7E3③：23，镞身长5.7厘米，宽3.4厘米，厚1.5厘米，重量近10克，其左右两侧刃角趋近对称，分别为 65°、55°、38°、38°、65°、66°、64°、45°（图

---

① 王吉怀. 尉迟寺聚落遗址的初步探讨［J］. 考古与文物，2001（4）：20－28.
② 单先进，曹传松，等. 澧县城头山屈家岭文化城址调查与试掘［J］. 文物，1993（12）：19－30.
③ 恩格斯. 家庭、私有制和国家的起源［M］. 北京：人民出版社，2015：58.

4)。① 同期均县朱家台遗址出土的箭镞更为醒目。如标本 T16④：19，镞身长 5 厘米，呈有铤、阔叶、双翼的类型特征（图 5）。② 仰韶文化姜寨遗址出土的箭镞 T9：6 在大型化的基础上，甚至向双翼、分刃、有铤的等腰三角形过渡（图 6）。③ 大汶口后期大墩子遗址出土的板岩箭镞 T36：13 亦呈现出等腰、双翼、利刃、有铤的特征（图 7）。④

图 4　黑家院 TN7E3③：23 箭镞　　　图 5　朱家台 T16④：19 箭镞

图 6　姜寨 T9：6 箭镞　　　图 7　大墩子 T36：13 箭镞

---

① 冯小波等. 湖北省黑家院遗址新石器时代石工具初步研究 [J]. 边疆考古研究，2016（1）：101-115.
② 中国社会科学院考古所长江工作队. 湖北均县朱家台遗址 [J]. 考古学报，1989（1）：25-56，137-144.
③ 西安半坡博物馆，临潼县文化馆. 1972 年春临潼姜寨遗址发掘简报 [J]. 考古，1973（3）：134-145，197-200.
④ 尹焕章等. 江苏邳县四户镇大墩子遗址探掘报告 [J]. 考古学报，1964（2）：9-56，205-222.

箭镞向有铤、双翼、利刃的大型、精工化转型,系使用弓箭由"生产"向"战斗"的机能进化。佐证鄙论,又可见冈村秀典所述,公元前4000—前3000年,聚落间的冲突升级,狩猎的箭镞大型化,呈现出等边三角形的断面,转为战斗的武器。① 晚近研究中,冈村秀典的结论亦如笔者所言:"为了自卫,各聚落以弓箭为中心全副武装,各地也出现用壕沟和城墙加强防御的聚落,此系阶层化与地域整合之结果。"② 此外,相关考古信息亦佐证了笔者的观点。在大汶口文化大墩子遗址、仰韶文化零口遗址中,大量骨骸上均可见由箭镞所致的贯穿伤痕迹(图8、图9)。③

图 8　大墩子 316 号墓骨骸

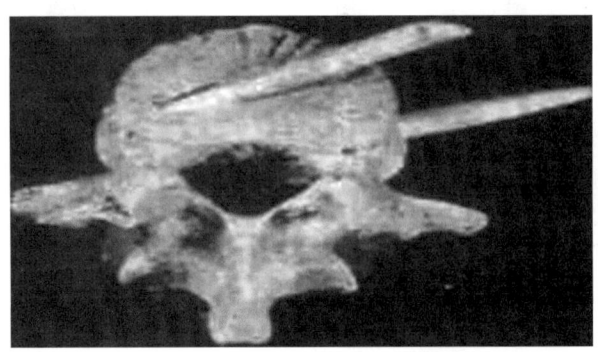

图 9　零口遗址 M21：18 骨骸

---

① 冈村秀典,张玉石. 中国新石器时代的战争 [J]. 华夏考古,1997 (3):100−112.
② 冈村秀典. 中国文明——农业与礼制的考古学 [M]. 陈馨,译,秦小丽,校. 上海:上海古籍出版社,2020:32−33.
③ 周春茂,闫毓民. 零口遗址新石器时代女性人骨及其损伤研究 [A] //陕西省文物局等. 中国史前考古学研究——祝贺石兴邦先生考古半世纪暨八秩华诞文集,西安:三秦出版社,2004:18.

黑家院 TN7E3③：23 箭镞的重量趋近 10 克。按笔者团队的民族志调查，北美地区常以比例 1∶4 配重箭镞与箭身。若如此，黑家院箭支已趋近 50 克。此外，今阿拉善牧区有"七十斤打一两"的传统。若如此，驱动 50 克的箭需用 70 斤弓力，合国际计量单位 77 磅，亦趋近北美原野射箭传统。问题恰恰在于，驱动 10 克箭镞的弓力早已超越了捏箭法的极限，即宫本一夫所谓："箭镞重量增大，必以增强弓力为前提，达到改进功能之效果。"① 若箭镞的转型隐喻了阶级分化与武装冲突的加剧，那么，弓型与射矢技术的革新正促成这种转型。新石器时代以来，锛子的出现使"刳木为舟，剡木为楫"成为可能。当人们发现流线型切面更有利于储量的释放，由棒式弓向"板式弓"的转变随之开启。此间传说与现实完美呼应。考古所见最早的舟船、板式弓，甚至最锐利的石镞均出自距今 8000 年的萧山跨湖桥遗址。其中，T0512⑨A：17 桑木弓长约 121 厘米，宽 3.3 厘米，厚 2 厘米，呈流线的扁圆状，通体髹以天然漆，又系世界上最早的漆器。② 在欧洲，丹麦霍尔麦加德沼泽亦出土了同时段的榆木板弓。③

作为体育的源头之一，身体训练与阶级分化紧密相关，构成国家安全与经济生产力的因素。④ 从身体训练的角度审视，狭长、流线的形状不仅增加了储能，更疏导了震动，二者将反作用于开弓的身体。受制于弓型对"打开身形"的反塑，射手须增加牵引力，以"扩大拉距"延展直线用力，使势能最大化集中。此间，克服指腹所受摩擦力极限系第一要务。最直接有效的方式即辅以无名指、中名指勾住弓弦，形成"复合捏箭法"（图 10、图 11）。该技术的诞生可看作射箭史上的标志性事件。从此，人类得以将体力之极限转换为张弓蓄能。精度射击可通过有意识的训练达成，射箭技术的规范化由此开启。

---

　① 宫本一夫. 从神话到历史：神话神代夏王朝 [M]. 吴菲，译. 桂林：广西师范大学出版社，2017.

　② 浙江省文物考古研究所. 跨湖桥 [M]. 北京：文物出版社，2004：270.

　③ Alrune F. et al. The Bow Builder's Book：European Bow Building from the Stone Age to Today [M]. Atglen：Schiffer Publishing，2007：25.

　④ 阿伦·古特曼. 从仪式到纪录：现代体育的本质 [M]. 花勇民，译. 北京：北京体育大学出版社，2012：7.

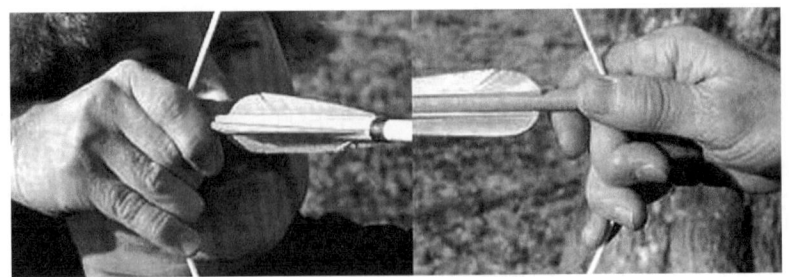

图 10　河湟藏族同胞的复合捏箭法（笔者摄）

图 11　复合捏箭法手势细节

三、扳指的发明与战车弓箭手的诞生

（一）妇好墓 M5：973 玉器——商代扳指的出现

妇好是商王武丁的妻子，亦是我国有案可稽的最早的女军事家、政治家。甲骨文献中，常见妇好攻克方国、主持王祭的记录。1976 年，考古工作者对妇好墓进行了发掘。繁复的青铜彝器、精良的玉瑞，尤其带有"妇好"铭文的玉钺，无不彰显了妇好在"祀"与"戎"中的权力地位。该墓可见充分的武备要素。除象征军事权力的钺外，更有作为实用武器的戈与镞等。其中，最引人注目的当属我国最早的扳指 M5：973。该器物高 38.3 毫米，内径与外径分别为 23.2 毫米、34.6 毫米，重 44 克。青玉材质，筒形结构，微透光，局部受沁。下端齐平，上端呈斜面，前高后低。器身以饕餮纹阴刻，兽目下方有两孔，较高一侧开有弦槽。正如夏鼐指出的："乃实用品，挽弓用的扳指。"①

自M5：973玉器开始，诸夏开始了对扳指类器物的记录，并逐渐衍生出"韘""决""指机"等称谓。直至今天，学术界依旧交错使用"妇好扳指""妇好韘""妇好决"。然而我们不禁要问：M5：973玉器究竟是什么名物？它的本质功能到底是什么？

（二）两个历史悬案——对妇好墓M5：973玉器的追问

对妇好墓M5：973玉器乃至全域的扳指，古今皆视作辅助开弓的器物。其中，今人有"保护手指"与"驾御强弓"两个解释项。然反观典籍，古人鲜有如此解释。许慎《说文解字》有："韘，决也。所以拘弦，以象骨，韦系，着右巨指，从韦，枼声。"②其意甚明，"韘"就是"决"，乃骨质并以熟牛皮穿系，戴于引弓手拇指的射具。查诸文类，《说文》《广韵》《集韵》等皆以韘、决混同，未言明二者分野及详细使用形态，即便以考据著称的王念孙在其《广雅疏证》中亦按："'韘'即'决'。"③皆未见今人所谓"保护手指"与"驾御强弓"之说。当代考古类型学亦不区分"韘"与"决"，一般统称两周至明代的控弦器或扳指类器物为"韘"。例如西周时期大量出土的坡型玉韘、金韘，春秋时期大量出现的带"扳突"的玉韘、骨韘等，乃至西汉时期已脱离军事化功能、纯然作为配饰集中出现的扳指型器物亦命名为"韘形佩"。然而，上古汉语音韵中韘、决读音迥异，且审视以训诂，未尝有将"韘"训作"决"者。既然如此，一种器物为何会有韘、决之不同称谓？究竟什么是韘，什么是决？此乃第一个历史悬案。

《仪礼·大射仪》郑玄注疏："决，犹闿也，以象骨为之，着右巨指，所以钩弦而闿之。"④斯说得到朱子门人及乾嘉学派的赞同。蔡沉《书集传》载："韘，以象骨为之，着右大指，所以钩弦而闿体。"朱右曾《逸周书集

---

① 夏鼐. 商代玉器的分类、定名和用途[J]. 考古，1983（5）：455-467.
② 许慎. 说文解字[M]. 北京：中华书局，1963：111.
③ 王念孙. 广雅疏证[M]. 南京：江苏古籍出版社，1984：87.
④ 仪礼[M]. 上海：上海古籍出版社，2016：161.

训校释》载:"玦,决也……着右手大指,所以钩弦而阖之。"①诸家皆有"阖"字。阖通"开",仄声,有开门与开合之意。所谓"阖体"即"打开身体",实则扩大拉距,以维持直线用力。这种身体要求在复合捏箭法时段即已达成,又何必多此一举发明扳指类名物?此乃第二个历史悬案。

长期的治丝益棼,使以《清稗类钞》为代表的晚近文本采取了统而论之的策略:"扳指,一作搬指……着于右手之大指,实即古所谓韘。韘,决也,所以钩弦也。"②然而,射箭史的研究并不囿于训诂。面对一个复杂的文化结构,单一的研究方法稍显不足。说到底,两个悬案背后牵扯到一个根本性问题——如何采用更为全面的阐释策略,厘清作为扳指类名物源头的 M5:973 之能指、所指。

(三) 车战——一个有关妇好墓 M5:973 玉器发生情境的提出

史料是社会记忆的媒介,字与词则是记忆结构内的符号。经由文本分析,可探索留下这些记忆的社会群体及时代情境,了解记忆与社会间的联结,并最终以此来认识一个异文化社会和古代社会。③首先是"韘"的词义源流。段玉裁《说文解字注》云:"'韘'即今人之扳指,经典多言'决'少言'韘'。'韘'惟见《诗》,毛公释为'决'。"④这传达了两个重要信息:其一,古文经典中"决"出现的频率远甚于"韘",似暗指"决"指涉了扳指类名物原初的功能形态;其二,"韘"源出《诗经·卫风·芄兰》,最迟二毛注疏的战末汉初,"韘"与"决"在符号意义上已然混同。

循段玉裁的思路,再探"韘"之词义。

> 芄兰之叶,童子佩韘。虽则佩韘,能不我甲。容兮遂兮,垂带

---

① 李春桃. 说"韘""玦"——从"玦"字考释谈到文物中扳指的命名[J]. 吉林大学学报(社会科学版), 2017, 57 (1): 175-182.
② 徐珂. 清稗类钞[M]. 北京: 中华书局, 2003: 6224.
③ 王明珂. 反思史学与史学反思: 文本与表征分析[M]. 上海: 上海人民出版社, 2019: 90.
④ 段玉裁. 说文解字注[M]. 扬州: 江苏广陵古籍刻印社, 1998: 235.

悸兮。①

"芄兰结上了夹,童子佩上了韘。虽然佩上了韘,就不与我为伍了吗?瞧你慢悠、摇摆的神气!"审以字面,意训诫童子谦逊。然而,若以文本作为承载社会记忆的符号,《芄兰》显然隐喻了礼的制度、礼的行为二者之脱节。该篇叙事结构的背后是"失礼"的社会情境,即礼制崩坏,道统失坠。

其次是"决"的词义源流。"决"首见于西周中期趞曹鼎铭文。彝器纪年清晰,所录系恭王十五年赏赐趞曹之事(图12)。②

图 14　趞曹鼎铭文

恭王十五年,王于新宫射庐行射礼。趞曹受到赏赐,其感佩于天子德行,故作此宝鼎宴飨朋友。文中"夬"即为"决"。陆德明释:"夬,本作决,或作抉。"(《经典释文》)作为最早出现"决"且纪年清晰的彝器,值得关注的恰是文本背后的指涉意义——周王如此封赏因于怎样的心性?背后的社会情境又是什么?

---

① 诗经 [M]. 上海: 上海古籍出版社, 2009: 66—67.
② 中国社会科学院考古研究所编. 殷周金文集成(修订增补本)[M]. 北京: 中华书局, 2007: 2784 号图.

考诸名物，弓、矢皆为射具，"卢"为兵器之柲，即握柄。韦昭《国语注》："卢，矛、戈之柲。"冑与盾为防御兵器，冑护头，盾御体。殳为长兵，有棱无刃，《考工记》有所谓"车之五兵"，即戈、殳、戟、酋矛、夷矛。显然，周王赐物均系实用武备。笔者认为，此系一种以"武装化因素"凝聚集体记忆的行为，背后的社会情境即钱穆所云："西周的封建，乃是一种侵略性的武装移民与军事占领。在封建制度的后面，需要一种不断的武力贯彻。"① 再探诸名物，确切地说，实乃一个战车定员的全套武备。所谓"国之大事，在祀与戎"，祭祀、武备不仅是西周权力的基础，更是贵族教育的根本。驾驭先进的战车，使用精良的弓箭、戈、戟等，乃贵族阶层的专属。平民与奴隶只能充当步兵，辅助贵族之间的车战。② 西周战车之定员，皆全副武装的甲士。"车左"承担射的职能，并配有板盾与短兵。御者位居其中。车右又称"戎右"，由孔武有力，背负板盾手持戈、矛、殳的死士充当。③ 在武装封建的社会情境下，似乎"玦"与弓、矢共同构成了车左的装备。《诗经·小雅·车攻》：

决拾既佽，弓矢既调。射夫既同，助我举柴。④

"扳指与护膊装备整齐，强弓与劲矢调适完毕。射手们整装待发，助我攻取目标。"《小雅·车攻》记录了周宣王与诸侯的田猎，彰显了"讲武"的盛况。西周有"三时务农，一时讲武"的制度。孟冬十月，天子与诸侯会于王畿，以田猎的形式进行军队演练，包括军队的集结、部署、指挥、调动、进退、射猎、献猎物、封赏等。⑤ 贵族间联合军事演习的田猎，只能是战车集群的互动，故冠名《车攻》。然而，值得关注的恰恰是"车攻"篇名下的"玦"，其与趞曹鼎中符号与意义的关联趋同，二者皆隐喻了周初武装封建的社会情境，及车战这一贵族战争形态下作为弓箭手的"车左"之武备。

---

① 钱穆. 国史大纲 [M]. 北京：商务印书馆，2014：235.
② 何平立. 略论春秋战国时期车战盛衰之原因 [J]. 军事历史研究，2006（5）：99—118.
③ 赵媛媛. 春秋以前和春秋时代的战车和车战略考 [J]. 西安社会科学，2009，27（1）：55—57.
④ 诗经 [M]. 上海：上海古籍出版社，2009：197.
⑤ 郝勤. 体育史 [M]. 北京：人民体育出版社，2006：211.

笔者认为，作为车战实用武备的"决"最早出现，其在"礼"的文化背景下被二次赋义，衍生了作为礼器之用的"韘"。平王东迁，道统失坠。最迟在汉初，"韘"与"决"在符号意义上已呈混乱之态。然而"战车—战车弓箭手—扳指（决）"这一系统肇端于何时？其是否为一个自洽（self-consistent）的发生机制？对此，需再次检视妇好墓 M5：973 玉器及其所对应的考古环境——殷墟。

（四）武装化的马车——殷墟车马坑考古环境剖析

民国时期，后冈西区车马坑（1933 年）、西北冈王陵车马坑（1935 年）的发现使商代的车马陪葬制度得以清晰呈现。中华人民共和国成立后，殷墟考古持续推进，为重建中国上古史提供了诸多考古学依据。其中，车马陪葬制度堪为管窥全域的戏眼。恰如夏鼐所云："马驾车子，是殷墟文明的另一个特点。"[①] 目前，殷墟共发现车马坑遗址 37 处，未被盗掘者 15 座，其中 9 座出土有了各类青铜器具，为研究晚商车马制度提供了珍贵的资料。[②] 上述遗址大致对应殷墟文化二期，即公元前 13 世纪的武丁、祖庚、祖甲时期。[③] 巧合的是，妇好墓 M5：973 玉器的绝对年代对应了该时段的开启。为论证"战车—战车弓箭手—扳指（决）"发生机制的自洽性，理性的研究必须进一步观照文本考据、田野考古之间的关系。

首先，殷墟所见双轮马车是否为"战车"？大卫·安东尼（David Anthony）说："战车即在牵引动力、速度、敏捷、机械构造上更为优越的双轮有辐马车。"[④] 事实似无关安东尼给出的评价指标，更关乎考古成果所折射的文化背景。如前所述，舆旁伴有兵器的车马坑遗址有 9 座。经检视，白家坟北地 43 号车内发现有铜戈两件、弓形器一件、皮质箭箙一个并盛矢十支。[⑤] 小屯车马坑 M20 配置较为全面，有铜戈、石戈各一，

[①] 夏鼐. 中国文明的起源 [M]. 北京：文物出版社，1985：91.
[②] 刘一曼. 殷墟车子遗址及甲骨金文中的车字 [J]. 中原文物，2000（2）：29-32.
[③] 中国社会科学院考古研究所. 殷墟妇好墓 [M]. 北京：文物出版社，1980：10.
[④] Anthony D. W, Vinogradov N. B. Birth of the Chariot [J]. Archaeology, 1995（2），pp. 36-41.
[⑤] 中国社会科学院考古研究所安阳工作队. 1969-1977 年殷墟西区墓葬发掘报告 [J]. 考古学报，1979（1）：27-157.

陈腐后弓、箙遗存及铜制、石制箭镞各一组，还可见用于近身格斗的马头刀。① 查其余几乘马车，均可见戈和箭镞。质言之，戈与弓箭是殷墟马车的制度性武备，二者恰又是商人最重要的武器。殷墟考古中，仅有铤双翼青铜箭镞出土量就达 980 枚之多，且截至 1986 年，殷墟遗址戈的出土数量已达 700 余件，皆为柲长约 100 厘米的短戈，不同于西周车战所用 300 厘米长戈。② 其次是结构与定员。殷墟马车呈二马、长毂、双轮、方舆、独辕的结构。绝大多数为 18 辐，约 136 厘米，平均轴长约 300 厘米，轴径约 10 厘米，轨距 215～230 厘米。马车有四角方圆的长方形车舆。舆广平均值为 138 厘米，进深平均值为 96 厘米，舆高约 50 厘米（图 13）。③ 单车陪葬兵士人数从一名到三名不等，规制较为混乱。其中，陪葬三名兵士者三座，两名兵士者一座，一名兵士者六座。车舆空间较大者如郭家庄遗址 M146，舆宽为 130～170 厘米。较小者如大司空 M175、孝民屯 M2，舆宽仅 100 厘米。

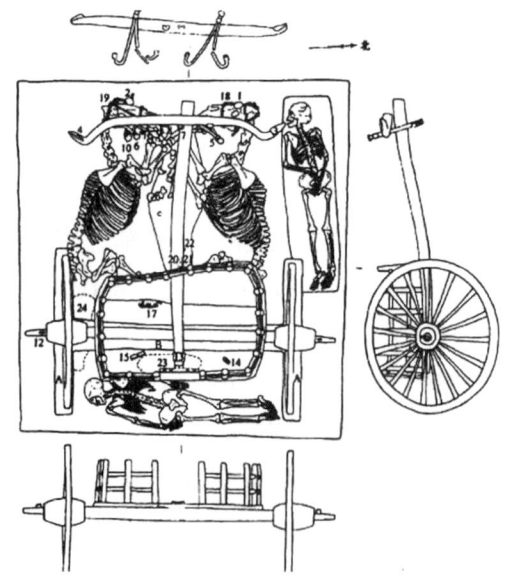

图 13　郭家庄车马坑 M52 马车

---

① 石璋如. 殷墟最近之重要发现，附论小屯地层后记 [J]. 考古学报，1947（2）：291-303.
② 陈志达. 殷墟武器概述 [M] //庆祝苏秉琦考古五十五年论文集. 北京：文物出版社，1989：326.
③ 杨泓. 战车与车战二论 [J]. 故宫博物院院刊，2000，89（3）：36-52.

客观上，殷墟的马车已呈现了战车的属性。然而，由于乘、猎、战的混同，战车尚未形成独立系统，似兼具指挥、运输、通信的效用。① 此外，如郭家庄车马坑 M52 所示，殷墟马车舆高仅 50 厘米，且尚未发展出扶轼。如此设计，决然无法形成站立式的移动平台，此系战车独立出现的最大制约因素。然而，却有一种驾乘、作战形态得以摆脱站立时失去重心的困境——踞坐或跪坐使用弓箭、短戈。但是，较之结构简单且施用便捷的短戈，以弓、矢、箙等不同器物，及取箭、搭箭、引弓、瞄准、撒放一整套操作链组成的射箭过程却更为复杂。更为不利的是，整个流程还处于一个颠簸不定的环境下。

究竟是怎样一种机制，使射手获得了最大限度的稳态，令战车弓箭手登上了历史舞台？答案即扳指的发明。如果说妇好墓由于缺乏车马陪葬尚不能为"扳指－战车"的连带关系提供确切的考古学证据，那么与妇好墓处于同一时期的西北冈 1311 号墓出土的一组器物则恰好补上了这一空缺。第一件器物是铜韘（图 14），其造型和妇好墓 M5：973 玉器如出一辙：下端平齐，上端一侧较高，较高侧一方下部有一凹槽。第二件器物是青铜策饰（图 15），即马鞭手执部位的装饰，在尚未出现骑兵的殷商时期，该器物只可能用于驾驭战车。第三件器物是在殷墟多处车马坑均有发现的弓形器（图 16），关于这一器物的作用，考古学界普遍认可石璋如的解释，即弓弣上的配件。② 谢肃方则推测其或许是战车缰绳的配件，当驾驭战车的士兵需要暂时放开缰绳射箭时，这一器物可起到固定缰绳的作用。西北冈 1311 号墓铜韘、策饰、弓形器的共存形式，是呈现"战车—战车弓箭手—扳指（决）"的武装化组合最为直观的证据。

---

① 刘一曼. 略论商代后期军队的武器装备与兵种［A］//商承祚教授百年诞辰纪念文集. 北京：文物出版社，2003：179－188.
② 石璋如. 小屯殷代的成套兵器（附殷代的策）［J］."中央"研究院历史语言研究所集刊，1950（22）：19－59.

图 14　西北冈 1311 号墓 R015079 铜軎　　图 15　西北冈 1311 号墓 R006859 策饰

图 16　西北冈 1311 号墓 R00II40 几何纹弓形器

但仅凭以器物为中心的传统考古学认知方式，显然不能完全断定扳指的使用情境只囿于车射。以下笔者将借助"过程考古学"方法，进一步夯实扳指之于车射的重大意义。

(五)扳指与车射——基于"操作链"重构的战车弓箭手本相

以"过程考古学"为代表的新考古学的兴起,使考古分析不再局限于"何时""何处"与"何物"。当研究拓展至文化的纵深处,"何人""何所想""何所实践""何所演变"等人类全方位经验便成为更具意义的议题。为此,新考古学还发展出民族志考古(Ethnoarchaeology)与认知考古(Cognitive Archaeology),从对人类社群的深度田野中理解人类发明、使用物质文化的全过程;从物化的形式延伸到人类认知结构,重建对象与符号的意义连接。作为新考古学的通约手段,学者常采用"操作链"的方法,在重建古代技术的途径、复原静态遗存、生产与废弃的动态过程、理解行为模式等方面卓有成效。[1]

战车弓箭手的本相乃"人—射武备—战车—马匹"之间的高度契洽模式,其发生得益于人类对"动物性"的认知。马匹在食草动物中最具服从雄性头领的特质,驯马术的产生便源自人类对这一特性的谙熟。就役用形式而言,马车早于乘骑。这是因为乘骑所需马鞍、马衔、马鞭、马镫、马刺等皆是复杂的物理构造,需要经过漫长的发展。其次,合理运用身体技术乃乘骑最鲜明的特征。安全、规范的乘骑技术必以骑手、马匹双向度且针对性地训练为前提。最后,与马车不同,乘骑的模式实现了骑手与马匹的全接触——有裆的裤子的发明,使人类得以在颠簸的马背上保护生殖器。[2]

现代马术中,马匹奔跑时有节律的上下起伏称为"浪"。马匹的种类、情绪、与人类的默契程度皆会对其产生影响。无论乘骑还是马车,控马的核心在于对浪的调控。正如笔者团队对阿拉善牧区的田野调查,牧民常装备"元宝鞍",通过踏实马镫并以交替左右两侧胯—大腿用力的模式实现对浪的控制,以减少自由落体周期对脊椎的震荡,正所谓"偏坐金鞍"。

---

[1] 《考古学概论》编写组. 考古学概论(第二版)[M]. 北京:高等教育出版社,2018:222.

[2] 负埮,陈雨石. 骑射形成时间地域考:一项基于考古因素的射箭全球史试探[J]. 北京体育大学学报,2021,44(5):148-160.

马车的驾驭亦始自对浪的调控。要言之，此是六艺中"御"的核心素养。御术中对浪的控制称为"鸣和鸾"。综合史料与民族志，这一术语意指悬车铃于轭首，经御手恰当的放速与收速，使车铃有规则、有节律地振动，进而获得均匀的起伏与平稳的速度。

殷墟考古虽可见铜铃 350 余件，然多系于狗颈，未见用于车马。显然，殷墟的铜铃是殉狗的装饰。西周时期，铃的使用情境发生了变化，由殉狗的装饰转为车马器。① 无车铃的情况下，若以单马牵引，马车的起伏尚可为有经验的御手控制。然而，殷墟考古恰又呈现出二马牵引的主流形态。如此则更难调至统一步态，直至一种更不规则且高频振动的浪进一步加剧了行程的不稳定性。更糟糕的是，殷墟马车舆高仅 50 厘米，且无扶轼。叠加各种不利因素，战车弓箭手将如何维系射矢行为的稳态？至今无人阐释，亦难以阐释。

固然，坐势得以使甲士持兵器，但"持兵器"与"使用兵器"迥然有别。"捏箭法"抑或"复合捏箭法"均可操于步射情境，因箭支搭载于弓体左侧，非中心点发射使箭头与箭尾间形成了左倾的夹角。问题恰恰在于，前扳指时代没有形成对这种侧向力的制约机制。更为不利的是，因引弓手对"捏箭尾"的刻意维持，加之"复合捏箭法"中指、无名指由右至左的勾弦趋势，反而又加剧了箭支的左倾趋势。大量民族志表明，在使用"捏箭法""复合捏箭法"，甚至已成国际通例的"三指射法"（Mediterranean draw）的原生射箭活动中，射手皆存在斜持弓倾向，这是对左倾侧向力的规避。然而，斜持弓尚可为步射采用，引入车战中则几何式地加剧了射箭过程的不稳定性。若不对固有控弦形态进行变革，箭支随时会被弹离弓体。马车兴起于武丁、祖庚、祖甲在位的殷墟文化二期，而妇好墓 M5：973 玉器及西北冈 1311 号墓铜韘说明殷人几乎是在马车兴起的同时攻克了"车射"的难题。简言之，扳指的发明实现了对控弦手法的改造。这一控弦革命使列装化的战车弓箭手登上了历史舞台。被优化的控弦形态正是广泛存在于欧亚大陆并延续至今的"拇指射法（Mongolian draw）"——搭箭于弓体右侧，以持弓手拇指为箭支前置支点，引弓手拇指佩戴扳指，卡弓弦于弦槽，

---

① 常怀颖. 商周之际关中西部的车马埋葬［J］. 考古学研究，2019（0）：13-38.

辅以食指屈挡于拇指外侧，整个引弓手握拳呈凤眼状（图17）。

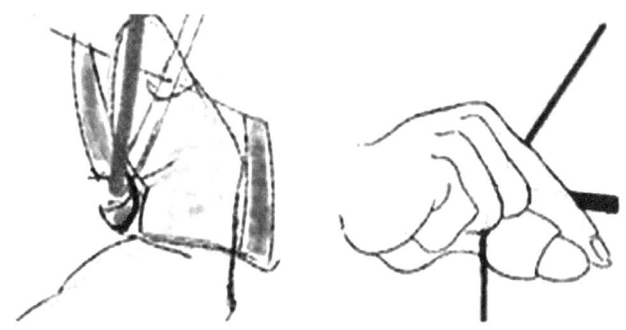

图17　妇好墓 M5：973 玉器使用方式暨拇指射法图示

在拇指射法的机制下，因引弓手食指本能地贴紧箭杆，加之搭箭于弓体右侧，箭杆被牢牢地锁定。质言之，扳指的发明达成了使用弓箭的军事化（militarization）与专业化（specialization），使射手、射具、射箭环境之间形成了最大限度的稳态。以"控弦革命"挈领全文，就源自对扳指及其文化意义的洞见。

首先，使用扳指的拇指射法极大地促进了弓箭的使用效率。列装车战后，扳指或经由殷人与西北方向鬼方、羌等人群的互动传入域外。骑射产生的最早考古学证据——吐鲁番盆地青铜时代至早期铁器时代的洋海遗址中亦出土有中亚最早的皮质扳指 IM90：16（图18）[①]，鉴于洋海遗址所代表的苏贝希文化兼具斯基泰文化和中原文化的双重特征，亦不排除这类扳指有其东方之源。

图18　洋海墓地出土的羊皮扳指

---

① 李肖. 新疆鄯善洋海墓地发掘报告［J］. 考古学报，2011（1）：99-166.

其次，扳指的诞生促进了整个欧亚大陆射箭文化的繁荣。因更加合乎人体工程力学，具备多情境适用的适应力，拇指射法迅速成为中华射艺的主流，及至产生了历代典籍中所谓的"五射""琚正射""尺蠖射""满洲射"等多元技术体系，并传播至奉中华文明为正朔的东亚世界，深刻影响了朝鲜半岛和日本的射箭文化。欧亚大陆畅通的文化交流网络也使得共用一套拇指射法的突厥－蒙古的"弓马骑射（horseback archery）"，波斯的"帕提亚射法（Parthian shot）"，小亚细亚的"奥斯曼射术（Ottoman archery）"与中华射艺不断在"射艺之路"上相互影响，共同塑造了一个与地中海射艺文化圈无论在器物、技法还是意识形态上都迥然不同的欧亚大陆射箭体系。① 总而言之，扳指的发明不仅预示了中国战车弓箭手的诞生，更加速了整个欧亚大陆的人们使用弓箭从简单化的"射术"转向文明化的"射艺"。

四、结论

相对于汉代以来对扳指"辅助开弓""保护手指""驾御强弓"的解释，扳指更可能是殷人因车战的出现应运而生的发明。使用扳指的拇指射法达成了射箭环境的最稳态，促成了商代战车弓箭手的诞生。这一"控弦革命"对于整个欧亚大陆射艺的繁荣具有重要的文化史意义。与传统田野考古学相比，本文所极力呈现的"新考古学"研究策略，不再囿于"何时""何处"与"何物"，而是本着宏阔的视野，转向了"何人""何所想""何所实践""何所演变"等人类的全方位文化经验。换言之，本文在展示了匹配研究对象复杂性的学术调动力的同时，亦为体育史的研究提供了可供参照的范式。

---

① 负琰，陈雨石，郝勤. 超越时空：丝绸之路上的射箭文化传播暨"射艺之路"的形成[J]. 成都体育学院学报，2021（3）：58.

后　记

2008年我在读宫崎市定《东洋的近世》一书时，被其中一句充满哲思的话语感动："流经日本桥下的水，与泰晤士河相通；江户汉子吸进去的空气，有巴黎姑娘呼出来的气息。"是句可谓宫崎先生一生致力于东洋史研究所秉持的甚深义理。此间意蕴是一种宏阔畅达的历史时空观——于整体中观照部分，于精微中管窥高远。宫崎先生认为，东亚文明是一个以中华帝国为核心的文化共同体结构，它的形成与演进都基于一套规律性动因，而东洋史的学术自觉，在于将东亚历史的研究复归于区域应有的维度，置中国史、日本史、半岛史、蒙古史、安南史于同一场域，探究其从中心到边缘、从平原到高地、从农耕到游牧、从山岳到海域的政治文化律动。随后的两三年，我几乎阅读了宫崎先生的所有著作，且每次阅读时都由衷叹服先生那种"无限知识"的能力。我时常反问自己："这究竟是怎样一种学力？广域文明尽收眼底，古今故事皆成文章。"亦不知何时开始，我开始为宫崎先生的每本著作撰写读后感。然而，碍于语言符号的有限性，有所获亦无法言说，正所谓："空山不见人，但闻人语响。返景入深林，复照青苔上。"

阅读宫崎先生著作的几年，正是我痴迷射箭的时期。2008年，我意外闯入了一个叫作"中华传统射艺研习会"的网络论坛。依托论坛，我深深地爱上了传统射箭，亦深深地被其背后折射的文化吸引。世人以网络灌水为最大的无趣，而我却以论坛为豪情尽显的风流地。在中华传统射艺研习会论坛上，有潜心笃志的角弓复原者高翔、周晓初、何鹏、黄文杰；有技艺精湛的竹木箭制作者张召羽、胡静祥；有才高八斗的射艺文化弄潮者曹起、叶诚；有精骑善射的技术流陈良、程青；当然，亦有组织能力出众，被"弓友"们推举为龙头的王刚、张国权，以及有世家之风且治学严谨的马廉祯与陈雨石。

大约 2010 年以来，我开始思索比单纯的"射箭"更有意义的事情，诸如两周的射礼究竟是怎样进行的？西汉时期的卫、霍军团究竟使用着怎样的弓箭？横扫欧亚的蒙古铁骑的骑射战术究竟如何？多尔衮的射箭技艺究竟如何？最终，这些疑惑聚成一个统揽的问题域，即"何为中国古代射艺文化的历史本相"。

以缔造了中国历史上最广阔版图的蒙古帝国为例，蒙古史诗《江格尔》中有"赖长生天之力，其死也，使我弓矢与尸同卧"的记载，南宋彭大雅所撰具有谍报性质的《黑鞑事略》亦有对蒙古人"其骑射，则孩时绳束以板，络之马上，随母出之，三岁有索维之鞍，俾手所执，从众驰骋。四五岁挟小弓矢，及其长也，四时业田猎"的记录。1224 年罗斯公国《诺夫哥罗德年代记》中有令基督教世界胆战的词句："我等有罪，未知部族自东来。来者何人、自何处来、以何语、人种何、信仰何，我等一无所知。然来者自称塔尔塔罗（Tartar）。"13 世纪英格兰历史学家马丁·帕里斯在《大纪年》中记录了西欧的恐惧。在相当长一段时期内，精骑善射的蒙古军团令波罗的海的渔业陷入瘫痪。质言之，对中国古代射艺文化的研究不能仅仅关注"中国"本身，而应本着宏阔的旨趣去关注一个潜在的"欧亚大陆总体文化事实"。

怀着这样的初心，我积累了大量琐碎的知识，并开始了长达十余年的射艺研究之路。如今呈现的文本，即是此间的一点收获。正如本书所呈现的——以发自内心的兴趣开始，进而延伸出无限的问题域。

本书的出版得到了诸多帮助。首先，感谢四川大学出版社的编辑毛张琳，能由她做本书的责任编辑是我的幸运。其次，感谢我最真挚的学术伙伴陈雨石。十年来，我们一起射箭，更一同将技术转化为学术。窃以为，最好的序言并非一种"计量主义"策略，它并不盘算作序者的"咖位"。我对雨石的尊重尽在本书序言——让读者感受我们学术友谊的同时，也留下我最亲密的战友对我直言不讳的学术批评。最后，感谢我的妻子常显玲。如今的她已经是一名民族传统体育专业的在读博士，在本书的撰写过程中，她同样给予我诸多学术帮助，衷心地希望她在射箭文化领域能够取得新的学术成就。此外，感谢一路走来的所有帮助过我的师长、同道，谢谢他们对我的砥砺与关怀。

  当然，不能忘却的还有当年"中华弓会"论坛上的所有弓友。2015年以来，随着自媒体、公众号的兴起，我们最终散落各方。但是那些年我们讨论的话题、我们开过的"论战"，戏剧性地成为我如今深入研究的问题。我经常感怀过去，而我所感怀的并不是旧时光有多美好，而是好时光总是如白驹过隙。

  研究射艺的日子，我是快乐的。我热爱这样的学术事业。

贠 琰

2021 年 11 月 1 日